Thomas Galli

Weggesperrt

Thomas Galli

Weggesperrt

Warum Gefängnisse niemandem nützen

edition einwurf

Bibliografische Information der Deutschen Nationalbibliothek
Die Deutsche Nationalbibliothek verzeichnet diese Publikation in der Deutschen Nationalbibliografie; detaillierte bibliografische Daten sind im Internet unter http://dnb.d-nb.de abrufbar.

Königstr. 43, D-26180 Rastede
www.edition-einwurf.de
Kontaktadresse nach EU-Produktsicherheitsverordnung:
info@edition-einwurf.de

Umschlag: Groothuis. www.groothuis.de
Umschlagfoto: picture alliance / SZ Photo, Sebastian Gabriel
Herstellung: Das Herstellungsbüro, Hamburg |
www.buch-herstellungsbuero.de

ISBN 978-3-89684-279-4

Für Lisa, David, Mathias und Lukas

Inhalt

Mein Weg ins Gefängnis und wieder heraus

Als mich die Reporterin von stern TV vor den Toren meiner Anstalt fragte, was ich denn mit den knapp 400 Gefangenen machen würde, wenn es nach mir ginge, antwortete ich: Ich würde alle freilassen. Als Journalistin freute sie sich über diese »steile These«, als Mensch hatte sie große Zweifel. Wie könnte man Derartiges verantworten? Was ist mit der Sicherheit der Allgemeinheit? Wäre das nicht ein Schlag ins Gesicht aller Kriminalitätsopfer?

Meine Tätigkeit im Strafvollzug hatte 2001 eher als Notlösung begonnen. Ich war nach Abschluss meines Jurastudiums beruflich unschlüssig und entschied mich nach kurzer Zeit als Anwalt für den Staatsdienst. Ein sicheres und gutes Gehalt und eine überschaubare Arbeitsbelastung waren meine Motivationen für die Bewerbung bei der Justiz. Auch die Aufstiegsmöglichkeiten waren gut. Bei meiner Einstellung sagte man mir, dass ich die Beförderung zum Regierungsdirektor nur durch Suizid verhindern könne.

Ich war nie zuvor in einer Justizvollzugsanstalt gewesen und wusste nicht, dass dort überhaupt Juristen tätig waren. Über den Strafvollzug hatte ich mir keine großen Gedanken gemacht. Das strafrechtliche Studium bestand vor allem in der Einübung mathematischer Regeln. Wenn A so handelt, ergibt das den Straftatbestand B, der dann zur Rechtsfolge C von X Monaten oder Jahren Haft führt. Ich dachte, wie wohl die Mehrheit der Menschen: Gefängnisse braucht es nun einmal. So fing alles an. Ein tieferes Interesse, eine Leidenschaft für die Frage, wie man am sinnvollsten mit Kriminalität und Straffälligen umgeht, habe ich erst im Laufe der Jahre entwickelt.

Meine erste Stelle war die eines Abteilungsleiters in der bayerischen Justizvollzugsanstalt Amberg. Dort war ich zuständig für etwa 200 Inhaftierte des sogenannten Hauptbaus, in dem die Gefangenen vor allem in 8-Mann-Hafträumen untergebracht waren. Der Dienstag und Donnerstag jeder Woche waren für Disziplinarverfahren reserviert. Ein Großteil der Gefangenen hatte ein Drogenproblem und die Anstalt war ein riesiger Umschlagplatz für Rauschmittel. Die Insassen konsumierten fleißig vor allem Cannabis und Heroin und wir disziplinierten sie dafür. Für Heroin gab es Arrest. Das bedeutete bis zu vier Wochen Isolation in einem winzigen Raum, in dem sich nur ein Bett und eine Bibel befanden. Wer das überstanden hatte, musste sich erst einmal wieder einen Schuss setzen oder einen Joint rauchen.

Im Nachhinein betrachtet habe ich vor allem durch diese Disziplinarverfahren Schuld auf mich geladen. Der Arrest ist eine archaische und nicht zu rechtfertigende Behandlung von Menschen, insbesondere von Suchtkranken, die es eben gerade nicht in der Hand haben, ob sie Drogen konsumieren oder nicht. Dass der Mensch so nicht zu einem besseren wird, war für mich früh zu spüren. Auch nicht, wenn man ihn mit sieben anderen Straftätern und Drogenkonsumenten zusammen in einen Haftraum sperrt, den er nur verlassen darf, um mit den gleichen Menschen für einen Lohn von 13 Euro am Tag zu arbeiten oder Runden im Hof zu drehen. Je länger ich in Amberg tätig war, desto mehr Gefangene sah ich, die immer wieder eingeliefert wurden, weil sie kurz nach ihrer Entlassung erneut straffällig geworden waren. Es dauerte allerdings noch viele Jahre, bis ich dieses Gefühl, dass vieles »faul« ist im Strafvollzug, ernst nahm. Bis ich es in Worte fassen konnte und es zu einer Überzeugung wurde. Denn schließlich war das ja der Staat, der hier handelte, und diesen zu hinterfragen kostet viel mehr Kraft und Zeit, als ihm zu folgen.

»Resozialisierung« war eine Art Zauberwort, um uns Mitarbeitern und der Allgemeinheit das Gefängnis schmackhaft zu machen. Ich vergleiche das gern mit der Art, wie zum Beispiel der Hersteller eines Riegels, der angeblich viel Milch enthält, aber vor allem aus einer Menge schädlichem Zucker und Fett besteht, dessen Förderlichkeit für die Gesundheit betont.

Tatsächlich gelebt wird der Resozialisierungsgedanke, dem eine dauerhafte Reduzierung des kriminellen Verhaltens der inhaftierten Straftäter zugrunde liegt, in deutschen Gefängnissen jedenfalls nicht. Er kann dort gar keinen Erfolg haben. Das Gefängnis und die dort Arbeitenden werden auch gar nicht daran gemessen, ob sie kriminelles Verhalten der Insassen auf Dauer reduzieren. Von den allermeisten Inhaftierten weiß man überhaupt nicht, was nach der Haft aus ihnen wird. Wenn man wissen will, ob eine Strafhaft für die Resozialisierung eines Verurteilten erfolgreich war, müsste man aber versuchen, das in Erfahrung zu bringen. Man will das aber nicht so genau wissen, da die vergleichsweise wenigen Daten, die es über Rückfälle entlassener Straftäter gibt, alles andere als vielversprechend sind. Faktisch wird das Gefängnis fast ausschließlich an der Sicherheit gemessen, die es der Bevölkerung verspricht, und sei diese Sicherheit noch so trügerisch. Solange jemand in Haft ist, darf kein Fehler passieren. Insbesondere kein Ausbruch. In den ersten Jahren meiner Anstellung in der JVA Amberg ist ein Inhaftierter ausgebrochen, indem er in nächtelanger Arbeit die Gitterstäbe seines Haftraumes durchgesägt hatte. Dieser grenzte an die Außenmauer des Gefängnisses, so dass er sich von dort in die Freiheit abseilen konnte. Ein Skandal, der die Anstalt unter enormen Druck setzte – obwohl der Gefangene in absehbarer Zeit ohnehin entlassen worden wäre und ohne schützende Mauern wieder unter uns leben sollte. Das Fenster dieses Raumes wurde zugemauert, so dass dort niemand mehr untergebracht werden konnte.

Um nicht missverstanden zu werden: Die Arbeit, die in den Gefängnissen geleistet wird, ist in allen Bereichen sehr anspruchsvoll und die absolut überwiegende Mehrheit der dort Beschäftigten ist engagiert und kompetent. Aber was hilft es uns allen, wenn ein Straffälliger in Haft durch große Bemühungen der Beamten zum Beispiel einen Schul- oder Ausbildungsabschluss nachholt und nach seiner Entlassung als ehemaliger Gefangener doch keine Chance auf dem Arbeitsmarkt hat? Was bringt es, wenn jemand, der immer wieder die Kontrolle über seine Aggressionen verliert und seine Partnerinnen schlägt, in Haft nicht weiter auffällig ist, weil er gar keine Möglichkeit hat, dort überhaupt eine Partnerschaft zu führen? Was hilft die Haft den Geschädigten von Vermögensstraftätern, die ihren Schaden nie ersetzt bekommen, weil Gefangene kaum etwas verdienen? Was hilft es den Opfern, wenn die Täter ihrer Verantwortung für die Taten allein dadurch gerecht werden, dass sie ihre Zeit im Gefängnis absitzen? Was hilft es der Allgemeinheit, wenn sich jemand – jeder Autonomie beraubt, aber auch jeder Verantwortung für das eigene Leben enthoben – einige Monate oder Jahre in Haft angepasst verhält und anschließend mit den Realitäten des Lebens in Freiheit völlig überfordert ist? Denn entlassen werden irgendwann fast alle Inhaftierten.

Es geht also nicht darum, die Menschen zu kritisieren, die im Strafvollzug arbeiten, oder die Arbeit, die sie dort leisten. Es geht darum, die Strukturen und die Rahmenbedingungen des Strafvollzugs zu hinterfragen, damit die Arbeit der Justizbediensteten möglichst erfolgreich sein kann.

Trügerische Sicherheit

Mit dem, was ich als schädliche Symbolwirkung des Gefängnisses bezeichnen würde, wurde ich während meiner siebenjährigen Tätigkeit als Abteilungsleiter in der Justizvollzugsanstalt Straubing konfrontiert – der Anstalt in Bayern mit der höchsten Sicherheitsstufe. Ein paar Hundert zu lebenslanger Freiheitsstrafe oder Sicherungsverwahrung verurteilte Männer sind dort inhaftiert. Unter ihnen sind Menschen, die wahrscheinlich immer wieder andere töten, vergewaltigen oder quälen würden und die ich auf keinen Fall in Freiheit sehen wollte. Aber ist es damit getan, sie einzusperren und die Allgemeinheit vor ihnen zu schützen? Dass es mindestens ebenso wichtig wäre, dafür Sorge zu tragen, dass in 20 Jahren nicht wieder jemand diese furchtbaren Dinge tut, ist vielen nicht bewusst. Jemand, der jetzt noch ein Kind ist.

Im Zweifel übrigens ein Kind, dessen Bedürfnisse und Würde von klein auf missachtet und verletzt wurden, was nicht selten eine der Ursachen für Gewalttaten darstellt. Alle Welt ist schockiert und empört, wenn zum Beispiel ein Kind sexuell missbraucht und getötet wird. Dagegen muss etwas getan werden! Aber was wird wirklich getan? Der Täter kommt in Haft, wird dort über Jahrzehnte mit einem Aufwand von vielen Millionen verwahrt und therapiert und irgendwann entlassen, wenn er so alt ist, dass er kaum noch selbstständig gehen kann. Bei Weitem nicht jeder, der selbst in der Kindheit und Jugend Gewalt und Unrecht erlitten hat, wird irgendwann zum Straftäter. Aber bei fast allen Straffälligen ist in ihrer Biografie vieles schiefgelaufen. Das kann sie nicht entschuldigen, sollte den Staat aber zwingen, darüber nachzudenken, ob es nicht in vielen Fällen sinnvoller wäre, früher helfend zu intervenieren, als später nur zu strafen – mit einer höchst zweifelhaften Aussicht auf Erfolg.

Zwar sind schwere Übergriffe auf das Personal der Justizvollzugsanstalten zum Glück nicht an der Tagesordnung, wie etwa die furchtbare Geiselnahme und Vergewaltigung der Leiterin der sozialtherapeutischen Abteilung der JVA Straubing durch einen Inhaftierten, der eigentlich als erfolgreicher Teilnehmer der Therapie galt. Aber sie werfen in dramatischer Weise die Frage nach der Sinnhaftigkeit von vielem auf, was hinter den Gefängnismauern geschieht. Auch die Gewalt der Inhaftierten untereinander, wie etwa die Messerstecherei in der JVA Straubing in Kreisen der Russenmafia, die zu einem Toten und mehreren Schwerverletzten geführt hat, stellt immer wieder den Sinn von Gefängnissen in Frage. Denn sie dienen allein dem Zweck, möglichst viele Menschen in einer Anstalt kostengünstig bürokratisch zu verwalten. Die Eingesperrten sind fast ausschließlich Männer, zum Großteil junge Männer. Es ist unvermeidbar, dass in einem solchen Kontext Machtkämpfe, Aggressionen und Gewalt entstehen. Das wäre auch dann der Fall, wenn man einige Hundert rechtstreue Bürger in denselben Verhältnissen unterbringen würde.

Was also tun mit den Gefangenen meiner Anstalt, die im Durchschnitt zwischen ein und zwei Jahre Haft verbüßen und keine Mörder oder Schwerstverbrecher sind? Sie alternativlos freizulassen wäre keine gute Idee. Der Staat hat die Pflicht, das Mögliche zu tun, dass Einzelne anderen keinen Schaden zufügen. Er hat die Pflicht, dazu beizutragen, kriminelles Verhalten möglichst zu reduzieren. Und die Opfer von Straftaten haben ein Recht auf weitgehende Wiedergutmachung. Ohne staatliche Gewalt und ohne Zwang könnte unser Gemeinwesen nicht funktionieren. Dazu brauchen wir auch Strafen. Die Frage ist nur, wie wir strafen, was wir mit Strafen erreichen wollen und was wir mit diesen realistischerweise erreichen können. Wir müssen klug und sinnvoll strafen und dürfen uns weder von archaischen Impulsen leiten noch von Sonntagsreden beruhigen lassen.

Wie die Strafe der Zukunft aussehen sollte, beschreibe ich in diesem Buch. Neben meinen persönlichen Erfahrungen als Gefängnisdirektor und als Rechtsanwalt, mit Politikern und Journalisten haben mir auch die zahlreichen Diskussionen mit dem Publikum bei meinen Lesungen und Vorträgen gezeigt: Der Weg zu den Alternativen ist möglich und realistisch. Davon bin ich überzeugt. Es gibt vernünftigere Alternativen zum Gefängnis, wie wir es jetzt kennen.

Als ich also vor dem Gefängnis stand und sagte, dass ich die dort Inhaftierten freilassen würde, wurde mir selbst erst bewusst, dass ich nicht länger als Gefängnisdirektor tätig sein kann. Es ging nicht mehr nur um theoretische Fragen, es ging für mich darum, ob ich tatsächlich von dieser Haltung überzeugt war. Und das war und bin ich. Dann aber musste ich auch die Konsequenzen ziehen, um glaubwürdig zu sein. Ein Pfarrer muss aus der Kirche austreten, wenn er nicht mehr an Gott glaubt, sonst belügt er sich selbst und andere. Auch wollte ich nicht länger etwas tun, das ich letztlich für schädlich halte. Für Opfer, Gesellschaft und Täter. Für den Menschen. Daran ändern kann man innerhalb des Systems kaum etwas. Ich entschied mich, nun als Rechtsanwalt und Autor, für das zu kämpfen, was ich für richtig halte.

Hinter der Fassade

Wir alle wollen von Kriminalität verschont bleiben. Niemand möchte bestohlen, betrogen, vergewaltigt, verletzt oder gar getötet werden. Abhängig von Situation und Persönlichkeit haben wir sogar Angst vor solchen Straftaten. Sind wir selbst Opfer, verlangen wir die Wiedergutmachung des Schadens und entwickeln je nach Schwere der Tat ein Bedürfnis nach Rache und Strafe. Und selbst wenn wir nicht unmittelbar betroffen sind, empfinden wir vor allem bei schweren Straftaten Wut und Ärger. Unser Gerechtigkeitsgefühl verlangt auch dann nach Sanktionen, wenn wir weder Täter noch Opfer kennen oder die Tat weit entfernt geschah.

Als uns kurz vor Weihnachten 2018 die ersten Meldungen über eine Schießerei mitten in einer belebten Fußgängerzone der Wiener Innenstadt erreichten, bei der ein Mann einen anderen mit einem Kopfschuss tötete und einen weiteren schwer verletzte, ging es mir zunächst wie wohl den meisten: Ich war entsetzt und spürte das Verlangen nach einer schnellen Ergreifung des Täters, seiner Bestrafung und einer möglichst langen Inhaftierung in einem Gefängnis.[1] Denn in unserer Vorstellung schützt uns dieses vor gefährlichen Menschen. Wir glauben, sie werden hinter Gittern menschenwürdig behandelt und auf ein straffreies Leben in Freiheit vorbereitet.

Nach und nach kamen immer mehr Informationen über die Gewalttat ans Licht. Die Opfer waren offenkundig führende Mafiamitglieder, die Tat war der Racheakt eines rivalisierenden Clans. Ich bin nicht dafür, dass Mafiamitglieder erschossen werden. Und dennoch: Mit diesem Wissen fand ich die Tat schon weit weniger beängstigend. Meine Wut und mein Strafbedürfnis sanken deutlich, ebenso mein Mitgefühl für die Opfer.

Ein und derselbe Vorgang löste also völlig unterschiedlich starke Emotionen und Bedürfnisse in mir aus. Unsere Wahrnehmung von Kriminalität, unsere Furcht vor Verbrechen, unsere Wut auf den Täter und unser Strafbedürfnis hängen also von unseren persönlichen Erfahrungen bzw. unserer Betroffenheit ab, aber auch ganz wesentlich von unserem Wissen über alle Details.

Kriminalität geht uns alle an

Das Opfer einer Straftat kann stärkere Wut auf den Täter verspüren als derjenige, der von dieser Straftat nur gehört oder gelesen hat. Wer glaubt, dass jeder Zweite irgendwann einmal beraubt wird, wird größere Sorge vor einem Raubüberfall haben als jemand, der weiß, dass die statistische Wahrscheinlichkeit viel geringer ist. Schließlich werden der

Bestrafte und seine Angehörigen unser Strafrecht ganz anders beurteilen als diejenigen, die nie selbst strafrechtlich belangt worden sind.

Nicht wenige Menschen in Deutschland nehmen das Phänomen Kriminalität und das Gefängnis aus einer persönlich betroffenen Perspektive wahr. Etwa 64000 Menschen sind derzeit in Deutschland in Haft (wenn man alle Formen der Inhaftierung wie Sicherungsverwahrung[2], Untersuchungshaft, Jugendstrafhaft und Erzwingungshaft[3] dazuzählt). Die allermeisten Straftäter werden jedoch zu einer Bewährungs- oder Geldstrafe verurteilt. 2018 wurden beispielsweise 77,3 Prozent aller Angeklagten zu einer Geldstrafe verurteilt.[4] Es ist davon auszugehen, dass die Dunkelziffer von nicht aufgedeckten Straftaten sehr hoch ist. Es werden Millionen von Straftaten jedes Jahr begangen. Nur für einen geringen Teil dieser Taten werden Menschen inhaftiert.

Wenn man jedoch berücksichtigt, dass so gut wie alle Gefangenen Ehepartner und/oder Kinder haben, sind es immerhin einige Hunderttausend Menschen jedes Jahr, die von der eigenen Inhaftierung oder der eines Familienmitglieds betroffen sind.

Die Zahl der Opfer bzw. der durch Straftaten Geschädigten ist naturgegeben noch erheblich höher.[5] So wurden für das Jahr 2018 insgesamt 1025241 Personen als Opfer schwererer Delikte von Körperverletzung bis Mord polizeilich erfasst.[6] Im gleichen Jahr gab es 386 Mordopfer[7] und wurden fast 64000 Fälle von Straftaten gegen die sexuelle Selbstbestimmung registriert.[8] Vor allem bei Letzteren kann man von einer erheblichen Dunkelziffer ausgehen. Zudem müssen nahe Angehörige, insbesondere bei Tötungsdelikten, ebenfalls zu den Betroffenen gezählt werden.

Der Deutsche Viktimisierungssurvey 2017 des Bundeskriminalamts weist nach einer repräsentativen Umfrage unter Personen mit einem Alter von mindestens 16 Jahren aus, dass in den letzten fünf Jahren vor der Befragung 8,1 Prozent der Haushalte Opfer eines versuchten oder vollendeten Einbruchdiebstahls geworden sind.[9] Hochgerechnet auf die über 41 Millionen Privathaushalte in Deutschland[10] sind das insgesamt über 3,3 Millionen Fälle. 4,7 Prozent der befragten Personen gaben an, in den zwölf Monaten vor der Befragung Opfer eines Waren- oder Dienstleistungsbetruges geworden zu sein.[11]

Nicht zuletzt verdienen Hunderttausende Menschen in Deutschland ihr Einkommen als Richter, Staatsanwälte, Polizisten, Justizvollzugsbedienstete u. a. mit der Bekämpfung der Kriminalität. Auch sie nehmen das Thema als unmittelbar Betroffene wahr.

Einladung, genauer hinzusehen

Die Mehrheit der Deutschen kennt Kriminalität jedoch nur aus den Medien, und manch einer mag einwenden, dass sich mit Fragen unseres Rechtssystems doch Expertinnen und Experten in Justiz, Politik und Wissenschaft beschäftigen mögen. Kriminalität ist jedoch nicht nur angesichts der großen Zahl an Tätern und Opfern ein gesellschaftlich höchst relevantes Thema, sondern auch, weil sie unsere stärksten Emotionen, individuell wie kollektiv, hervorruft. Unsere Angst und Wut, unser Hass und Mitgefühl sind es, die die härteste staatliche Gewalt gegenüber Individuen legitimieren. Sie soll der Gerechtigkeit dienen.

Kriminalität betrifft uns alle, denn wir alle können potenzielle Opfer sein und womöglich sogar potenzielle Täter. Niemand ist davor gefeit, unter bestimmten Umständen auch straffällig zu werden. Und zu guter Letzt sind wir alle Strafende. Wir haben unser Bedürfnis nach Strafe lediglich an den Staat delegiert.

Unser Recht ist der Versuch, einen möglichst gerechten Ausgleich der unterschiedlichen gesellschaftlichen Interessen zu finden. Dabei folgt es keinen Naturgesetzen wie in der Medizin, der Physik oder der Biologie. Was wir als eine Straftat definieren und welche Folgen diese für den Täter haben soll, entscheiden wir als Gesellschaft immer wieder neu.

Unser Strafrecht ist geprägt von dem Wunsch, dem mutmaßlichen Gerechtigkeitsempfinden der Allgemeinheit zu entsprechen. Urteile werden im Namen des Volkes gesprochen. Nichts bedarf so sehr der demokratischen Legitimation, Kontrolle und Mitwirkung wie das Strafrecht.

Doch Strafen haben keine Berechtigung per se. Sie dienen der Reduzierung von Gewalt und Konflikten innerhalb einer Gemeinschaft, müssen aber auch vermittelt werden können. Die Erklärung, ein Fall habe juristisch seine Richtigkeit, reicht dabei nicht aus. In dem Maße, in dem das Strafrecht von einer Mehrheit nicht mehr als sinnvoll und gerecht empfunden wird, verliert es seine Berechtigung.

Heute wird eine Mehrheit unsere Art zu strafen, insbesondere die Gefängnishaft, noch für sinnvoll, notwendig und gerecht halten. Was aber, wenn sie mehr über die Gründe für Straftaten, über die Realität von Haftanstalten und ihre Folgen wüsste? Ich möchte daher einladen, genauer hinzusehen: auf Täter und Opfer, auf Kriminalität und Gefängnisse. Und auf uns.

1. Warum strafen wir?

Jemanden zu bestrafen heißt, ihm ein Übel, manchmal einen Schmerz, zumindest aber einen spürbaren Nachteil zuzufügen, weil er anderen ein Leid oder einen Schaden zugefügt oder grundlegende Regeln der Gemeinschaft gebrochen hat. Staatliche Strafe, insbesondere in Form einer Gefängnishaft, ist Gewalt. Warum tun wir das?

Von der Rache zur Strafe

Unserer Art zu strafen liegen individuelle und kollektive Bedürfnisse zugrunde. Insbesondere ein archaisches Rachebedürfnis prägt nach wie vor unsere Strafen, wenn auch in modifizierter Form.

Ein inhaftierter Albaner erzählte mir vor Jahren einiges über die in seiner Heimatregion noch immer praktizierte Blutrache. Ich war mir nicht ganz sicher, ob er alle Regeln, von denen er mir erzählte, im Detail tatsächlich besser kannte als ein durchschnittlicher deutscher Bürger das Grundgesetz oder Strafgesetzbuch. Es beeindruckte mich jedoch sehr, dass auch diese Blutrache offenbar festen Regeln folgte und nicht die ungezügelte, maßlose, oft tödliche Aggression und Gewalt war, für die ich sie bis dahin gehalten hatte. Der Gefangene war der einzige männliche Überlebende seiner Familie. Sein Vater war schon vor vielen Jahren von einem benachbarten Clan im Streit um ein Stück Ackerland ermordet worden.

Der Bruder des Inhaftierten hatte die Regeln der Blutrache offenbar falsch ausgelegt und zwei männliche Mitglieder der verfeindeten Familie getötet, um seinen Vater zu rächen. Die andere Familie wollte daher den Bruder töten, der jedoch kurz darauf bei einem selbst verschuldeten Motorradunfall starb. Nun wurde der Gefangene zum Ziel der Blutrache. Seine Mutter und seine drei Schwestern waren außer Gefahr. Frauen hatten in den ländlichen Strukturen kaum Rechte, blieben dafür aber nach den Regeln der Blutrache weitgehend geschützt. Im Kern ging es um die Ehre, die wiederhergestellt werden sollte, und Frauen zu töten galt als ehrlos.

Aber auch der Albaner selbst war nicht völlig schutzlos. Er durfte nicht in seinem bzw. in dem Haus seiner Familie angegriffen werden. Und daran hielt sich die gegnerische Partei, elf Jahre lang. Interessanterweise diente diese Regel, wie er mir erzählte, auch der Entlastung derjenigen, die Blutrache üben mussten, um ihre öffentliche Ehre wiederherzustellen. Es gab bestimmte Tage wie den Ostersonntag, an denen sie von dieser Pflicht befreit waren, und eben bestimmte Orte wie das Zuhause. Elf Jahre lang also verließ der Albaner fast nie das Haus, in dem er zusammen mit seiner Mutter und den Schwestern wohnte. Das war eine immense Belastung nicht nur für ihn, sondern auch für seine Familie, der er als Arbeitskraft auf den Feldern fehlte. Auch für die gegnerische Familie war die Blutrache eine große Belastung, sie musste das Haus des Albaners durchgehend im Auge behalten. Wenn er von anderen Bewohnern der Gegend außerhalb seines Hauses gesehen worden wäre, hätte das die Ehre der Familie, die zur Blutrache verpflichtet war, weiter befleckt. Nach elf Jahren aber hielt es der Albaner nicht mehr aus. Er floh mithilfe der albanischen Mafia nach Deutschland, wo er mit falscher Identität dabei half, mit dem Betreiben einer Pizzeria Geld zu waschen, bis er schließlich ertappt und inhaftiert wurde.

Ich wurde durch diesen Gefangenen mit einem für uns archaisch wirkenden Bedürfnis nach Rache konfrontiert. In Gebieten wie dem, aus dem der inhaftierte Albaner stammte, gilt noch das alttestamentarische Prinzip »Auge um Auge, Zahn um Zahn«. Die Ehre, die nur durch Rache wiederhergestellt werden kann, soll als ein soziales Konstrukt nicht nur das individuell verletzte Selbstwertgefühl wieder stärken, sondern auch ein möglichst ausgeglichenes Miteinander der Gemeinschaft fördern und ein zu großes Machtgefälle zwischen den einzelnen Familienverbänden verhindern helfen. Wenn eine Familie etwa eine wichtige männliche Arbeitskraft durch Mord verliert, könnte die Familie des Mörders auf Dauer eine Vorherrschaft ausbauen, würde ihr nicht ebenfalls eine Arbeitskraft genommen. Auch werden Familien, die sich rächen, wohl weniger oft angegriffen. Rache hat dann vor allem eine abschreckende Wirkung.

Rache kann in gesellschaftlichen Strukturen ohne eine funktionierende Justiz auch zur individuellen Pflicht werden, die den Rächer belastet. Wir gehen davon aus, dass es uns besser geht, wenn wir Rache genommen haben. Tatsächlich scheint es denjenigen, die tatsächlich Rache nehmen, danach nicht selten schlechter als zuvor zu gehen. So kommt der Rechtswissenschaftler Tobias Andrissek zu dem Schluss: »Das direkte Ausleben persönlicher Aggressionsgefühle wirkt entgegen landläufiger Meinung so gut wie der Versuch, ein Feuer mit Benzin zu löschen.«[12] Wenn die Rache dem Täter allerdings erfolgreich eine Lektion erteilt und ihm verdeutlicht, dass sein Verhalten ungebührlich war, kann das die Zufriedenheit des Rächenden fördern.[13]

Das Bedürfnis, uns zu rächen, ist im Laufe der Jahrhunderte zu einem Bedürfnis nach Bestrafung geworden, die weniger blutig und maßlos ist, delegiert werden kann und nach festen Regeln abläuft. Wir haben allerdings nicht nur dann einen dringenden Wunsch nach Bestrafung, wenn wir selbst oder ein uns nahestehender Mensch verletzt worden sind. Auch wenn wir erfahren, dass ein Dritter verletzt wurde, wollen wir den Täter bestraft wissen. Intuitiv und damit vor allen rationalen Erwägungen fühlen wir den Wunsch in uns aufkommen, dem Täter ein Leid zuzufügen, dessen Maß sich an dem bemisst, was er dem anderen angetan hat. Dieses Vergeltungsbedürfnis kennen sicher viele von uns.

Wer kann von sich sagen, noch nie das Bedürfnis verspürt zu haben, jemandem ein Leid zuzufügen, der einen selbst oder einen anderen verletzt oder geschädigt hat – nicht nur als Abwehr der Tat, sondern auch, wenn der Angriff schon länger zurückliegt? Psychologisch ist unser Wunsch, Gerechtigkeit durch Vergeltung zu schaffen, nachvollziehbar, wie die Sozialpsychologen Mario Gollwitzer und Michael Wenzel überzeugend formulieren: »Sowohl eine positive Selbstachtung (...) als auch das Erleben von Sicherheit, Kontrollierbarkeit und Vorhersehbarkeit sind Voraussetzungen (...) für die Bereitschaft, soziale Beziehungen einzugehen. Opfer eines Vergehens zu werden bedroht unser Selbstachtungs- und unser Sicherheitsbedürfnis: Vergeltung ist ein Versuch, mit dieser Bedrohung umzugehen.«[14]

Und seien wir ehrlich: Wünschen wir uns nicht oft, dass es jemandem, der etwas Schlechtes getan hat, selbst auch schlecht gehen soll? Tief in uns empfinden wir es als ein Gebot der Gerechtigkeit, Menschen, die betrogen, gestohlen oder getötet haben und damit grundlegende soziale Regeln gebrochen haben, zu bestrafen. Auch dies ist gut nachvollziehbar. In einem solchen Normbruch liegt oft auch ein Angriff auf das Wertefundament unserer Gesellschaft und die Gefahr einer Destabilisierung der sozialen Ordnung.[15] Darunter hätten dann alle Mitglieder einer Gesellschaft zu leiden.

Vergeltungsbedürfnis: angeboren oder erlernt?

Unser Vergeltungsbedürfnis ist wohl zum Teil von Geburt an in uns angelegt und vorläufiges Ergebnis einer evolutionären Entwicklung. Die Psychoanalytiker Tomas Böhm und Suzanne Kaplan sprechen von einem »evolutionspsychologischen Schatten«, einem Erbe unserer Vorfahren, das uns zu Rächern macht.[16] Möglicherweise haben sich Gruppen von Menschen durchgesetzt, die weniger oft von anderen angegriffen und getötet wurden, weil sie sich gerächt und damit auch künftige Angreifer abgeschreckt haben. Auch ist es gut denkbar, dass Gruppen, die eine bessere und stärkere Kooperation untereinander mit Strafen durchgesetzt haben, evolutionäre Vorteile hatten.[17]

So berichtet der Neurowissenschaftler Nikolaus Steinbeis über eine u.a. von ihm durchgeführte Studie mit Kindern und Schimpansen: »Was wir relativ klar sehen konnten, ist, dass sowohl die Schimpansen als auch die sechsjährigen Kinder bereit sind, Kosten auf sich zu nehmen, um Bestrafung weiter zu beobachten, wenn sie das für gerecht oder entsprechend empfinden. Und das ist für uns ein Indiz, dass die Wurzeln dieser Bereitschaft, Bestrafung zu sehen, relativ weit zurückgehen. Und da geht es gar nicht mal darum, ob das schlussendlich bestraft wird oder nicht, sondern einfach nur um die Möglichkeit, dass bestraft werden könnte. Und allein diese Möglichkeit führt dazu, dass Menschen eine größere Bereitwilligkeit haben, miteinander zu kooperieren.«[18]

Bei manchen Straftaten nehmen wir mehr oder weniger bewusst an, dass der Regelbrecher von seiner Tat profitiert hat und man ihm deshalb auch etwas wegnehmen muss. Bei Eigentums- oder Vermögensdelikten leuchtet dies unmittelbar ein. Auch bei einer Körperverletzung kann sich der Täter die Freiheit genommen haben, seine Aggressionen derart auszuleben. Da wir uns dies in der Regel versagen, wollen wir dem Täter im Gegenzug die Freiheit auf Zeit entziehen. Eine psychologische Triebkraft des Strafbedürfnisses ist daher neben der Wut und der Angst auch der Neid.

Stellen wir uns vor, wir würden von einem Kampfhund angefallen und schmerzhaft ins Bein gebissen. Das in einem durch einen solchen Angriff aktivierte Verteidigungs- und Aggressionspotenzial würde noch einige Zeit nachhallen, auch wenn der Angriff bereits vorüber ist. Tage oder Wochen nach dem Vorfall hätte man jedoch wohl kein allzu großes Bedürfnis mehr danach, den Hund zu bestrafen. Es ist eben ein Tier, das allein von seinen Instinkten geleitet wird. Ganz anders wäre das, wenn uns ein anderer Mensch, zum Beispiel mit einem Messer, schmerzhaft verletzt. Auch wenn der Angriff längst vorüber und die körperliche Wunde verheilt wäre, hätte man wohl für längere Zeit noch das Bedürfnis, dass dieser Mensch bestraft wird.

Zu einem guten Teil sind Rache und Vergeltung jedoch sozial erlernt[19] und abhängig von kulturell unterschiedlichen Vorstellungen von Gerechtigkeit[20] und moralischen oder religiösen Wertungen über »gut« und »schlecht«. Das betrifft die Frage, welche Handlungen eine Gemeinschaft bestrafen will. In über 50 Ländern, vorwiegend in Afrika, dem Nahen Osten und Asien, wird zum Beispiel Homosexualität noch immer bestraft. Der Besitz auch von harten Drogen (wie etwa Heroin) zum Eigengebrauch ist in Portugal keine Straftat, während selbst der Besitz kleinster Mengen in den Vereinigten Arabischen Emiraten mit dem Tode bestraft werden kann.

Aber auch die Frage, wie Vergeltung erfolgt, ist zum großen Teil sozial erlernt. Das reicht von der Leistung eines materiellen Ersatzes für das Opfer bei indigenen Völkern bis hin zur Vollstreckung der Todesstrafe in den USA. In einigen islamischen Stammesgesellschaften war es Brauch, dass – zum Ausgleich bei Tötungsdelikten – die Familie des Täters eines ihrer Mädchen an einen der nächsten Verwandten des Opfers gab, um einen Sohn zu gebären, der den Verlust des Menschenlebens aufheben sollte.[21] Wir sollten uns daher bewusst machen, dass unser Bedürfnis, Menschen zur Strafe in Gefängnisse zu sperren, nicht naturgegeben, sondern erlernt ist. Wir könnten unseren derzeitigen Vergeltungsbedürfnissen also auch ganz andere Inhalte geben – wenn uns bessere einfielen.

Das Beispiel des Mordes in der Wiener Innenstadt liefert uns noch einen weiteren wichtigen Aspekt. Die meisten von uns wären wohl deutlich empörter, wenn die Opfer keine

Mitglieder der Mafia, sondern unbeteiligte Passanten gewesen wären. Warum ist das so? Schließlich ist es doch in beiden Fällen Mord? Hierbei spielt unser Mitgefühl mit den Opfern eine wichtige Rolle. Mafiamitglieder hält man selbst für Täter und verspürt daher weniger Anteilnahme.

Viel stärker aber wirkt aus meiner Sicht die teilweise bewusste und wohl auch unbewusste Angst davor, es hätte auch uns selbst treffen können. Man ist zwar kein Mitglied einer kriminellen Organisation, aber man ist durchaus auch Passant in der Innenstadt. Psychologisch betrachtet ist es diese Angst, die sich in Wut auf den Täter verwandelt. Instinktiv wollen wir alles tun, auch mit Gewalt, damit er uns nicht auch angreifen kann.

Diese Wut ist deutlich größer, wenn einem nach unserem Verständnis Unschuldigen Schaden zugefügt worden ist. Jemandem, der sich selbst an die Regeln gehalten hat. Jemandem, der sich verhält, wie wir selbst es tun. Wenn wir also etwas so Schreckliches wie die eigene Ermordung nicht verhindern können, nicht einmal, wenn wir selbst alle Regeln beachten, werden wir mit zutiefst ängstigender Machtlosigkeit und Willkür konfrontiert. Daher empfinden wir es als weit weniger schockierend und bedrohlich, wenn jemand geschädigt oder sogar getötet wird, der aus unserer Sicht selbst schuldig ist. Unsere Empfindung für das Opfer hängt auch ganz entscheidend davon ab, ob es aus unserem eigenen oder einem anderen Milieu stammt. Wer beispielsweise nichts mit Rockern zu tun hat, entwickelt weniger Angst, Wut und Strafbedürfnis bei Gewalttaten in deren Umfeld. Auch das zeigt den sozialen Sinn der Vergeltung. Sie soll die Einhaltung von Regeln durchsetzen, die uns schützen und an die wir uns umgekehrt selbst halten. Gleichzeitig erklärt es, warum wir wenig Mitgefühl mit Straffälligen haben. Sie haben etwas getan, was wir unserer Meinung nach nicht tun würden.

Unser Bedürfnis danach, dass jemand einen Schaden erleidet, der uns oder einem Dritten größeren Schaden zugefügt hat oder sich ganz allgemein die Freiheit herausgenommen hat, grundlegende Regeln zu überschreiten, an die wir uns halten, hängt also sehr von unserer kulturellen Prägung, unserem individuellen Wissen sowie der individuellen und potenziellen Betroffenheit ab.

Die albanische Blutrache hat also mehr mit uns und unserem Bedürfnis nach Strafe zu tun, als man auf den ersten Blick meinen möchte. Zwar ist das individuelle Ausleben von Rachegelüsten in unserer Gesellschaft nicht mehr rechtmäßig, aber das emotionale Gefühl der Rache in uns selbst ist damit längst nicht verschwunden. Im Individuum lebt das Bedürfnis nach ihr fort. Nicht zuletzt ist Rache das Motiv vieler Straftaten. Rache am konkreten Opfer oder Rache an der Gesellschaft im Allgemeinen.

Als Gemeinschaft haben wir die Bestrafung als Vergeltung von begangenem Unrecht an die Gerichte delegiert. Das archaische »Auge um Auge, Zahn um Zahn«-Prinzip der Rache ist abgeschafft, aber auch die Todesstrafe für alle Kapitalverbrechen. In seiner Verpflichtung zu den Menschenrechten verbietet sich der Gesetzgeber, selbst Menschen das Leben zu nehmen. Dennoch geht es im Kern unserer Strafen darum, dem Täter ein Übel zuzufügen. Die Höhe dieses Übels bemisst sich wesentlich nach der Schwere des Unrechts, das er begangen hat.

Seit der Übernahme der Bestrafung durch den Staat trat die symbolische, kommunikative und pädagogische Funktion des Strafens immer stärker in den Vordergrund. Strafe ist nicht nur die Ausübung von Aggression oder Gewalt. Sie soll dem Bestraften verdeutlichen, dass sein Verhalten falsch war und nicht wieder vorkommen darf. Und sie soll darüber hinaus öffentlich zum Ausdruck bringen, was diejenigen zu erwarten haben, die bestimmte Regeln brechen.

2. Wozu gibt es Gefängnisse?

Bis ins 16. Jahrhundert hinein wurden Menschen vor allem eingesperrt, um sie körperlich zu bestrafen, zu foltern oder hinzurichten. Geschlossene Anstalten mit einer größeren Zahl von Insassen waren zunächst Spinn- und Arbeitshäuser für arme Menschen, Bettler, Vagabunden und dergleichen. Das Zuchthaus, Vorgänger unserer heutigen Gefängnisse, entstand zwecks Disziplinierung zur Arbeit und Unterbringung von Armen. 1595 wurde in Amsterdam ein erstes »Tuchthuis« (Zuchthaus) errichtet, zwei Jahre später ein »Spinhuis« (Haus für Spinn- und Näharbeiten) für Frauen.[22] Auf die Idee, den Freiheitsentzug selbst als Form von Strafe zu verwenden, ist man erst im Laufe der Zeit gekommen.

1608 wurde in Bremen das erste Zuchthaus in Deutschland eröffnet, weitere folgten.[23] Diese Zuchthäuser verwandelten sich zunehmend in Gefängnisse, in denen nur noch Straftäter untergebracht wurden. Die Freiheitsstrafe löste so schrittweise drastischere Formen von Strafe, wie etwa körperliche Strafen oder die Todesstrafe, ab. Das Gefängnis hat es also nicht schon immer gegeben, wir haben es vor einigen Jahrhunderten erfunden, könnten aber auch andere Formen der Strafe finden.

Das gilt umso mehr, wenn man sich bewusst macht, dass die ursprüngliche Idee, eine große Anzahl von Straftätern in einer geschlossenen Anstalt einzusperren, nicht der mehr oder weniger analytischen Überlegung folgte, wie man Kriminalität am besten reduzieren könnte. Die Freiheitsstrafe in Einrichtungen zu vollziehen, in denen man Hunderte von Menschen unterbringen kann, hatte und hat auch heute noch vor allem finanzielle Gründe. Eine Vielzahl von Menschen kann so kostengünstig bürokratisch verwaltet werden. Und die Anstalten an sich gab es bereits, sie mussten im Laufe der Zeit nur anders definiert werden. Dieser Prozess der Umwidmung ist, wenn man so will, noch immer nicht beendet. Es werden auch heute noch weitere rechtliche Begründungen gefunden, warum man Menschen einsperrt, wie etwa die Abschiebehaft für abgelehnte Asylbewerber oder die Sicherungsverwahrung von Schwerstkriminellen. So werden aufgrund einer besonderen Situation oder Stimmung in der Öffentlichkeit andere Ziele betont, die der Staat mit den Gefängnissen erreichen will. Mal ist es die Sicherheit der Allgemeinheit, mal die Resozialisierung der Inhaftierten und mal müssen die Gefangenen angeblich erst einmal lernen zu arbeiten. In den meisten Bundesländern gibt es daher noch immer die durch Art. 12 Abs. 3 GG legitimierte Zwangsarbeit im Strafvollzug.

Dass man Gefängnisse auch heute noch braucht, denken die allermeisten Menschen. Wenn ich bei Vorträgen oder Diskussionen danach frage, warum wir sie brauchen, erhalte ich ganz unterschiedliche Antworten.

Manche sagen ganz allgemein: Strafe muss sein. Oder: Was Recht ist, muss Recht bleiben. Andere weisen auf die Sicherheit der Allgemeinheit hin, auf die Abschreckungswirkung von Gefängnissen und darauf, dass die Bürger das Recht selbst in die Hand nehmen würden, wenn der Staat es nicht täte. Fast immer wird noch ergänzt, dass man es den Opfern schuldig sei und die Gefangenen in den Gefängnissen ja auch resozialisiert würden.

Damit sind alle Gründe genannt, aus denen auch unser Staat ganz offiziell Menschen mit Freiheitsentzug bestraft. Wobei nicht selten verschämt verschwiegen wird, dass es im Kern der Freiheitsstrafe nach wie vor um Vergeltung geht. Der Täter soll ein Übel erleiden, weil er jemand anderem oder unserer Gesellschaft ein Übel zugefügt hat. Diese gesetzliche Form der Rache findet bei nicht wenigen Menschen Zustimmung. Einigen geht sie sogar nicht weit genug; sie empfinden unsere Umsetzung der Freiheitsstrafe als nicht hart genug. Das spiegelt sich in der immer wieder anzutreffenden Haltung, den Inhaftierten ginge es im Gefängnis im Prinzip besser als in Freiheit.

Doch immer mehr aufgeklärte und zivilisierte Menschen nehmen Abstand von einer rächenden Strafe. So wurden im Laufe der letzten Jahrzehnte immer stärker die positiven Strafzwecke betont. Die Haft sollte die Inhaftierten zu »besseren« Menschen machen und die Sicherheit der Allgemeinheit vergrößern.

Insbesondere der Begriff der Resozialisierung hat dazu beigetragen, dass das Gefängnis auch in humanistisch und liberal eingestellten Kreisen einen guten Ruf genießt. So warf mir bei einer Podiumsdiskussion ein amtierender Landesjustizminister vor, dass ich mit dem Hinweis auf den Vergeltungscharakter der Freiheitsstrafe meiner Zeit weit hinterher sei. Man hätte diesen bereits in den 1970er Jahren zugunsten des Resozialisierungsgedankens aufgegeben. Ich musste ihm entgegnen, dass dies zwar gut klingt, aber nicht den Tatsachen entspricht. Ob und wie lange jemand zur Strafe eingesperrt wird, orientiert sich eben nach wie vor im Wesentlichen an dem Maß der Schuld, die der Täter auf sich geladen hat. Bei der Strafzumessung spielt es kaum eine Rolle, ob der Freiheitsentzug resozialisierungsförderlich ist. Resozialisierung ist das neue und schönere Kleid, das man dem Strafvollzug anstelle des in die Jahre gekommenen grauen Umhangs der Vergeltung verpasst hat. Nach wie vor gilt, was der Soziologe Michel Foucault erkannt hat: »... vollzieht sich die theoretische Selbstverleugnung: das Wesentliche der Strafe, welche die Richter auferlegen, besteht nicht in der Bestrafung, sondern in dem Versuch zu bessern, zu erziehen, zu ›heilen‹. Eine Technik der Verbesserung verdrängt in der Strafe die eigentliche Sühne des Bösen und befreit die Behörden von dem lästigen Geschäft des Züchtigens«.[24]

Der Soziologe und Sozialpädagoge Klaus Roggenthin spricht von einer systematischen Verschleierung und Beschönigung des wahren Charakters unseres heutigen Strafvollzuges: »Trotzdem scheint es darüber hinaus erforderlich zu sein, die hässlichen Konsequenzen, die die Akzeptanz dieser Gefängnislogik mit sich bringt, durch hübschere oder neutrale Begriffe zu stützen. So ist im behördlichen Sprachgebrauch in Deutschland eher selten die Rede vom Gefängnis und vom Gefangenen, stattdessen zieht man es vor, von der Justizvollzugsanstalt und dem Insassen zu sprechen. Aus Zellen werden Hafträume. Die ehemaligen Wärter oder Schließer sind nunmehr Vollzugsbeamte bzw. Bedienstete. Die gefürchteten Beruhigungszellen, also jene nur rudimentär ausgestatteten Zellen, in die Gefangene gebracht werden, die Gewalt gegen sich selbst oder andere ausüben, heißen nun bgH, also »besonders gesicherte Hafträume«. Diese Neutralisierung oder Beschönigung von Personen oder Dingen, die mit dem Gefängnis zu tun haben, findet sich in vielen Sprachen. So heißt beispielsweise das Gefängniswesen in Dänemark »kriminalforsorgen«, also Kriminalfürsorge, was wohl bewusst den sozialen und nicht den strafenden Aspekt dieser Institution hervorhebt.«[25]

Zwar ist es rechtswissenschaftlich herrschende Meinung, dass sich das Ziel von Strafen nicht in der Vergeltung erschöpfen darf, sondern dass es vielmehr auch darum gehen muss, künftige Straftaten zu reduzieren. Doch das, was Strafe theoretisch erreichen soll, ist nicht identisch mit dem, was sie tatsächlich bewirkt. Es wird noch darauf zurückzukommen sein, inwieweit sich der Charakter der Freiheitsstrafe auch inhaltlich verändert hat.

Außer zur Strafe gibt es weitere gesetzliche Gründe, Menschen die Freiheit zu entziehen. Bei der Sicherungsverwahrung, die ebenfalls in Haftanstalten vollzogen wird, geht es um die Sicherung der Allgemeinheit vor gefährlichen Tätern, die ihre Strafe bereits verbüßt haben. Und es gibt diejenigen, die eingesperrt und vor allem zur Verhinderung einer Flucht in Untersuchungshaft genommen werden, damit überhaupt ein Strafverfahren gegen sie eröffnet werden kann. Auf die zwangsweise Unterbringung in psychiatrischen Anstalten und andere Formen des Freiheitsentzuges kann hier nicht näher eingegangen werden. Auch spreche ich hauptsächlich von der Freiheitsstrafe für Erwachsene.

Das Gefängnis in Zahlen

Derzeit gibt es in Deutschland insgesamt 179 Justizvollzugsanstalten. Zum Stichtag 31. März 2018 verbüßten 50 957 Menschen eine Gefängnisstrafe, knapp sechs Prozent der Inhaftierten sind Frauen.[26]

Jährlich werden etwa 50 000 Menschen, die zu einer Geldstrafe verurteilt worden sind und diese nicht bezahlen können, zur Verbüßung einer Ersatzfreiheitsstrafe inhaftiert.[27]

Nur gut elf Prozent der Gefangenen haben eine zu erwartende Haftdauer von mehr als fünf Jahren. Etwa 20 Prozent erwarten eine Haftdauer zwischen zwei und fünf Jahren. Fast 30 Prozent der Insassen sind unter 30 Jahre alt, nur gut vier Prozent über 60 Jahre. Fast jeder dritte Inhaftierte hat inzwischen eine ausländische Staatsbürgerschaft. Und über 70 Prozent aller Inhaftierten sind vorbestraft.[28]

Bei den der Freiheitsstrafe zugrunde liegenden Delikten stehen Diebstahl und Unterschlagung an erster Stelle, gefolgt von Betrug und Untreue.[29] Insgesamt machen Eigentums- und Vermögensdelikte zwischen 40 und 50 Prozent aus. Wegen Straftaten gegen die sexuelle Selbstbestimmung sind gut sechs Prozent, wegen Straftaten gegen das Leben gut sieben Prozent der Strafgefangenen in Haft.[30]

Mit einer Rate von 70 bis 80 Gefangenen pro 100 000 Einwohnern gehört Deutschland im weltweiten Vergleich zu den Ländern, in denen am wenigsten Menschen inhaftiert werden.[31] In den USA ist die Gefangenenrate fast zehnmal so hoch. Es gibt jedoch auch Länder, in denen noch deutlich weniger Menschen als in Deutschland inhaftiert werden. In Finnland sind dies beispielsweise 57, in Schweden 55 und in Island 45 pro 100 000 Einwohner.[32]

In einer Anstalt sind in der Regel einige Hundert Inhaftierte untergebracht, teilweise auch über tausend. Die Unterbringung erfolgt vor allem in Einzelhafträumen, die in der Regel ca. neun Quadratmeter groß sind. Viele Anstalten verfügen jedoch nicht über eine ausreichende Zahl von Einzelhaftplätzen, so dass Gefangene auch zu zweit oder mehreren untergebracht werden müssen.

Der Personalschlüssel unterscheidet sich sowohl in den Bundesländern als auch in den einzelnen Anstalten. Durchschnittlich kommt auf 2 bis 2,5 Gefangene ein Justizbediensteter. Das klingt nach sehr viel, ist aber vor allem sehr teuer. Es wird noch darauf einzugehen sein, mit welchen Tätigkeiten das Justizpersonal hauptsächlich beschäftigt ist.

3. Keine Resozialisierung durch Haft

Eines der Ziele unseres Strafvollzuges ist die Resozialisierung der Gefangenen. Seit der Föderalismusreform 2006 ist es Sache der Länder, die konkrete Gestaltung des Strafvollzuges gesetzlich zu regeln. Der anfänglich befürchtete sogenannte »Wettbewerb der Schäbigkeit«[33], dass die Bundesländer nun versuchen würden, sich in der repressiven und harten Behandlung von Gefangenen und im »Kaputtsparen« des Justizvollzuges gegenseitig zu übertreffen, ist nicht eingetreten. Grundsätzlich verändert hat sich der Strafvollzug allerdings mit dem Übergang der Gesetzgebungskompetenz auf die Länder auch nicht. Traditionell gibt es Unterschiede in der finanziellen Ausstattung der Anstalten. Die Gefängnisse von Bundesländern wie Bayern, die über größere finanzielle Ressourcen verfügen, sind oft baulich in einem besseren Zustand als die in den östlichen Bundesländern. Auch in der Bezahlung der Mitarbeiter gibt es Unterschiede. So werden beispielsweise in Bayern sogenannte Fachdienste (vor allem Sozialarbeiter und Psychologen), anders als in Sachsen, grundsätzlich verbeamtet.

Für einen Inhaftierten macht es einen spürbaren Unterschied, in welchem Bundesland er in Haft muss.[34] Der Anteil der Gefangenen, die nicht in der geschlossenen Anstalt, sondern in Gebäuden außerhalb der Gefängnismauern in einen offenen Vollzug mit deutlich höherer Bewegungsfreiheit verlegt wurden, lag 2016 beispielsweise in Berlin bei 31,1 Prozent, in Bayern dagegen lediglich bei 6,5 Prozent.[35]

Auch die Rechte der Gefangenen, mit Menschen außerhalb der Anstalten zu kommunizieren, sind in den Bundesländern sehr unterschiedlich ausgestaltet. Teils haben die Gefangenen Telefone in ihrem Haftraum, teils gibt es Kartentelefone auf den Stationen, zum Teil dürfen die Gefangenen auch nur in seltenen Ausnahmefällen und unter Aufsicht eines Beamten telefonieren.[36]

Von diesen Unterschieden abgesehen soll der Vollzug der Freiheitsstrafe nach allen Landesjustizvollzugsgesetzen die Gefangenen befähigen, ihr künftiges Leben in sozialer Verantwortung ohne Straftaten zu führen. Leider funktioniert das in der Realität nicht – und es kann auch gar nicht funktionieren. Wie und warum eine Resozialisierung oft fehlschlägt, zeigt besonders drastisch der Fall des Gefangenen Kroht.[37]

» Seine Frau hatte sich, noch bevor er seine Haft antrat, scheiden lassen. Sie wollte nicht sieben Jahre warten, bis er wieder mit ihr zusammenleben konnte. Am Anfang seiner Haftzeit bekam er noch ab und zu Besuch von Freunden und Bekannten, die es spannend fanden, jemanden im Gefängnis zu besuchen. Nach zwei oder drei Jahren aber kam niemand mehr und viele seiner Briefe blieben unbeantwortet.

Jeder Tag im Gefängnis war gleich. Zur gleichen Zeit geweckt werden, zur gleichen Zeit das immer gleiche Mittagessen, zur gleichen Zeit Nachtruhe. Dazwischen Frustration, Langeweile und zunehmend Wut. Wut auf Beamte, Wut auf Mitgefangene, Wut auf das System. Wut darauf, immer nur dieselben Menschen um sich herum zu haben. Menschen, die man sich nicht aussuchen kann.

Kroht war nicht nur seiner Bewegungsfreiheit, sondern fast jeder Möglichkeit der Gestaltung seines Lebens beraubt. Seine Briefpartner hatten irgendwann genug von seiner Wut und seinem Ärger. Ihr Leben in Freiheit ging weiter. Sie verliebten sich, stritten sich, trennten sich, wechselten den Arbeitgeber, kauften sich ein Auto, fuhren in den Urlaub, zogen um. Sie hatten ihren eigenen Ärger, ihre eigene Wut, ihre eigene Frustration. Von ihren Sorgen aber wollten sie ihm nicht berichten. Wer möchte schon bei jemandem, der an Krebs leidet, über seinen Schnupfen klagen?

Und über ihre Erfolge, ihre kleinen und großen Freuden wollten sie ihm erst recht nichts schreiben, das wäre ihnen zynisch vorgekommen. Als würde man einem Gelähmten von der Freude am Sport vorschwärmen. So wurde es zwischen ihnen immer leiser, bis irgendwann absolute Stille herrschte.

Umso stärker bekamen die Beamten seine Frustration zu spüren. Er wurde nie körperlich aggressiv, aber sagte und schrieb allen, was er von ihren Anordnungen, ihren Maßnahmen und ihrem System und was er von ihnen persönlich hielt. Und das war, in seinen Worten, »positiv ausgedrückt: nichts«. So nahm es kaum wunder, dass er weder in den Genuss von Lockerungen des Vollzugs, wie zum Beispiel Ausgängen, noch einer vorzeitigen Entlassung kam. Ohne große Vorbereitung wurde er am letzten Tag seiner Haft vor die Tür gesetzt.

Da stand er nun, mit seinen zwei alten Koffern, in der Kleidung, die er vor sieben Jahren bei seinem Haftantritt getragen hatte, und mit 90 Euro im Geldbeutel, die ihm die Anstalt als Entlassungsbeihilfe gewährt hatte, damit er, wie es ihm die Sozialarbeiterin bei der Aushändigung des Geldes gesagt hatte, nicht »schon am ersten Tag in Freiheit wieder straffällig werden würde«. Die Beamten an der Torwache hatten ihm noch ein Taxi bestellt, das ihn zum Bahnhof bringen sollte. Er hatte sich geweigert, der Anstalt zu sagen, wo er nach der Haft wohnen wollte, und wusste es selbst noch nicht. Hauptsache, weg. Weit weg von dieser Anstalt und dieser Stadt. Als er in das Taxi stieg, konnte keiner ahnen, dass es nicht lange dauern würde, bis er wieder zurückmusste an den Ort, den er so hasste und der ihn so geprägt hatte wie das Elternhaus ein Kind.

Der Taxifahrer sah mit seiner abgewetzten Jeans und dem billigen, etwas zu knapp am nicht mehr ganz schlanken Körper liegenden Kurzarmhemd etwas heruntergekommen aus und war Kroht gleich sympathisch. Er nahm ihm seine zwei Koffer ab und legte sie hinten in seinen alten Mercedes-Kombi, während Kroht auf dem Beifahrersitz Platz nahm. Der drehte seinen Kopf noch einmal zur Anstalt und starrte einige Sekunden auf die riesige Eingangstür aus Panzerglas, wütend, verächtlich, doch auch etwas wehmütig. Zum Fahrer sagte er: »Zum Bahnhof. Nichts wie weg hier!« Der Taxifahrer nickte zustimmend. »Ja, was für ein Dreckspuff!« »Wohl auch mal drin gewesen?« »Ja, aber das ist schon ein paar Jährchen her. Eine Drogengeschichte, die üblichen Jugendsünden halt. Hab sogar mal studiert, aber nach dem Knast natürlich nirgends Arbeit gefunden. Nun fahr ich Taxi. Passt mir so, bin ich mein eigener Herr.«

Kroht hatte das Gefühl, dass er sich zum ersten Mal seit sieben Jahren Haft mit jemandem vernünftig unterhalten konnte. Endlich jemand, der auf seiner Wellenlänge war! »Der eigene Herr sein. So muss es sein! Ich bin der Jürgen.« Er reichte dem Taxifahrer seine Hand. »Bernd«, antwortete dieser. Auch der Fahrer hatte offenkundig nicht oft Gäste, mit denen er sich wie mit Kroht austauschen konnte. »Und wie lang warst du da drin?« »Über sieben Jahre. Keinen Tag Lockerungen.« Bernd nickte zustimmend. »Kenn ich. Diese Drecksäcke!« »Ja. Nur weil ich nicht so mitgespielt habe, wie die sich das vorgestellt haben. Kleingeister sind das. Humorlose Kleingeister. Bürokraten.« »Und wegen was warst du drin?« Der Fahrer schien sich etwas zu schämen, diese Frage zu stellen, aber sie musste gestellt werden. Es war wie die Frage nach dem Gehalt, nur dass man diese in der Regel erst stellen kann, wenn man jemanden wirklich gut kennt. Aber um einen ehemaligen Häftling überhaupt näher kennenlernen zu wollen, musste man wissen, weswegen er in Haft gesessen hatte. Die Frage stand also am Anfang jeder Beziehung. Auch und vielleicht gerade dann, wenn der andere selbst schon einmal im Gefängnis gewesen war. Kroht jedoch hatte ohnehin kein Problem damit, darüber zu sprechen. Ein bisschen schien er sogar, zumindest gegenüber einem anderen ehemaligen Knacki, stolz darauf zu sein. »Raub. Hatte finanzielle Probleme, bin oft beschissen worden, auch von der Bank. Da hab ich mir gedacht, ich überfall sie. Mit einer Schreckschusspistole, ich wollte niemandem was tun. Die blöde Tussi hinterm Schalter hat dann so lange Faxen gemacht, bis die Bullen da waren.« Der Fahrer lachte. »Ja, blöd gelaufen, was?« Mittlerweile waren sie am Bahnhof angekommen. Der Fahrer hielt mit laufendem Motor vor dem Eingang. Sie sahen sich fragend an.

»Wo willst du eigentlich hin?« Kroht zuckte mit den Schultern. »Hab keinen Plan. Hauptsache, weg aus diesem Dreckskaff.« Der Fahrer überlegte und sagte dann: »Hmm, ich wohne alleine, hab meine Alte rausgeschmissen, könnte dir ein Zimmer untervermieten, bis du was gefunden hast. Ich wohne auch nicht hier, sondern im Nachbarort.« Kroht konnte es nicht fassen. Das gab's doch nicht. Er hatte richtig Angst vor der Entlassung gehabt, weil er vor allem wusste, was er nicht wollte, sich aber überhaupt nicht im Klaren darüber war, was und wohin er sollte. Und nun das! Nun ergab sich, wie aus dem Nichts, diese einmalige Chance. Glück muss der Mensch haben, und nach so viel Pech hatte auch er, Kroht, einmal ein kleines bisschen davon verdient. Er reichte dem Fahrer feierlich die Hand: »Da bin ich dabei. Abgemacht.«

Ich traf Kroht einige Zeit später. Wieder im Gefängnis.

»Sie sind wegen Mordes verurteilt worden. Was ist da passiert?« Kroht lachte verächtlich. »Mord? Ja, so haben die das genannt. Einfach lächerlich. Ich hab den Scheißkerl erschlagen, weil er's verdient hat. Und dazu stehe ich auch. Ich bin ein Mann, ich stehe dazu.« »Dann erzählen Sie mal!« »Ich habe ein Zimmer bei ihm zur Untermiete gehabt. Ein einziges Zimmer. Dafür hat er mir ohnehin viel zu viel abgeknöpft, aber sei's drum. Am Anfang haben wir uns ganz gut verstanden, aber irgendwie hat er ständig Ansprache gebraucht. Ständig dieses Gequatsche. Seine Frau war ihm weggelaufen, was mich nicht sonderlich wundert, ehrlich gesagt. Na ja, jedenfalls, irgendwann hatte ich das Gefühl, er geht überhaupt nicht mehr Taxi fahren und will nur noch reden.« Ich unterbrach ihn. »Über was hat er denn so mit Ihnen geredet?« »Ach, diese ganze, entschuldigen Sie den Ausdruck, Scheiße ... Er hat gejammert, weil seine Frau ihn verlassen hatte, dabei war das schon ewig her, über den Staat hat er sich aufgeregt, wegen der hohen Steuern, über unfreundliche Fahrgäste usw., usw. Und ich wollte eigentlich meine Ruhe haben und Kraft schöpfen nach der langen Knastzeit. Außerdem musste ich mich mit diesen ganzen Scheißbehörden auseinandersetzen, Arbeitsagentur und so. Und statt mir zu helfen, wollte der die ganze Zeit nur Hilfe von mir. Ich sollte auch für ihn einkaufen und sogar sauber machen. Aber letztlich hat er mich nur verarscht.« »Inwiefern?« »Er hat mir versprochen, dass er mir einen guten Job besorgt. Er hätte

Beziehungen, hat er gesagt. Am liebsten hätte ich auf dem Bau gearbeitet, da kenn ich mich aus. Aber als Knacki hätte mich da keiner genommen, machen alles die Polen heute, wissen Sie. Und ich hab ihm vertraut. Ich hatte ja sonst niemanden. Man ist ein leichtes Opfer, wenn man alleine ist.« »Das stimmt allerdings. Hat er Ihnen dann einen Job verschafft?« »Nein, seine angeblichen Kontakte waren alles ebenfalls Ex-Knackis, irgendwelche Säufer, die nichts auf die Reihe gekriegt haben.« »Und was war konkret der Auslöser? Was ist passiert? Warum haben Sie ihn getötet?« Kroht, der die ganze Zeit beide Ellenbogen auf den Tisch gestützt hatte und nur gelegentlich mit dem rechten Arm gestikulierte, richtete sich auf und lehnte sich zurück. »Ist das so wichtig? Ich will nicht mehr darüber reden. Das war ein Fehler, aber das ist lange her.« »Doch, wir müssen darüber reden. Genau darum geht es hier. Genau darüber müssen wir sprechen. Sonst muss ich davon ausgehen, Sie haben das alles verdrängt, und das wäre ...« Kroht unterbrach mich unwirsch. »Ja, ja, du meine Güte. Was wollen Sie denn wissen?« »Was war der konkrete Anlass? Haben Sie sich gestritten?« »Gestritten? Er hat mich verarscht, und ich habe ihm das gegeben, was er verdient hat.« Kroht merkte, dass er sich mit solchen Aussagen keinen Gefallen tat, und schob schnell nach: »Das war ein Fehler, heute weiß ich, dass das ein Fehler war! Er wollte mich rausschmeißen!« »Sie rausschmeißen? Aber er ging Ihnen doch ohnehin auf die Nerven. Oder hatten Sie keine Chance auf eine andere Bleibe?« »Darum ging es nicht. Es ging darum, dass er mich verarschen wollte. Er hatte auf einer Taxifahrt irgend so eine Tussi aufgerissen, halb so alt wie er, Sozialpädagogikstudentin. Die sollte bei ihm einziehen und deshalb sollte ich raus. Nach allem, was ich für ihn getan habe!« Kroht sah mich an, als wollte er meine Zustimmung. »Das kann ich gut verstehen, dass Sie da verärgert waren. Wie ging es weiter?« »Na ja, ich war stinksauer. Ich habe seine Wuchermiete bezahlt, seinen Haushalt gemacht, mir seinen ganzen Mist angehört und er hat nichts für mich getan. Und als er mich nicht mehr brauchen konnte, da wollte er mich wie einen Hund vor die Tür jagen. Nicht mit mir!« »Interessant. Aus dem Gefängnis wollten Sie raus und durften nicht, und dort war es umgekehrt. Na ja ... Im Urteil steht, Sie hätten ihn zunächst mit einem Fausthieb bewusstlos geschlagen und dann erwürgt.« Kroht wirkte nun wieder fast ein bisschen stolz. »Richtig, ja. Wo ich hinhaue, da wächst kein Gras mehr!« Er ballte seine Faust und zeigte sie mir. »Das kann ich mir gut vorstellen, Herr Kroht! Aber warum haben Sie ihn denn dann noch erwürgt?« Kroht bekam einen hochroten Kopf. »Ja, weil ich wütend war. Am liebsten hätt ich ihm den Kopf abgerissen!« »Aber das Erwürgen dauert ja doch einige Zeit und Ihre Wut müsste ja durch den Faustschlag schon ein Stück weit verraucht gewesen sein. Dass Sie das rein aus Wut getan haben, kann ich nicht so recht glauben.« Kroht hatte sich wieder etwas im Griff. Er wirkte nun eher ratlos als wütend. »Ja, aber warum sollte ich ihn denn sonst erwürgt haben? Das war ein Fehler, so blöd wäre ich mit nüchternem Kopf doch niemals gewesen! Glauben Sie, ich setz mich für so einen Idioten freiwillig jahrzehntelang in diesen Knast?« Kroht deutete wie ein Reiseführer, der seinen Gästen eine Sehenswürdigkeit präsentiert, mit einem Arm in dem winzigen Raum herum. »Freiwillig? Na ja, Sie sind doch dann geflohen und wurden erst einen Tag später an einem Bahnhof festgenommen, da könnte man ja auch meinen, dass Sie vielleicht davon ausgingen, entkommen zu können?« Nun musste Kroht lachen. »Mein lieber Herr Doktor, wir wissen doch beide ganz genau, dass ich niemals hätte entkommen können. Ich wollte noch ein paar Tage in Freiheit verbringen, das war alles. Aber ohne Geld, als ehemaliger Knacki und mit ziemlicher Sicherheit der Hauptverdächtige, dass ich damit nicht weit komme, war von vorneherein klar. Nein, nein. Ich hab den aus Wut erwürgt und das tat mir schon kurz danach leid. Nicht um ihn, aber es war ein Fehler. Würde mir nie wieder passieren, so etwas!« »Und wenn Sie wieder wütend werden?« Kroht schüttelte den Kopf. »Ich würde es nie mehr so weit kommen lassen. Ich hatte nun lange genug Zeit, darüber nachzudenken. Ich bin nicht dumm, verstehen Sie? Ich brauch dafür keinen Psychologen. Wenn ich merke, es braut sich so was zusammen, wenn ich merke, jemand geht mir so auf den Senkel wie der, dann gehe ich einfach. Rechtzeitig.«

Es wird noch lange dauern, bis Kroht, der nun eine lebenslange Haftstrafe zu verbüßen hat, dies wird beweisen können.

Die Behauptung, der Strafvollzug diene der Resozialisierung von Straftätern, hat in den letzten Jahrzehnten zunehmend an Bedeutung gewonnen. Insbesondere als Anstaltsleiter hatte ich häufig Kontakt mit Vertretern von Medien und Politik oder mit Schulklassen und anderen Besuchergruppen. Wir haben bei diesen Treffen immer versucht, unsere Projekte und Ideen für die Aus- und Fortbildung und die therapeutische Behandlung der Inhaftierten herauszustellen.

So richtig es ist, dass es diese Ansätze gibt, so wichtig ist es jedoch auch, sich nicht von der wesentlichen Frage ablenken zu lassen, ob und inwieweit der Strafvollzug tatsächlich resozialisierend wirken kann.

Wenn man sich vor Augen führt, dass ein wesentlicher Zweck des Strafvollzugs die angestrebte Resozialisierung ist, ist es bemerkenswert, wie wenig die Justiz selbst hinterfragt, inwieweit dieser Zweck tatsächlich erfüllt wird. Keine Schule könnte auf Dauer bestehen, wenn sie nicht überprüft, wie viel ihre Schüler tatsächlich gelernt haben. Jedes Krankenhaus, das nicht in der Lage ist, Menschen erfolgreich zu behandeln, würde geschlossen werden. Und kein Unternehmen könnte auf dem freien Markt bestehen, wenn es den eigenen Output nicht misst.

Ganz anders der Strafvollzug. Hier scheint die Erfolgskontrolle vor allem darin zu bestehen, möglichst wenig belastbares Zahlenmaterial zu erheben und nach außen zu kommunizieren, um der vergeltungsorientierten Strafe weiter den Anschein einer vernünftigen und aufgeklärten Resozialisierung verleihen zu können.

Rückfallquote

Obwohl wir also wenig Daten erheben, um die Wirksamkeit von Strafen und die Arbeit in den Gefängnissen zu evaluieren, gibt es dennoch einige Studien zur Rückfälligkeit von Straftätern allgemein und zu der entlassener Strafgefangener.

Erhebliche Unterschiede gibt es bei den Rückfallquoten von Straffälligen hinsichtlich der begangenen Delikte.[38] So liegt die Rückfallquote bei Raub und Erpressung bei 52 Prozent, bei Mord und Totschlag dagegen bei 18 Prozent.[39] Der überwiegende Teil entlassener Inhaftierter wird erneut straffällig, wobei nur ein Teil davon wieder zu einer Freiheitsstrafe verurteilt wird.[40] Einer bundesweiten Rückfalluntersuchung zufolge wurde jeder dritte (33 Prozent) zu einer unbedingten[41] Freiheitsstrafe Verurteilte im Laufe von neun Jahren erneut zu einer Freiheitsstrafe ohne Bewährung verurteilt.[42]

Nach der Verbüßung von Freiheitsstrafen bis zu zwei Jahren ist die Rückfallquote mit deutlich über 50 Prozent innerhalb von drei Jahren nach der Entlassung am höchsten.[43] Besonders kritisch sind die ersten Monate in Freiheit; in diesen ist das Rückfallrisiko besonders hoch.[44]

Rückfall ist jedoch nicht gleich Rückfall. So ist es etwa als Erfolg zu werten, wenn ein Gewalttäter nur noch wegen eines Vermögensdeliktes verurteilt wird oder ein ehemaliger Strafgefangener nur noch zu einer Geldstrafe. Dennoch lassen die verfügbaren Statistiken keine überzeugenden Rückschlüsse darauf zu, dass der Strafvollzug rückfallsenkend wirkt. Eine über 50-prozentige Rückfallquote in der größten Gruppe der Haftzeiten von bis zu zwei Jahren deutet vielmehr darauf hin, dass die Rückfallwahrscheinlichkeit durch die Haft erhöht wird. Dies gilt umso mehr, als die Dunkelziffer der nicht bekannt gewordenen Delikte in diesen Zahlen nicht berücksichtigt ist. Zudem sinkt die Kriminalitätswahrscheinlichkeit generell mit zunehmendem Alter.

Dennoch wird nicht selten behauptet, diese Zahlen seien kein Beweis für die Wirkungslosigkeit des Strafvollzuges. Vielmehr sei es bereits ein Erfolg, dass nur etwa 50 Prozent der Inhaftierten erneut straffällig werden. Das lässt jedoch außer Acht, dass diejenigen, die in Haftstrafen eine Resozialisierungswirkung sehen, diese auch belegen müssten. Allerdings ist ein umfänglicher Beweis der negativen Wirkungen des Strafvollzuges ebenfalls fast unmöglich. Um diese etwa durch eine Studie zu ermitteln, müsste man zwei vergleichbare Gruppen von Straffälligen bilden. Nur eine der beiden Gruppen dürfte inhaftiert werden, um den Einfluss der Haft auf die Rückfallquoten ermitteln zu können. Unstrittig dürfte es jedoch sein, dass die Rückfallwahrscheinlichkeit von Straftätern grundsätzlich und unabhängig von staatlichen Interventionen nicht auch nur annähernd bei 100 Prozent liegt. Von einer »Senkung von 100 auf 50 Prozent« durch den Strafvollzug kann also keine Rede sein.

Ich bin überzeugt, dass es für die Rückfallquoten einen großen Unterschied macht, wie der Strafvollzug gestaltet wird. Sehr viele Mitarbeiterinnen und Mitarbeiter setzen sich innerhalb der Rahmenbedingungen so gut es geht dafür ein, die Chancen der Inhaftierten auf eine Resozialisierung zu vergrößern.

Ich bin jedoch ebenso davon überzeugt, dass noch so viele Verbesserungen, Personalzuwächse und Reformen des Strafvollzuges nichts daran ändern können, solange nicht die Idee, Hunderte Menschen zur Strafe gemeinsam in eine geschlossene Einrichtung einzusperren, als nicht zielführend erkannt wird.

Selbst der langjährige Vizepräsident des Bundesverfassungsgerichts, Winfried Hassemer, hat keine allzu großen Erwartungen an den Strafvollzug formuliert: »Dieses Ziel der Resozialisierung der Gefangenen – oder sollen wir angesichts der Wirklichkeit des Strafvollzugs nicht eher sagen: der Verhinderung ihrer weiteren Desozialisierung? – ist die zentrale verfassungsrechtliche Rechtfertigung des Strafvollzugs unter dem Gebot der Achtung der Menschenwürde (Art. 1 GG).«[45]

Noch deutlicher bringt es der Rechtswissenschaftler und ehemalige Justizminister Brandenburgs, Volkmar Schöneburg, auf den Punkt: »Der Knast ist eine ›totale Institution‹ und damit nicht zuerst ein Ort des sozialen Lernens, sondern vielmehr der Machtdemonstrationen, der Anpassung, der Gewalt, der Verrohung, der Stigmatisierung, der unterdrückten Sexualität und der Rechtsunsicherheit.«[46]

Aus den Gefängnissen werden mehrheitlich keine Menschen entlassen, die etwas Sinnvolles gelernt und die notwendigen Fähigkeiten erworben haben, um künftig ein straffreies Leben zu führen. Es werden frustrierte, gedemütigte, verbitterte, geschwächte, teils lethargische oder aggressive Menschen entlassen. Ihre Haltung gegenüber Staat und Gesellschaft schwankt zwischen Zynismus und Opposition.

Vergeltung als Grundlage der Haft

Die Zeit, die ein Gefangener in Haft verbringen muss, orientiert sich grundsätzlich nicht daran, welche Haftdauer für eine Resozialisierung förderlich sein könnte. Vielmehr bemisst sich die Dauer des Freiheitsentzuges nach der Schwere der Schuld. Wer zum Beispiel eine Haftstrafe von fünf Jahren zu verbüßen hat und im Gefängnis eine Ausbildung beenden soll, weil ihr Fehlen als eine der Hauptursachen seiner Straffälligkeit angesehen wird, der muss die restlichen vier Jahre grundsätzlich auch dann noch verbüßen, wenn er die noch fehlenden Module seiner Ausbildung und die Prüfung bereits nach einem Jahr absolviert hat. Das Abgleiten in die anstaltsinterne Subkultur, die mit jedem Jahr Haft abnehmenden Chancen auf einen Arbeitsplatz nach der Entlassung, die zunehmende Entfremdung von der Gesellschaft: Das alles ist das Gegenteil von Resozialisierung und zerstört oft die Bemühungen und Anstrengungen, die in Haft für diese aufgewendet worden sind.

Der (vermutete) Erfolg einer Resozialisierung findet zwar Berücksichtigung bei der Entscheidung über eine vorzeitige Entlassung aus der Haft zur Bewährung, die allerdings bei längeren Haftzeiten frühestens nach zwei Dritteln der verbüßten Haftzeit möglich ist. Für Menschen, die nicht zum ersten Mal in Haft sind, ist die Aussicht auf eine vorzeitige Entlassung meist gering.

Die Vergeltung von Unrecht in Haft schließt den Bestraften aus der Gesellschaft aus. Die Resozialisierung versucht, ihn wieder dorthin zurückzubringen. Beides zur gleichen Zeit kann selten gelingen, und bei Widersprüchen und Konflikten setzt sich systematisch die Vergeltung durch. Der Bielefelder Richter und Sachbuchautor Helmut Ostermeyer findet dafür deutliche Worte: »Kein Strafvollzug kann das Gift der Rache in die Arznei der Resozialisierung verwandeln und unser auf Isolierung statt Sozialisierung angelegter Vollzug schon gar nicht.«[47] Als Beispiel sei die Geschichte von Herrn Vogel erzählt.

» Sehr wenige Menschen werden erst im fortgeschrittenen Alter zum ersten Mal straffällig. Herr Vogel war einer dieser wenigen. Mit Mitte fünfzig stand er zum ersten Mal vor einem Strafgericht. Nach zwei erfolgreich absolvierten Ausbildungen als Maler und Maurer hatte er in jahrzehntelanger harter Arbeit eine florierende Baufirma mit über 60 Angestellten auf die Beine gestellt.

Die Firma war sein Ein und Alles, doch mit zunehmendem Alter wollte er noch mehr vom Leben, unter anderem kaufte er sich mehrere teure Sportwagen. Auch sonst trat er ziemlich protzig und großspurig auf. Als man ihm verschiedene Steuerdelikte nachweisen konnte, wurde er in Untersuchungshaft genommen und angeklagt.

Seine Frau versuchte, die Firma weiterzuführen. Das Hauptverfahren gegen Herrn Vogel zog sich allerdings wegen der außerordentlichen Komplexität der strafrechtlichen Vorwürfe in die Länge. Ein Jahr und vier Monate musste Vogel aufgrund der Befürchtung des Gerichts, er könnte angesichts der zu erwartenden Strafe fliehen oder versuchen, Zeugen zu beeinflussen, in Untersuchungshaft verbringen. In dieser Zeit ging seine Firma insolvent, alle Angestellten mussten entlassen werden. Herr Vogel wurde schließlich zu einer Freiheitsstrafe von zwei Jahren und sechs Monaten ohne Bewährung verurteilt. Er hatte im Verlauf der Jahre Steuern im Umfang von über zwei Millionen Euro hinterzogen.

Zwar war es unstrittig, dass er sich jahrzehntelang korrekt verhalten hatte und ein guter Arbeitgeber und Unternehmer war. Das Gericht folgte jedoch nicht Vogels Einlassung, dass er mit den hinterzogenen Steuern Arbeitsplätze habe retten wollen, weil die Firma in eine Schieflage geraten war. Ihm wurde vorgeworfen, er hätte damit vor allem seinen luxuriösen Lebensstil finanziert. Denn auch vor Gericht trat er sehr großspurig auf. Er stellte u.a. die Millionen Steuern, die er im Laufe seines Lebens schon bezahlt hatte, den hinterzogenen gegenüber und fragte den vorsitzenden Richter, wie viele Steuern dieser denn schon bezahlt habe.

Vogel war immer sein eigener Herr gewesen, ein Macher und Gestalter. Es war vor Gericht spürbar, wie schwer und kaum erträglich es für ihn war, dass nun andere über ihn entscheiden konnten.

Das Urteil wurde nicht rechtskräftig, da er Revision einlegte. Aufgrund der langen Dauer des Verfahrens wurde er erst einmal aus der Untersuchungshaft entlassen. Eine Firma konnte und durfte er nicht mehr gründen. Er wollte aber unbedingt wieder auf die Beine kommen und auch seinen großen Schuldenberg langsam abbauen. So ließ er sich von einem befreundeten Unternehmer als Vorarbeiter am Bau einstellen und tat, was er am besten konnte: Er arbeitete hart, rund um die Uhr. Nach einigen Monaten wurde die Revision jedoch verworfen und das Urteil gegen Vogel rechtskräftig.

Wenn er jetzt wieder in Haft müsste, würde er seinen Arbeitsplatz verlieren. Vor allem aber hatte er fast panische Angst davor, wieder ins Gefängnis zu müssen. Für einen vor Energie strotzenden, fast überaktiven Menschen, der seine individuelle Würde und sein Selbstbewusstsein vor allem aus seiner Unabhängigkeit und Selbstbestimmung schöpfte, war die Enge und Fremdbestimmung einer Haft ohnehin eine besonders große Belastung. Hinzu kam, dass er als Kind einige Zeit in einem Heim aufgewachsen war, an das er keine guten Erinnerungen hatte. Das Gefängnis beschwor diese negativen Erfahrungen unwillkürlich wieder herauf.

Die Zeit, die Vogel in der Untersuchungshaft verbracht hatte, wurde auf seine Freiheitsstrafe angerechnet, d. h., er hatte nun noch ein Jahr und zwei Monate Haft vor sich. Bei über zweijährigen Freiheitsstrafen ist eine Aussetzung des Strafrestes zur Bewährung bei Vorliegen besonderer Umstände bereits nach der Hälfte der verbüßten Haft möglich. Vogel beantragte diese Aussetzung des Strafrestes, um die Haft nicht mehr antreten zu müssen.

Herr Vogel war zum ersten Mal überhaupt straffällig geworden, er hatte bereits längere Zeit in Haft verbracht, er hatte seine Firma und damit sein Lebenswerk verloren und würde bei einer erneuten Inhaftierung seinen Arbeitsplatz verlieren und so auch nichts mehr von seinen Steuerschulden in Raten zurückzahlen können.

Doch alle Argumente halfen nichts. Der zuständige Richter, der etwa Mitte zwanzig war, zitierte in der mündlichen Anhörung von Herrn Vogel aus einem juristischen Kommentar, wonach es mit dem Strafbedürfnis der Allgemeinheit nicht vereinbar wäre, wenn die Freiheitsstrafe bei einer so hohen Schadenssumme wie dieser schon nach der Hälfte der Zeit zur Bewährung ausgesetzt werden würde. Vogel musste also wieder in Haft.

Dort bekam er diverse gesundheitliche Probleme. Er musste erstmals in seinem Leben Mittel gegen Bluthochdruck und Antidepressiva nehmen und mehrfach von Beamten wegen des Verdachts auf Herzinfarkt mit großem Aufwand in ein Krankenhaus eingeliefert werden. Seine Haft war also noch deutlich teurer als die eines durchschnittlichen Gefangenen. Vogel war nach seiner Entlassung nicht gebrochen, aber deutlich geschwächt und dauerhaft medizinisch behandlungsbedürftig.

Mit Resozialisierung hatte das nichts zu tun, aber dem angeblichen Strafbedürfnis der Allgemeinheit wurde Genüge getan.

Sicherheit als tatsächliches Ziel der Haft

Nicht nur der Vorrang der Vergeltung ist ursächlich dafür, dass die Gefängnisse keine Orte der Resozialisierung sind und es auch nicht sein können.

Ein aktuelles Beispiel: Die Strafvollzugswelt hatte mit großer Spannung auf ein Urteil des Landgerichts Limburg gewartet. Angeklagt waren drei Mitarbeiter der Justizvollzugsanstalten Wittlich und Diez wegen fahrlässiger Tötung und Beihilfe zum Fahren ohne Fahrerlaubnis. Die Angeklagten hatten entschieden, den Vollzug eines Gefangenen zu lockern, und ihn in den offenen Vollzug verlegt. Lockerung bedeutet, dass Gefangene die Anstalt für ein paar Stunden oder Tage verlassen oder auch außerhalb der Anstalt arbeiten dürfen. Neben dem geschlossenen gibt es den offenen Strafvollzug. Das sind meist Gebäude außerhalb der Anstaltsmauern, die deutlich weniger stark gesichert sind. Die dort untergebrachten Inhaftierten dürfen sich in der Regel tagsüber frei bewegen, müssen aber über Nacht in die Einrichtung zurück.

Diese Lockerungen dürfen grundsätzlich nur dann gewährt werden, wenn die Anstalt keine Gefahr sieht, dass ein Gefangener fliehen oder eine Straftat begehen könnte. Schätzt die Anstaltsleitung die Gefahren falsch ein, gerät sie unter großen Rechtfertigungsdruck.

Auf seriöse Weise ist die Einschätzung einer solchen Gefahr allerdings kaum möglich. Menschliches Verhalten ist sehr schwer prognostizierbar, zumal es unzähligen äußeren Umständen ausgesetzt ist, die wiederum überhaupt nicht vorhergesagt werden können. Niemand kann sagen, in welche Situationen ein Inhaftierter während eines Hafturlaubes geraten, welchen Menschen er dort begegnen und was in seinem Kopf vorgehen wird.

Fast jeder Inhaftierte beantragt Lockerungen. Es wird ein erheblicher Aufwand in die Prüfung dieser Anträge investiert. Umfangreiche Konferenzen unter Beteiligung von Justizbeamten, Sozialarbeitern, Juristen und Psychologen werden abgehalten, und bei längeren Haftstrafen oder Gewalt- und Sexualdelikten werden in aller Regel noch externe Gutachten von Psychiatern und Psychologen eingeholt. Die Treffsicherheit prognostischer Gutachten ist sehr gering. Der Journalist und Autor Kai Schlieter spricht von einer »wissenschaftlich angestrichenen Form der Hellseherei« und von »modernem Hokuspokus«.[48] Ein Wert dieser Begutachtungen liegt jedoch darin, Bedingungen aufzuzeigen, unter denen eine Rückfallwahrscheinlichkeit besonders groß oder besonders gering ist. So kann für den einen zum Beispiel ein Arbeitsplatz besonders wichtig für eine Stabilisierung sein, für den anderen können das regelmäßige therapeutische Gespräche sein. Der weit überwiegende Teil der Lockerungsanträge wird dennoch abgelehnt.[49]

Erschwerend kommt die Tatsache hinzu, dass meist alle Gefangenen darunter zu leiden haben, wenn Einzelne gegen Vorschriften verstoßen. Und ab und zu kommt einer der Gefangenen, die Ausgang oder Urlaub bekommen haben, nicht wieder in die Anstalt zurück, selbst wenn die Haftzeit ohnehin in ein paar Tagen zu Ende gegangen wäre. Strafbar ist dies, wie auch eine Flucht aus der Anstalt, nicht.

Die Nichtrückkehrer werden irgendwann wieder festgenommen und müssen dann die restlichen Tage ihrer Haftzeit verbüßen. Solche Ereignisse haben Folgen für alle anderen Gefangenen. Ihr Antrag auf Ausgang oder Urlaub wird meist mit der Begründung abgelehnt, es gebe auch bei ihnen keine Garantie für eine ordnungsgemäße Rückkehr in die Anstalt.

Ausgang, Urlaub oder offener Vollzug werden daher nur wenigen Inhaftierten genehmigt. Im Jahre 2006 waren zwischen 5,2 Prozent (in Thüringen) und 29,2 Prozent (in Berlin) der Inhaftierten im offenen Vollzug untergebracht[50], 2019 lag der Bundesdurchschnitt bei rund 17 Prozent.[51]

Im Falle des Gefangenen aus der JVA Wittlich wäre es im Nachhinein besser gewesen, ihn nicht in den offenen Vollzug zu verlegen. Denn der Mann war währenddessen mit einem Auto, das er ohne Führerschein fuhr, vor einer Polizeikontrolle geflohen und als Geisterfahrer gegen den Wagen einer 21-Jährigen gefahren, die infolge des Unfalls starb. Er wurde deshalb wegen Mordes zu einer lebenslangen Freiheitsstrafe verurteilt.

Die Staatsanwaltschaft vertrat die Auffassung, dass dem Gefangenen keine Vollzugslockerungen hätten gewährt werden dürfen. Sie warf den Beamten die Verletzung ihrer Sorgfaltspflichten und damit Fahrlässigkeit bei der Prüfung der

Eignung des Gefangenen für den offenen Vollzug und die Gewährung von Ausgang und Urlaub vor.

Ich hielt diese Anklage für fatal, da sie aus meiner Sicht zum einen von völlig falschen Vorstellungen vom Strafvollzug und von seinen Möglichkeiten ausging und zum anderen Ausdruck des kurzfristigen und oberflächlichen Denkens war, das den Strafvollzug insgesamt prägt. Der Gefangene war ursprünglich wegen Fahrens ohne Fahrerlaubnis und vergleichbarer Delikte inhaftiert. Wenn man ihn nicht in den offenen Vollzug verlegen konnte, wen dann?

Hätte der Inhaftierte *nach* seiner Entlassung einen tödlichen Unfall verursacht, wäre niemand auf die Idee gekommen, den Strafvollzug dafür in die Verantwortung zu nehmen, zum Beispiel, weil er es versäumt hätte, die Haft des Gefangenen rechtzeitig zu lockern, um ihn bestmöglich auf die Freiheit vorzubereiten.

Das Landgericht Limburg sah das anders. Ein Abteilungsleiter sowie die stellvertretende Anstaltsleiterin wurden wegen fahrlässiger Tötung zu Bewährungsstrafen von jeweils neun Monaten verurteilt. Seitdem halten mir die Entscheidungsträger von Justizvollzugsanstalten immer wieder vor, ob ich denn nicht das Urteil des Landgerichts Limburg kennen würde, wenn ich für inhaftierte Mandanten Lockerungen beantrage.

Der Bundesgerichtshof hat das Urteil mittlerweile wieder aufgehoben und die Justizbediensteten freigesprochen.[52] Die allgemeine Sorge ist aber geblieben, für Fehlverhalten von Inhaftierten in die Haftung genommen zu werden. Der Fehler liegt auch hier wohlgemerkt im System. Ich habe als Abteilungs- und Anstaltsleiter meist sehr zurückhaltend Lockerungen gewährt.

Da die persönlichen Nachteile für die Entscheidungsträger hoch sind, spielt in der Praxis die Überlegung, ob es zur Erhöhung der Resozialisierungschancen sinnvoll wäre, einem Gefangenen Ausgang oder Urlaub zu geben, eine geringe Rolle. Wichtig ist, dass nichts passiert. Die zahlreichen Straftaten in der Haft sind, von spektakulären Ausnahmen abgesehen, für die Außenwelt weit weniger interessant.

Auch wenn es nicht wie im Limburger Fall zu einem strafrechtlichen Verfahren kommt, so ist doch der öffentliche und mediale Druck meist groß und der Skandal nahe, wenn Inhaftierte außerhalb des Gefängnisses Straftaten begehen. Gefängnisse sind Symbole der Sicherheit. Wir sollen sicher sein vor den eingesperrten Straftätern. Wirklich ernst genommen wird der Gedanke der Resozialisierung damit nicht. Wenn ein Inhaftierter doch einmal ausbricht oder gravierendere Straftaten begeht, fragt niemand mehr danach, welche Art der Unterbringung oder Behandlung von Straffälligen generell resozialisierungsfördernd ist.

Die Ablehnung von Lockerungen führt in vielen Fällen dazu, dass nicht wenige Straftäter ihre Anstellung verlieren. Könnten sie ihre Strafe im offenen Vollzug verbüßen, hätten sie bei ihrer Wiedereingliederung in die Gesellschaft deutlich größere Chancen.

Darüber hinaus ist es die Regel, dass Inhaftierte bis zum letzten Tag ihrer Haft die Anstalt keine Stunde ohne Aufsicht verlassen dürfen, um sich etwa bei einem Vermieter oder Arbeitgeber vorzustellen. Die Chancen auf eine Wohnung oder einen Arbeitsplatz kann man sich in etwa vorstellen, wenn Gefangene von Beamten begleitet, vielleicht sogar gefesselt, zu einem Besichtigungs- oder Vorstellungstermin erscheinen.

Welche Konsequenzen das Regelwerk des Gefängnisses im konkreten Fall haben kann, zeigt das Beispiel des Inhaftierten Ludwig:

» Ludwig war Ende zwanzig, ein sehr schüchterner und verschlossener Mensch. Er war nicht unhöflich, sagte aber grundsätzlich nur das Nötigste und sah einem dabei kaum in die Augen. Er trug eine dicke Brille, und wie um sich zu schützen oder zu verstecken, hatte er sich einen wilden Bart wachsen lassen.

Aufgewachsen ist Ludwig bei seinem arbeitslosen Vater, einem Alkoholiker. Mit Mitte zwanzig zog er zu seiner Freundin. Die beiden bekamen einen Sohn und Ludwig absolvierte erfolgreich eine Lehre als Nachrichtentechniker, fand danach jedoch keine Anstellung. Als die Schwierigkeiten in seiner Partnerschaft immer größer wurden, trennte sich seine Lebensgefährtin von ihm und zog mit dem gemeinsamen Sohn zu ihren Eltern.

Ludwig fing an, Crystal Meth zu konsumieren, und finanzierte den Konsum mit der Herstellung und dem Verkauf dieser Droge. Er wurde zu 18 Monaten Haft verurteilt.

Es hatte ihn offensichtlich viel Überwindung gekostet, sich zu meiner Sprechstunde zu melden, da er sonst eigentlich nur redete, wenn man ihn etwas fragte. Er nuschelte so leise vor sich hin, dass er kaum zu verstehen war, und kam auch inhaltlich nicht auf den Punkt. Aber nach einiger Zeit fand ich heraus, um was es ihm ging: Er wollte einen Ausgang genehmigt bekommen, um an der Einschulung seines Sohnes teilnehmen zu können. Ich musste ihm eröffnen, dass dies unmöglich war. Nach unseren Vorschriften waren suchtkranke Menschen von Lockerungen des Vollzugs grundsätzlich ausgeschlossen. Zu groß wäre die Gefahr, dass sie infolge ihre Sucht Straftaten begehen oder fliehen könnten. Ludwigs Argumentation, dass er in der Anstalt leichter an Drogen herankomme als in Freiheit, musste ich innerlich rechtgeben, offiziell aber empört widersprechen. Und dass er die notwendige Energie aufbringen würde zu fliehen, war schwer zu glauben, wenn man ihn fast wie in Zeitlupe durch die Gänge schlurfen sah. Bei ihm persönlich hätte ich vielleicht die Verantwortung übernommen, ihm trotz der bestehenden Suchtproblematik einen Ausgang zu genehmigen. Das Problem bestand jedoch darin, dass sich diese Ausnahme sofort herumgesprochen hätte. Und wie hätten wir einem anderen Suchtkranken einen Ausgang verwehren können, wenn wir ihn Ludwig genehmigten?

Die Gefangenen haben die Möglichkeit, gegen jede unserer Entscheidungen einen Antrag auf gerichtliche Entscheidung bei der zuständigen Strafvollstreckungskammer zu stellen. Von dieser Möglichkeit wird auch reichlich Gebrauch gemacht, zumal dafür vorab keine Gerichtskosten entrichtet werden müssen.

Wenn aber ein anderer Inhaftierter nach unserer Ablehnung seines Antrags auf Ausgang eine solche gerichtliche Entscheidung beantragt hätte, wären wir vom Gericht wegen eines Verstoßes gegen den Gleichbehandlungsgrundsatz zu einer Genehmigung verpflichtet worden. Das wiederum konnten wir nicht riskieren. Die Situation einiger Inhaftierter war zwar »auf dem Papier« mit der Ludwigs vergleichbar, bei ihnen hatten wir aber größte Befürchtungen, dass sie einen solchen Ausgang zur Flucht nutzen könnten. Objektiv begründen ließ sich dies jedoch nicht. Letztendlich mussten wir daher Ludwigs Antrag mit der Befürchtung ablehnen, die eigentlich für andere Gefangene galt. Ein typischer Vorgang in Haft.

Es ist schwer zu sagen, woran man es erkennen konnte, da Ludwig immer sehr bedrückt und niedergeschlagen auftrat, aber nun wirkte er noch trauriger. Offenbar hing er sehr an seinem Sohn. Einige Wochen später wurde eine seiner Urinproben positiv auf Heroin getestet. Neben einer in solchen Fällen obligatorischen Strafanzeige mussten wir auch ein Disziplinarverfahren gegen ihn durchführen. Er durfte sich zwei Monate lang keinen Kaffee, keine Zigaretten, Süßigkeiten oder Ähnliches kaufen und wurde von Gruppenaktivitäten wie zum Beispiel der Tischtennisgruppe, an der er sonst gerne teilnahm, ausgeschlossen.

Es war uns bewusst, dass all dies die Gefahr erhöhte, Ludwig könnte sich weiter verschließen. Wenn wir allerdings gerade bei Heroinkonsum keine Disziplinarmaßnahmen verhängt hätten, wären wir extrem unter Druck geraten. Von allen Seiten. Das Ministerium musste nach außen dokumentieren können, dass gegen Drogen in Haft konsequent vorgegangen wird. Die Medien fragten immer wieder, was wir konkret gegen den Konsum und Handel von Suchtmitteln unternähmen. Und auch von Seiten der Gefangenen wurden wir aufgefordert, mehr gegen die Drogen in der Anstalt zu tun. Manche wollten nicht ständig in Versuchung geführt werden, andere hatten Angst vor zugedröhnten Mithäftlingen. Und wenn sich einmal ein Gefangener eine Überdosis setzen würde und wir nicht belegen könnten, dass wir alles uns Mögliche dagegen unternommen hatten, würden auch wir selbst juristische Probleme bekommen.

Wir mussten Ludwig also disziplinieren. Normalerweise war der »Tarif« für einen erstmaligen Heroinkonsum eine Woche Arrest, doch Ludwig flehte so eindringlich darum, ihm diesen zu ersparen, dass wir noch einmal darauf verzichteten und ihn stattdessen nur von der Teilnahme am Einkauf und den gemeinschaftlichen Veranstaltungen ausschlossen. Wir versuchten den Stress und zusätzlichen Suchtdruck, den diese Maßnahmen unweigerlich bei ihm auslösen würden, mit einer verstärkten Betreuung durch die für ihn zuständige Sozialarbeiterin irgendwie zu kompensieren. Es half jedoch alles nichts, kurze Zeit später wurde er erneut positiv auf Heroin getestet. Das hatte zwingend eine weitere Strafanzeige und nunmehr unweigerlich auch einen Arrest zur Folge. Er weigerte sich beharrlich, den Arresthaftraum zu betreten, und als ihn der Beamte hineinschieben wollte, schlug er ihm mit der Hand ins Gesicht. Das führte zu einer dritten Strafanzeige wegen Körperverletzung und Widerstand gegen Vollstreckungsbeamte.

Aus dem Betäubungsmittelstraftäter war nun ein Gewaltstraftäter geworden. Er bekam einen Sicherheitsvermerk in seiner Gefangenenakte, weil er einen Beamten angegriffen hatte, und wurde zu einer weiteren Freiheitsstrafe von zehn Monaten verurteilt.

Seine Entlassung rückte in weite Ferne und auf Lockerungen würde er bis zum letzten Tag seiner Haft verzichten müssen. Und sein Sohn auf seinen Vater.

Die isolierte und lebensferne Institution Gefängnis

Die Vergeltung von Schuld besteht in unserem jetzigen System vor allem darin, die Bestraften aus der Gesellschaft auszuschließen. Wie aber soll soziale Verantwortung in einem Umfeld erlernt werden, das mit der Realität, in die die Inhaftierten irgendwann fast alle wieder entlassen werden, nichts zu tun hat? Wie soll man das Schwimmen auf dem Trockenen lernen?

Fehlende soziale Kompetenz im Umgang mit Aggressionen, Konflikten und Problemen ist einer der Hauptgründe, warum Menschen Straftaten begehen. Wer in seinem Job frustriert ist, übermäßig Alkohol trinkt und seine Partnerin schlägt, kann in Haft kaum lernen, dieses Verhalten zu ändern. Dort gibt es weder Alkohol noch Partnerin und womöglich auch keinen Job. Wer sich nicht unter Kontrolle hat und Frauen oder Kinder sexuell missbraucht, der kann in Haft kaum lernen, mit diesen Trieben anders umzugehen. Es gibt dort kaum Versuchungen. Das bedeutet wohlgemerkt nicht, dass die Justiz nicht eingreifen sollte, wenn frustrierte alkoholisierte Männer ihre Frauen schlagen oder Menschen sexuell missbraucht werden. Man muss sich jedoch darüber Gedanken machen, wie man solches Verhalten bestmöglich und langfristig unterbinden kann, und darf vor allem keine falschen Hoffnungen in den derzeitigen Strafvollzug setzen.

Exemplarisch für die lebensferne Realität in den Anstalten ist auch das Internet. In seiner weltumspannenden Grenzenlosigkeit und seiner weitgehenden Unkontrollierbarkeit ist es der genaue Gegenentwurf zum Gefängnis und für dieses ähnlich beängstigend, wie es das für das chinesische oder nordkoreanische Regime ist. Die Gefangenen haben daher grundsätzlich keinen Zugang zum Internet. In einigen Anstalten wird ihnen kurz vor der Entlassung unter Aufsicht ermöglicht, auf bestimmten Seiten zum Beispiel eine Wohnung zu suchen, und nur sehr langsam werden Projekte für einen äußerst eingeschränkten Internetzugang für Inhaftierte auf den Weg gebracht.[53]

Entmündigung der Insassen

Wenn eine große Menschenmenge innerhalb einer geschlossenen Einrichtung möglichst kostengünstig bürokratisch verwaltet werden soll, wird eine Vielzahl von Regeln und Strukturen benötigt, die vor allem der Funktionsfähigkeit dieser Einrichtung dienen. Ohne ein fast militärisch straffes

Ordnungssystem, das auf Resozialisierungschancen der Insassen kaum Rücksicht nehmen kann, könnte ein Gefängnis nicht funktionieren. Um seine Funktionsfähigkeit zu sichern, muss den unfreiwilligen Bewohnern die soziale Verantwortung, die vorgeblich Ziel des Strafvollzuges sein soll, systematisch genommen werden. Die Gefangenen müssen für nichts Verantwortung übernehmen und dürfen es auch nicht.

Sie dürfen sich den Haftraum nicht aussuchen und ihn kaum so einrichten, wie sie es wollen. Sie müssen aufstehen, wenn sie geweckt werden. Sie können sich oft ihre Kleidung nicht aussuchen und in der Regel auch nicht die Arbeit, die sie im Gefängnis leisten wollen. Sie können ihren Bekanntenkreis nicht frei wählen. Sie müssen das essen, was auf den Tisch kommt, und mit dem Arzt zurechtkommen, der in der Anstalt tätig ist. Der ehemalige Gefangene Hubertus Becker beschreibt eindrucksvolle Beispiele für das penible Regelungswerk: »Die Größe eines Radios wird auf den Zentimeter genau festgelegt; die Stelle an der Wand, wo das Anbringen von Fotos erlaubt ist, wird exakt bezeichnet; die Dauer eines Telefonates ist auf die Minute genau bestimmt; die Zahl der Unterhosen, die ein Gefangener zum Wechseln besitzen darf, ist vorgegeben.«[54]

Erst recht müssen und können Inhaftierte kaum Verantwortung für andere übernehmen. Sie können keine Familie ernähren, die Kinder nicht in den Kindergarten oder zur Schule bringen, sich nicht um pflegebedürftige Eltern kümmern oder Ähnliches mehr. Nur vereinzelt wird ausgewählten Inhaftierten in eng begrenzten Bereichen Verantwortung übertragen, etwa als Vorarbeiter in einem Gefängnisbetrieb, als speziell ausgewählter Ansprechpartner, sogenannter »Listener«, oder als Aufsichtsperson für suizidgefährdete Mitgefangene.[55]

Unter anderen Umständen könnte ein geregelter Ablauf nicht gewährleistet werden und würde womöglich Chaos ausbrechen. Straffällige lernen also in Haft gerade nicht, Entscheidungen zu treffen, vor allem nicht die richtigen. Vielmehr werden die Inhaftierten aller Entscheidungsnotwendigkeit, aber auch -möglichkeit enthoben; sie werden juristisch gesprochen entmündigt. So behandelt man Kinder. Sinnvoller wäre jedoch ein Umgang auf Augenhöhe, ohne den Eindruck zu erwecken, das kriminelle Handeln des Inhaftierten gutzuheißen.

Psychische Schädigung der Gefangenen

Sozial verantwortlich zu leben setzt ein gesundes Selbstbewusstsein voraus, nämlich die Fähigkeit, die eigenen Bedürfnisse und Rechte und die der Umwelt in ein möglichst ausgeglichenes Verhältnis zu bringen.

Ein gestörtes Selbstwertgefühl entsteht im Laufe der Sozialisierung, einem Prozess, an dem Individuum und Gesellschaft gleichermaßen beteiligt sind. Beide sind untrennbar miteinander verwoben. In diesem Prozess geht es darum, individuelle und kollektive Interessen möglichst ausgewogen miteinander in Einklang zu bringen. Gelingt dies nicht, kommt es zu Störungen – beim Individuum in Form eines geringen Selbstwertgefühls oder für die Gesellschaft in Form von Straftaten.

Damit die Interessen in ein ausgewogenes Verhältnis gebracht werden können, muss jede Seite die jeweils andere verstehen und respektieren. Einer der zentralen Begriffe, die wir dafür gefunden haben, ist der der Gerechtigkeit. Nicht alle, aber viele Straftaten sind auch Ausdruck selbst erlittener Ungerechtigkeit und der Suche nach Gerechtigkeit. Bei dieser Suche wird mancher selbst ungerecht.

Viele Straffällige haben ein gestörtes Selbstwertgefühl. Sie fühlen sich meist unbewusst nicht gleichwertig oder gleichberechtigt, sondern oft deutlich minder-, manchmal auch höherwertig als andere Menschen. Beides kann zu Konflikten mit anderen bzw. zu Straffälligkeit führen.

Wer sich ständig zurückgesetzt fühlt, kann sich im Recht fühlen, wenn er andere bestiehlt oder betrügt. Wer sich leicht kränken lässt, kann dazu neigen, seiner Wut mit Gewalt Ausdruck zu verleihen. Hinter den meisten Straftaten steckt nicht, wie viele glauben, Stärke, sondern Schwäche und Verzweiflung.[56]

Wer dagegen ein völlig überhöhtes Bild von sich selbst hat und vielleicht sogar die eigenen Bedürfnisse über alles andere stellt, der wird sie letztlich auch ohne Rücksicht auf die Rechte anderer durchzusetzen versuchen.

Störungen des Selbstwertgefühls in beide Richtungen werden durch das Einsperren tendenziell verstärkt. Die einen können sich in ihrem Gefühl, nichts wert zu sein und in ihren eigenen Rechten und Bedürfnissen nicht gesehen zu werden, bestätigt fühlen. Die anderen können versuchen, ein noch unrealistischeres Bild von sich selbst zu entwickeln, um den äußeren Verlust von Macht zu kompensieren. Wenn man Straffälligkeit reduzieren will, wäre es daher oft sinnvoller, das Selbstwertgefühl zu stärken, statt es noch weiter zu schädigen.

Für Staat und Gesellschaft bedeutet das, diese Hintergründe zu sehen und zu verstehen. Es bedeutet, die Wut und

Frustration des Schlägers zu sehen, der selbst eine Kindheit voller Gewalt erlebt hat. Es bedeutet, die Not des Diebes, Schwarzfahrers, Alkoholikers oder Drogenabhängigen wahrzunehmen. Und es bedeutet, die emotionale Not des aus Gier straffällig gewordenen Topmanagers zu sehen, der ein mangelndes Selbstwertgefühl oder das Gefühl fehlender Liebe zu kompensieren versucht.

Dies alles widerspricht unserem ersten impulsiven Verlangen nach Strafe und man muss es sich daher nachdrücklich bewusst machen. Die Ursachen von Straftaten können nachvollziehbar und die Motive, die zu Straftaten führen, auch berechtigt sein – menschlich gesehen. Nur die Art und Weise, in der Straftäter auf das persönlich erlittene Unrecht reagieren, ist ungerecht, da sie unschuldige Menschen schädigen.

Diese Differenzierung muss in der staatlichen Reaktion auf Straftaten erfolgen, da nach meiner Erfahrung niemand bereit ist, eigenes Unrecht einzusehen, wenn nicht auch das Unrecht wahrgenommen wird, das ihm selbst widerfahren ist. Das bedeutet wohlgemerkt nicht, Verständnis für Straftaten zu haben, schon gar nicht für Gewalt. Es geht vielmehr darum, Wege zu finden, Unrecht möglichst zu reduzieren. Ein souveräner Staat muss es aushalten, wenn einige Straftäter das als Schwäche auslegen. Tatsächlich ist es eine Stärke.

Das Ein- und Wegsperren kann auch ein gesundes Selbstwertgefühl nachhaltig beschädigen. Für ein ohnehin angeschlagenes kann es Gift sein, seiner Autonomie fast völlig beraubt zu werden und der Gewalt des Staates ausgeliefert zu sein.

Mit einer Inhaftierung wird dem Betroffenen eben nicht nur mitgeteilt, dass seine Tat falsch war. Sie transportiert vielmehr auch die unmissverständliche Botschaft, dass er selbst ein »schlechter« Mensch ist, der zumindest für eine bestimmte Zeit nicht mehr unter den »guten« Menschen leben darf. Darüber hinaus lässt eine Inhaftierung jeden seine Ohnmacht gegenüber dem Willen des Staates spüren. Eine Erfahrung, die viele Straftäter aus der Kindheit kennen.

Aber nicht nur das Wegsperren an sich kann die Förderung eines gesunden Selbstwertgefühls verhindern und damit die Chance verringern, den Täter wieder an die Normen unserer Gesellschaft heranzuführen, sondern auch die zahlreichen Kränkungen, die jeder Inhaftierte täglich hinnehmen muss. Alles, was man besitzen will, muss beantragt werden. Wer sich zum Beispiel für die Teilnahme an einer Sportgruppe das T-Shirt seines Lieblingsvereins bestellen will, hat ein Antragsformular auszufüllen. Der Großteil aller Anträge wird abgelehnt, im Falle des T-Shirts mit der Begründung, es könne die Anhänger anderer Vereine provozieren, was wiederum die Sicherheit und Ordnung der Anstalt gefährde.

Der Antrag auf Besuch eines ehemaligen Mitgefangenen, mit dem man sich gut verstanden hat: Abgelehnt! Die Anstalt befürchtet einen schlechten Einfluss dieses Ex-Gefangenen. Der Antrag, sich von der Ehefrau eine Armbanduhr schicken zu lassen: Abgelehnt! In der Uhr könnten Drogen versteckt sein. Der Antrag, einige Monate vor Ablauf der Strafe zur Bewährung entlassen zu werden: Abgelehnt! Es besteht die Gefahr weiterer Straftaten.

In allen Bereichen des Lebens als Bittsteller auftreten zu müssen, frustriert, zumal die Ablehnung vieler Anträge willkürlich wirkt. Die Genehmigung für die Verlegung in den offenen Vollzug, um somit einer Arbeit außerhalb der Anstalt nachgehen zu können, wird in vielen Anstalten grundsätzlich frühestens nach sechs Monaten erteilt. Für einen Inhaftierten, der insgesamt sieben Monate zu verbüßen hat, ist diese Regel nicht nachvollziehbar, vor allem nicht, wenn er deshalb seine Arbeitsstelle verliert.

Entscheidungen, die mit der Resozialisierung des Antragstellers begründet werden, also letztlich mit dessen Wohl, werden daher häufig als zynisch empfunden. Wie zum Beispiel die Ablehnung der Aushändigung einer Playstation mit der Begründung, der Gefangene profitiere mehr von den Beschäftigungsangeboten der Anstalt als davon, den »ganzen Tag vor dem Bildschirm zu sitzen«. Viele von uns kennen das Gefühl der Ohnmacht oder des Ärgers, wenn zum Beispiel in einer Behörde unsere Bitte mit der Begründung »Das haben wir schon immer so gemacht« zurückgewiesen wird. Man versuche sich also vorzustellen, in einer Behörde leben zu müssen und in allen Lebensbereichen den Entscheidungen der Beamten und Angestellten unterworfen zu sein. Hinzu kommen die ständigen Kontrollen auf Drogen oder Waffen, als würde man im Sicherheitsbereich eines Flughafens wohnen. Kontrollen sind das Gegenteil von Vertrauen und erschweren daher auch die Entwicklung von Selbstvertrauen.

»Sippenhaft« der Gefangenen

In einer Justizvollzugsanstalt sind in aller Regel mehrere Hundert, teilweise auch über tausend Gefangene inhaftiert; einige für ein paar Monate, andere für mehrere oder gar viele Jahre. In einer Einrichtung werden daher im Laufe der Jahre mehrere Tausend Straffällige eingesperrt.

Die Regeln, nach denen eine solche Einrichtung funktioniert, müssen für alle gelten. Es entstehen aber auch neue Richtlinien, die sich aus dem Gefängnisalltag ergeben. Auch diesen muss sich jeder einzelne Gefangene unterwerfen, selbst dann, wenn er keinen Anlass dazu geliefert hat.

Dieses Phänomen kennt man zum Beispiel vom Flughafen, wo ausnahmslos jeder Passagier Kontrollen und bestimmte Sicherheitsvorkehrungen hinnehmen muss, auch wenn er beispielsweise keine Gegenstände bei sich führt, die man als Waffen verwenden könnte. Allerdings ist man diesen Vorschriften nur sehr kurz ausgesetzt, während Gefangene 365 Tage im Jahr 24 Stunden am Tag in einer Einrichtung verbringen müssen, in die sie gegen ihren Willen und mit Gewalt gebracht worden sind. Die Anstalt muss diese Menschen unter Kontrolle halten. Niemand darf fliehen, der Drogenhandel muss bestmöglich bekämpft werden, die Gewalt der Gefangenen untereinander und gegenüber dem Justizpersonal darf nicht überhandnehmen. All dies führte im Laufe der Jahre zu einer Vielzahl von Ver- und Geboten, Kontrollen und Repressionen. Es gibt immer Gefangene, die fliehen wollen, und immer Gefangene, die Drogen verkaufen oder konsumieren. Jeder Kontakt mit Menschen außerhalb der Anstalt kann dazu missbraucht werden, sich Rauschmittel einschmuggeln zu lassen. Fast jeder Gegenstand kann dazu missbraucht werden, Drogen zu verstecken oder ihn als Waffe zu gebrauchen. In jedem unbeaufsichtigten Moment kann ein Gefangener anderen oder sich selbst Schaden zufügen. Gewalt ist in den Gefängnissen ohnehin ein allgegenwärtiges Thema.

So wird ein Rasierapparat für alle Gefangenen verboten, weil einer ihn zu einer Tätowiermaschine umgebaut hatte. Bücher und andere Gegenstände werden nur sehr beschränkt ausgehändigt, weil sie von anderen früher einmal als Versteck genutzt worden waren.

Jeder Haftraum, das Zuhause des Gefangenen, wird mehrmals im Monat intensiv kontrolliert und gelegentlich auch völlig auf den Kopf gestellt, um nach Drogen oder Waffen zu suchen. Briefe werden gelesen, um Fluchtabreden aufzudecken, Inhaftierte entkleidet und alle Körperöffnungen auf Drogen kontrolliert. Weil einmal ein Inhaftierter seine Partnerin, die ihn für einige Stunden unbeaufsichtigt in einem extra für solche Zwecke eingerichteten Haftraum besuchen durfte, getötet hatte, wird der unbeaufsichtigte Langzeitbesuch (und damit auch jede partnerschaftliche Sexualität) den Inhaftierten zum Beispiel in Bayern völlig untersagt.[57] Der Verlust fast jeglicher Intimsphäre hinterlässt bei vielen Inhaftierten deutliche Spuren.

Gefängnisse als »Hochschulen des Verbrechens«

An der überspitzten Aussage, Gefängnisse seien »Hochschulen des Verbrechens«, ist einiges Wahres, und das nicht nur in der Hinsicht, dass ein Straftäter vom anderen lernen kann, wie man Banken überfällt oder erfolgreich mit Drogen handelt. Viel stärker ist der Einfluss, den die Bildung einer Sub- oder Parallelkultur auf die Inhaftierten hat. Die allermeiste Zeit verbringen die Gefangenen miteinander und nicht mit den Justizbediensteten.

Es wäre völlig unrealistisch zu glauben, dass in den Kreisen der Inhaftierten die gleichen Normen und Werte wie in der Gesellschaft außerhalb der Mauern herrschen. Vielmehr gelten in Gefängnissen eigene Gesetze, die auch durch die Art der Unterbringung entstehen. Wer bei der Bundeswehr oder in einem Internat gewesen ist, wird das eher nachvollziehen können. Auch bei mehrwöchigen Aufenthalten in Schullandheimen sind vergleichbare Mechanismen zu beobachten. Nicht selten wird dort heimlich geraucht, die Nachtruhe nicht eingehalten, es werden vielleicht einzelne Schüler gemobbt, Drogen konsumiert, Gewalttaten vertuscht usw.

In Haft sind diese Mechanismen noch ungleich stärker ausgeprägt. Die Inhaftierten wehren sich damit gegen ein ihnen aufgezwungenes System, das sie aus der Gesellschaft ausschließt und hinter Gitter sperrt. Darüber hinaus wirken die Erfahrungen, Beziehungen, Fähigkeiten und Verhaltensweisen, vieles von dem, was in Haft erlernt oder verfestigt wird, in Freiheit kontraproduktiv und erhöhen die Gefahr weiterer Straffälligkeit. Oft erreichen wir mit der Haft nur eine oberflächliche Anpassung an die Regeln des Systems, um zum Beispiel die Chancen auf eine vorzeitige Entlassung zu erhöhen.

Gerade bei jüngeren Menschen hat der sogenannte Peergroup-Effekt einen besonders starken Einfluss auf das eigene Verhalten, auch über die Zeit der Haft hinaus. In der Peergroup bilden sich richtig und falsch, gut und schlecht, normal und anormal heraus. Bei Inhaftierten wirkt dieser subkulturelle Einfluss noch viel stärker, da sie für eine bestimmte Zeit ihren kompletten Alltag innerhalb der Anstaltsmauern verbringen und von der Außenwelt weitgehend abgeschnitten sind.

Die Bereitschaft, sich mit jenen verbunden zu fühlen, die einen einsperren, ist daher gering, und die, sich mit den anderen Eingesperrten zu verbünden, groß. Man geht davon aus, dass ungefähr zwei Drittel aller Inhaftierten in eine Subkultur eingebunden sind.[58] Als oberste Norm gilt das Gebot des Zusammenhalts der Gefangenen und die Solidarität im Widerstand gegen die Bediensteten. Negativ besetzt sind Vertrauensbereitschaft und gewaltfreie Konfliktlösung, positiv dagegen Verstöße gegen Regeln und aggressives Verhalten.[59] Diesen subkulturellen Einflüssen kann in einer Einrichtung mit einigen Hundert Inhaftierten auf engstem Raum und einem strikten Regelwerk kaum wirksam begegnet werden.

Wenn es etwa darum geht, nicht zu lügen oder zu betrügen, wird in Haft tendenziell genau das Gegenteil vermittelt. Das hat nichts mit bösem Willen der Justizmitarbeiter zu tun, sondern mit dem bürokratischen Charakter der Einrichtung und ihrer oft paranoid anmutenden, in jedem Falle aber zwanghaften Fixierung auf alle negativen Normabweichungen. Ein Gefängnis ist eine Behörde, und diese muss aufgrund ihrer Zuständigkeit tätig werden, wenn sie von bestimmten Umständen Kenntnis erlangt. Bleibt sie untätig oder nachlässig, gerät sie unter Rechtfertigungsdruck.

»Der Ehrliche ist der Dumme« – dieses Sprichwort enthält in der Welt von Inhaftierten viel Wahrheit. Der Gefangene, der ehrlich sagt, was er denkt, erfährt in aller Regel Nachteile. Wer offenbart, dass er in Freiheit Drogen konsumiert hat, wird zu regelmäßigen Urinkontrollen aufgefordert und bekommt den Vermerk »Suchtproblematik« kaum mehr aus seiner Akte. Dieser Vermerk bringt ihm wohlgemerkt keinerlei Vorteile, kann jedoch eine vorzeitige Entlassung verhindern. Wer über seine Wut spricht, hat nach Ansicht der Anstalt vielleicht seine Aggressionen nicht im Griff und steht fortan unter besonderer Beobachtung. Wer über starke psychische Probleme klagt, dem kann es passieren, dass er wegen Suizidgefahr nur mit einer Papierunterhose bekleidet in einer kameraüberwachten »Gummizelle« landet. Auch wer von Mitgefangenen bedroht oder geschlagen wurde, ist meist besser beraten, dies zu verschweigen. Die Anstalt müsste handeln, und in den Kreisen der Inhaftierten gibt es fast nichts Schlimmeres, als gegen Mitinhaftierte auszusagen oder sich als Opfer zu outen. Und schließlich wird derjenige, der über seine Fluchtgedanken spricht, keinen Ausgang bekommen. Zwar gehört schonungslose Ehrlichkeit auch in unserem Leben in Freiheit nicht zur Norm, in Haft werden die Lüge und das Verschweigen der Wahrheit jedoch zur Norm. Wer diese Norm beachtet, vermeidet Nachteile.

Aber auch der Umgang der Justizangestellten mit den Inhaftierten ist nicht selten alles andere als ehrlich und selbstverständlich spüren das viele Inhaftierte. Wenn zum Beispiel die in den meisten Bundesländern geltende Arbeitspflicht für Gefangene damit begründet wird, diese Zwangsarbeit sei notwendig, um die Inhaftierten auf ein rechtstreues Leben in Freiheit vorzubereiten, ist das zynisch. Tatsächlich geht es eher um Ruhe und Ordnung in den Anstalten. Die Inhaftierten müssen irgendwie beschäftigt werden. Auch weil die Löhne für die Gefangenenarbeit gering sind, macht der Staat sogar Gewinn.[60] 2013 waren das beispielsweise bundesweit insgesamt 150 Millionen Euro.[61]

Auch an die Sinnhaftigkeit manch therapeutischer Maßnahmen glauben oft weder die Gefängnisbediensteten noch die Gefangenen. Niemand kann ernsthaft erwarten, einen Menschen therapieren zu können, der seine Mutter vergewaltigt, umgebracht und die letzten Jahrzehnte in Haft verbracht hat. Niemand hält es für realistisch, einen langjährig Abhängigen durch eine dreimonatige Therapiegruppe mit einem Gespräch pro Woche von seiner Sucht abzubringen. Natürlich sind solche Maßnahmen besser als gar keine, doch die scheinbare Tiefe und Ernsthaftigkeit eines Aktenvermerks »Bevor der Gefangene nicht erfolgreich an einer Suchtgruppe teilgenommen hat, kann seine Eignung für Lockerungen nicht bejaht werden« täuscht über die allen Beteiligten bewusste Tatsache hinweg, dass die Teilnahme an einer solchen Gruppe keinen spürbaren Einfluss auf eine etwaige Flucht- oder Missbrauchsgefahr bei Lockerungen des Vollzuges hat. Er soll die Anstalt vielmehr im Falle eines solchen Missbrauchs mit dem Argument entlasten, den Gefangenen ausreichend behandelt zu haben. Systematisch wird so den Gefangenen vermittelt, dass es weniger auf Inhalte als vielmehr auf die Außendarstellung und darauf ankommt, dass die Akte »einen guten Eindruck macht«. In einer idealen Akte steht am Anfang ein Inhaftierter mit vielen Problemen und Defiziten, der nach einer Reihe von therapeutischen Maßnahmen zu einem deutlich besseren Menschen geworden ist. Dies alles muss nicht zwangsläufig zu weiteren Straftaten führen, aber es kann manchen darin bestärken, »falsch zu spielen«, d.h., sich oberflächlich anzupassen und die angebotenen Therapiemaßnahmen lediglich pro forma zu absolvieren.

Ein Alltag voller Gewalt

Die Gefangenen sind nur in ihrer Opposition gegenüber Anstalt und Staat weitestgehend homogen. Innerhalb der Subkultur der Inhaftierten herrscht das Recht der Stärkeren, und Machtkämpfe sind unvermeidlich. Das verwundert kaum, wenn man sich noch einmal vor Augen führt, dass ein paar Hundert meist jüngere Männer zusammen in einer geschlossenen Einrichtung untergebracht sind.

Viele kennen von »draußen« bereits die Regeln der Gewalt, den täglichen Kampf im wahrsten Sinne des Wortes um das Überleben. In Haft werden diese Verhaltensmuster ausgebaut und verfestigt. Wie sollen die Insassen lernen, auf Gewalt zu verzichten, während man sie gegen ihren Willen einsperrt? Und wie soll man Gewaltverzicht in einem Umfeld von Straffälligen und Gewalttätern lernen, wenn in diesem engen, dauerkontrollierten und tendenziell repressiven Kontext Aggressionen unvermeidbar sind?

Besonders grausame Gewaltexzesse, wie jener im November 2006 in der JVA Siegburg, als drei Männer einen Mitgefangenen stundenlang gefoltert, vergewaltigt und dann getötet haben, sind zum Glück nicht an der Tagesordnung. Gewalt an sich ist in den Anstalten allerdings tatsächlich alltäglich.

In meiner Dienstzeit habe ich zwei besonders brutale Vorfälle erlebt. Wie wenig subkulturellen Strukturen in einer Anstalt mit fast 900 Inhaftierten entgegengewirkt werden kann, zeigte die Existenz der sogenannten Russenmafia in der Justizvollzugsanstalt Straubing. Wir wussten, dass es sie gab, und zum Teil auch, wie sie funktionierte. Wir konnten sie aber nie zerschlagen oder auflösen, v. a. weil es zu viele Mitglieder gab. Allein in Straubing waren es einige Dutzend, die wir weder voneinander trennen noch durchgehend überwachen konnten. Den täglichen Aufenthalt im Freien verbrachten oft einige Hundert Inhaftierte zusammen in einem großen Hof. Der Großteil der dort stattfindenden Kommunikation blieb uns verborgen. Selbst die führenden Köpfe der Russenmafia konnten wir nicht mit Sicherheit identifizieren.

Jeder Inhaftierte, der aus dem Gebiet der ehemaligen Sowjetunion stammte, musste Mitglied in dieser Organisation werden, ob er wollte oder nicht, und auch einen Teil seiner Einkünfte abtreten. Mit den Geldern wurde eine Art Sozialkasse unterhalten, mit deren Hilfe Mitglieder unterstützt wurden, die in Not waren. Die Sozialkasse bestand zum Teil aus in der Haft illegalem Bargeld, vor allem aber aus den gefängnisinternen Ersatzwährungen: Drogen, Tabak, Kaffee, Pornos. Da sie auf verschiedene Hafträume oder Verstecke in der Anstalt verteilt war, konnten wir sie nie vollständig finden.

Einer der Insassen verwaltete diese Kasse. Nur er wusste, wo die einzelnen Währungen lagerten. Für viele Geschäfte wurden Menschen außerhalb der Anstalt eingebunden. Das waren vor allem die Ehefrauen, andere Angehörige der Inhaftierten oder nicht inhaftierte Mafiamitglieder. Wenn zum Beispiel die Partnerin eines Gefangenen der Partnerin eines anderen Gefangenen außerhalb des Gefängnisses Geld gab, konnte damit ein Drogenhandel der Inhaftierten untereinander beglichen werden. Der Verwalter der Sozialkasse regelte viele dieser Geschäfte und behielt den Überblick darüber, wer wem etwas schuldete.

Eines Tages hatte der damalige Verwalter Mittel aus der Kasse unterschlagen und über Umwege seiner Ehefrau zukommen lassen, die sich davon eine Goldkette kaufte. Da sie diese stolz herumzeigte, entging dies auch den Frauen anderer inhaftierter Mitglieder der Russenmafia nicht, und schließlich erfuhren es sogar alle in der Anstalt.

Die Mafia berief eine Art Gerichtsverhandlung ein. Man traf sich mit zehn oder 15 Gefangenen in einem Haftraum. Der »angeklagte« Kassenverwalter war vorbereitet, und als die Stimmung gegen ihn eskalierte, erstach er einen der Ankläger mit einem zugespitzten Schraubenzieher. Ein weiterer Russlanddeutscher, der dazwischengehen und schlichten wollte, wurde schwer verletzt. Der Täter wurde in eine andere Anstalt verlegt, wo er sich einige Wochen später selbst tötete. Vermutlich war das die einzige Chance, um seine Familie vor der Bestrafung durch die Mafia zu schützen.

Die schrecklichste Gewalttat gegenüber einer Mitarbeiterin des Justizvollzugs, die ich erlebte, war die Geiselnahme und mehrfache Vergewaltigung der Leiterin der sozialtherapeutischen Abteilung in der Justizvollzugsanstalt Straubing.[62] Die Psychotherapeutin wurde von einem ihrer inhaftierten Patienten, von dem man annahm, er würde in absehbarer Zeit die Therapie erfolgreich abschließen und entlassen werden, in ihrem Büro mit einem Messer überwältigt. Die Forderung des Geiselnehmers, mit dem wir durchgehend telefonischen Kontakt hatten, schien keinen Sinn zu machen. Er verlangte, dass eine Brieffreundin, die einige Stunden Fahrtzeit entfernt wohnte, zur Anstalt kommen und sich auf einen Platz der Gefängnisanlage stellen solle, wo er sie vom Büro der Therapeutin aus hätte sehen können. Der Gefangene saß unter anderem in Haft, weil er Frauen geknebelt, vergewaltigt und getötet hatte.

Ein Zugriff war der Polizei zunächst zu riskant. Die Tür des Büros hatte der Geiselnehmer verbarrikadiert und eine Jalousie vor das vergitterte Fenster gezogen. Den Haftraum durch ein Sondereinsatzkommando stürmen zu lassen hätte dem Gefangenen immer noch genug Zeit gegeben, seine Drohung wahrzumachen und die Psychologin zu töten. Nach mehr als sieben Stunden gelang es dem Anstaltspsychologen, den Geiselnehmer zur Aufgabe zu bewegen, obwohl die Brieffreundin noch nicht vor Ort war. Er öffnete die Bürotür und wurde sofort von den Beamten der Polizei überwältigt.

Wir waren sehr erleichtert, dass unsere Kollegin die Geiselnahme überlebt hatte. Erst dann erfuhren wir, was der Täter ihr Schreckliches angetan hatte. Jahre später erzählte sie mir anlässlich eines gemeinsamen Interviewtermins[63], dass der Täter in der Anstalt außerhalb Bayerns, in die er nach der Tat in Straubing verlegt worden war, wieder therapiert würde. In ihrem Buch »Sieben Stunden im April« ist ein Brief abgedruckt, den sie an ihren Vergewaltiger geschrieben hatte: »Ihnen war völlig bewusst, wie Sie mich verletzen und dauerhaft schädigen. Sie haben nämlich über viele Jahre lang nichts anderes gelernt. Sie haben es gewusst und beabsichtigt. Also entschuldigen Sie sich nicht. Das war doch genau das, was Sie wollten – mal wieder eine Frau zutiefst demütigen und zerstören. Ihre Entschuldigungen sind gelogen, so wie sie immer gelogen waren.«[64]

Der Brief hat den Täter nie erreicht. Die Anstalt hatte die Weiterleitung an ihn untersagt und den Brief zu seiner Akte genommen. Juristisch ist dies mit der Begründung möglich, dass eine Weiterleitung »die Erfüllung des Behandlungsauftrages« gefährden könnte.

Ganz verhindern lassen sich solche Gewaltexzesse nicht. Es wäre nicht möglich und letztlich auch nicht menschenwürdig, jeden Winkel der Anstalt mit Kameras zu erfassen oder jeden Gefangenen durchgehend von einem Beamten beaufsichtigen zu lassen. So ergab eine Studie des Kriminologischen Forschungsinstituts Niedersachsen, dass 25 Prozent der befragten Jugend- und Strafgefangenen in den vier Wochen vor der Befragung Opfer körperlicher Gewalt geworden waren und fünf Prozent Opfer sexueller Übergriffe.[65]

Eine Studie im Jugendstrafvollzug, in dem es noch deutlich mehr Gewalt als unter den Erwachsenen gibt, kam zu dem Ergebnis, dass viele minderjährige Inhaftierte denken, sie können eine sichere Position in der Hierarchie nur einnehmen und sich somit dauerhaft vor Übergriffen schützen, wenn sie bereit sind, selbst Gewalt anzudrohen und auszuüben.[66] Das würde bedeuten, auch Jugendliche, die vorher nicht zur Gewalt gegen Personen neigten, könnten im Kontext der Haft aus präventiven Gründen gewalttätig werden.[67] Diese Annahme dürfte, allerdings weniger stark ausgeprägt, auch im Erwachsenenstrafvollzug Geltung haben.

Drogensumpf

Schätzungen zufolge sind je nach Anstalt bis zu 80 Prozent der Insassen drogenabhängig. Verstöße gegen das Betäubungsmittelgesetz sind einer der häufigsten Gründe für eine Haftstrafe. Eine Studie des Robert Koch-Instituts ermittelte zum Beispiel für Niedersachsen, dass 54 Prozent der dortigen Inhaftierten vor ihrer Haft suchtmittelabhängig waren.[68] Dasselbe Institut kam bei einer Befragung von Drogenkonsumenten in großen deutschen Städten zum Ergebnis, dass 81 Prozent der Befragten bereits einmal in Haft waren.

Die Rauschgiftsucht und die Nachfrage nach Drogen sind in den Gefängnissen also immens; entsprechend groß ist das Angebot. Es ist unmöglich, illegale Betäubungsmittel aus den Anstalten herauszuhalten. Jeder Besuch kann dazu missbraucht werden. Zum Beispiel können beim Küssen von Mund zu Mund kleine Päckchen übergeben werden. Einmal haben wir Drogen in einer Babyschale versteckt gefunden, in der das gemeinsame Kind eines Gefangenen und seiner Partnerin lag. Es war kurz nach seiner Inhaftierung zur Welt gekommen, er sollte es zum ersten Mal sehen. Zwar ist es die

Ausnahme, doch leider werden immer wieder auch Beamte beim Drogenhandel mit Inhaftierten ertappt.

Ein vergleichsweise neuer Weg, um Drogen in eine Haftanstalt zu schmuggeln, sind Drohnen, die die Pakete mit dem verbotenen Inhalt an vorher vereinbarten Plätzen abwerfen. Die Händler können dabei ohne Weiteres in Kauf nehmen, dass einzelne Lieferungen von den Beamten entdeckt werden. Der Wert von Drogen und der mögliche Gewinn mit deren Handel sind im Gefängnis um ein Vielfaches höher als außerhalb der Mauern.

Einen verantwortungsbewussten Umgang mit illegalen Suchtmitteln lernt man in Haft also nicht. Vielmehr gibt es nicht wenige, die dort erst drogensüchtig werden. Der Kampf gegen den Drogenhandel innerhalb der Anstalten gehört zu den Hauptaufgaben des Personals.

Ressourcenverschwendung

Schätzungsweise 80 Prozent aller personellen und sonstigen Ressourcen, die einer Justizvollzugsanstalt zur Verfügung stehen, werden nicht im Sinne einer Resozialisierung ihrer Insassen, sondern für deren Sicherung, Kontrolle, Disziplinierung und nicht zuletzt Verwaltung eingesetzt. Die Kleidung und sonstigen Gegenstände, die Gefangene beim Haftantritt bei sich hatten, ihre Telefonate und Arzttermine, ihre Besucher und das wenige Geld, das sie mit ihrer Arbeit verdienen können, alles muss erfasst und verwaltet werden. Die Juristen in den Anstalten sind zu einem großen Teil damit befasst, Anträge und Beschwerden der Gefangenen zu bearbeiten bzw. Stellungnahmen für Gerichte, Ministerien oder den Landtag zu verfassen. Dabei geht es fast nie um grundsätzliche Fragen, wie Sinn oder Unsinn der Freiheitsstrafe, sondern um die Aushändigung einer Zeitschrift, das Essen vom Vortag oder ähnlich Alltägliches. Meistens geht es um die Ablehnung von Lockerungen, doch fast immer bestätigt das Gericht oder Ministerium die Entscheidung der Anstalt. Salopp könnte man sagen: Die Inhaftierten können so ihrem Ärger etwas Luft machen und die Juristen sind beschäftigt.

Die ständigen, arbeitsintensiven Kontrollen helfen im Kampf gegen den anstaltsinternen Drogenhandel kaum, sondern dienen eher der Selbstabsicherung der Anstalt und dem Nachweis, alles Notwendige dagegen unternommen zu haben. Ähnliches gilt auch für den Kampf gegen Handys, die in Haft verboten sind. In einigen Bundesländern dürfen die Inhaftierten ohnehin grundsätzlich nicht telefonieren, aber auch in den übrigen will die Anstalt die Kontrolle darüber behalten, mit wem die Gefangenen sprechen, und diese Gespräche notfalls auch überwachen können. Genauer gesagt will die Anstalt zumindest so tun, als wolle und könne sie es. Täglich wird sehr aufwendig nach versteckten Mobiltelefonen gesucht, zum Teil werden dazu neben speziellen Handyortungsgeräten auch Spürhunde eingesetzt, die einen Bestandteil der Handyakkus riechen können. Faktisch kann dennoch jeder Gefangene innerhalb kürzester Zeit an eines der zahlreichen Handys gelangen, die in Kleinteile zerlegt in die Anstalten geschmuggelt werden. Ein Telefonieren ist in der Regel ohne Weiteres möglich, da auch Störsender nie das ganze Anstaltsgelände abdecken. Im Jahre 2018 wurden beispielsweise allein in Berliner Haftanstalten 1027 Mobiltelefone beschlagnahmt.[69] Wohlgemerkt sind das nur die, die man entdeckt hat.

Erheblichen Aufwand verursacht auch die Verwaltung der Justizmitarbeiterinnen und -mitarbeiter selbst. In größeren Anstalten sind dies einige Hundert Personen. Auch im Personalbereich sind zahlreiche Beschwerden, Anliegen und Anträge zu bearbeiten und Konflikte zu schlichten. Zugespitzt kann man sagen, dass es längere Zeit kaum auffallen würde, wenn keine Gefangenen mehr da wären, da das Personal genügend mit sich selbst zu tun hat.

Als Beispiel mag ein Vorgang dienen, von dem mir kürzlich ein ehemaliger JVA-Kollege berichtete und der nicht für eine Ausnahme, sondern für die Regel steht. In seiner Anstalt wurden, nach monatelangem Ringen von Personalrat, Wirtschaftsverwaltung und Anstaltsleitung, für einige Büros höhenverstellbare Tische angeschafft. In einem der größeren Räume sollten zwei dieser Tische nebeneinanderstehen. Dies rief den Arbeitsschutzbeauftragten auf den Plan. Es bestünde Verletzungsgefahr für die Beamten, wenn einer seinen Tisch nach unten fährt und dabei die Hand seines Kollegen einklemmt. Außerdem könnte man sich, wenn man einen Tisch zu schnell nach oben fährt, am Kinn oder, schlimmer noch, an der Nase verletzen.

Die Tische wurden daher erst einmal nicht zum Gebrauch freigegeben und das Thema beschäftigte die Anstalt eine geraume Zeit. Schließlich wurde eine Lösung gefunden: Die Wirtschaftsverwaltung verfasste ein zweiseitiges Formular, das sämtliche Gefahren des höhenverstellbaren Tisches aufführt. Dieses Formular musste jeder Beamte unterzeichnen, der an einem solchen Tisch arbeiten wollte. Das alles dient nicht der Resozialisierung der Insassen, sondern der Funktionsfähigkeit, dem Erhalt und der Selbstbeschäftigung einer Haftanstalt.

Natürlich gibt es in jeder Einrichtung Regeln, die eingehalten werden müssen, damit deren Zweck erfüllt werden kann. In Schulen sollen die Schüler etwas lernen, daher müssen Schüler, die durch ihr Verhalten andere vom Lernen abhalten, diszipliniert werden. In Krankenhäusern sollen die Menschen gesund werden, daher darf dort nicht geraucht werden oder dürfen zum Beispiel Operationssäle oder Intensivstationen nicht von jedem und nicht ohne Schutzkleidung betreten werden. Alle Regeln dienen dem einen Zweck: dass die Einrichtungen funktionieren und ihren Sinn und ihre Ziele erfüllen. Da das Gefängnis nicht an dem Erfolg der Resozialisierung seiner Insassen gemessen wird, kann es es sich leisten, seine Ressourcen und seine Energie anderweitig einzusetzen.

Schule, Ausbildung und Therapie

Ein wichtiges Angebot von Haftanstalten in Bezug auf die Resozialisierung von Gefangenen ist die Möglichkeit, einen Schul- oder Ausbildungsabschluss zu erwerben, vereinzelt auch zu studieren oder sich auf andere Art und Weise fort- bzw. weiterzubilden.

Es gibt in den Anstalten engagierte Sozialarbeiterinnen, Psychologen und Vollzugsbedienstete, die im Rahmen ihrer sehr begrenzten zeitlichen Kapazitäten – oft gibt es zum Beispiel nur eine Sozialarbeiterstelle für 100 oder mehr Inhaftierte – mit den Gefangenen zusammenarbeiten. Es gibt verschiedene Behandlungsgruppen wie Anti-Gewalt-Trainings oder Suchtgruppen. Eine erfolgreiche Suchttherapie in Haft findet jedoch erst in wenigen Anstalten[70] und nur mit sehr begrenzten Kapazitäten statt.[71] In einer Anstalt, in der ich tätig war, verfügten wir bei ca. 300 Suchtkranken über lediglich 20 Therapieplätze. Strafvollzug und Suchttherapie wurden bisher größtenteils für nicht miteinander vereinbar gehalten, nicht zuletzt, weil zu einer erfolgreichen Therapie die ständige Erprobung in der Freiheit, mit all ihren Versuchungen, gehört.

Besonders aufwendig werden schwere Gewalt- und Sexualstraftäter therapiert. Hierfür gibt es sozialtherapeutische Abteilungen oder auch besondere Anstalten, in denen die Gefangenen von einem Team aus Psychologen, Sozialarbeitern und Therapeuten über einen längeren Zeitraum von mindestens zwei Jahren intensiv therapiert werden. Die betreffenden Gefangenen sind zur Teilnahme an dieser Therapie verpflichtet, wobei diese nachvollziehbarerweise ohne jede Aussicht auf Erfolg ist, wenn sich der zu Therapierende beharrlich gegen sie sträubt. Einen eigenen Leidensdruck, der sie in Freiheit veranlassen würde, sich einer therapeutischen Behandlung zu unterziehen, haben die wenigsten Gefangenen.

Entsprechend gering sind auch die Erfolge dieser höchst kostenintensiven Therapien. Zwar zeigt sich für die ersten Jahre nach der Entlassung eine Verringerung der Rückfallquoten des Normalvollzuges um bis zu 20 Prozent.[72] Wenn man etwa bei Sexualstraftätern davon ausgeht, dass ca. 15 Prozent innerhalb von fünf Jahren nach ihrer Entlassung wieder eine offiziell registrierte Sexualstraftat begehen, kann diese Rückfallquote durch eine sozialtherapeutische Behandlung auf 12 Prozent reduziert werden.[73] Über längere Zeiträume bis zu zehn Jahren nach der Entlassung gleichen sich die Rückfallquoten nach einer Sozialtherapie denen des Normalvollzuges jedoch wieder an.[74]

Die Zeit nach der Haft ist in den letzten Jahren immer stärker in das Blickfeld der Justiz gerückt. Im Zuge eines sogenannten Übergangsmanagements wird u.a. schon vor Haftende mit den Arbeitsagenturen zusammengearbeitet, um die Chancen der Inhaftierten auf eine Anstellung zu vergrößern. Letztlich geht es jedoch in vielen Fällen vor allem darum, die Schäden, die die Freiheitsstrafe im Hinblick auf die Chancen einer Resozialisierung verursacht hat, irgendwie zu verringern.

Vorbild Freistatt

In der Pädagogik hat man die Idee, Menschen in gefängnisartigen Einrichtungen zu »besseren« Menschen zu machen, schon vor Jahrzehnten verworfen. Als prominentes Beispiel dient hier die Diakonie Freistatt, eine kleine Gemeinde in Niedersachsen, die unter anderem 2015 durch den gleichnamigen Film zu trauriger Berühmtheit gelangt ist. Dort befand sich in den 1950er und 1960er Jahren eine der härtesten Einrichtungen der Jugendfürsorgeerziehung für männliche Jugendliche in der Bundesrepublik. Im Zusammenwirken von Jugendämtern und Gerichten wurden dort »Fürsorgezöglinge« wegen Straftaten wie Diebstahl oder Körperverletzung, aber auch u. a. wegen »Schulschwänzen«, »Arbeitsbummelei« oder Konflikten mit den Eltern untergebracht.

Das durchschnittliche Aufnahmealter lag bei 16 Jahren. Etwa zwei Drittel der Jungen waren vorher bereits in einer anderen Unterbringung gewesen. Freistatt war also für viele die Endstation einer längeren Heimkarriere.

Die Anstalt stand unter christlicher Obhut, der Alltag war militärisch ausgerichtet: wecken, Betten machen, waschen, ankleiden, frühstücken, arbeiten, lernen, ausruhen, schlafen. Tagsüber mussten die Jugendlichen schwerste Arbeit bei der Torfgewinnung im Moor leisten. Hier folgte die Anstalt dem Motto »Arbeit statt Almosen« ihres Gründers Friedrich von Bodelschwingh. Eine Entlohnung für diese harte Arbeit gab es keine, Beiträge zur Sozialversicherung oder Rente wurden nicht gezahlt. Am Sonntag war der Kirchgang Pflicht.

Eines der Gebäude in Freistatt, das Haus Moorhort, ist heute eine Gedenkstätte. Es ist weitestgehend originalgetreu eingerichtet, so dass man sich ein gutes Bild von der Unterbringung der damaligen »Heimzöglinge« und ihrer Betreuer machen kann.

In einem großen Gruppenraum stehen die kargen Stockbetten für die Jugendlichen, in einem kleinen Raum daneben steht das Bett eines Erziehers, der über ein großes Fenster jederzeit den Schlafraum der Jugendlichen einsehen konnte.

Für mich war der allgegenwärtige disziplinarische und gerade für junge Menschen lebensfeindliche Charakter der Einrichtung im Haus Moorhort noch Jahrzehnte nach ihrer Schließung in beklemmender Weise zu spüren. Es gab offensichtlich keinerlei Intimsphäre für die jungen Männer zwischen 14 und 21 Jahren. Nicht nur die Nachtruhe, sondern auch Essen und Waschen erfolgten in Gemeinschaft. Die ein- und ausgehende Post wurde von der Heimleitung gelesen. Jede Minute des Tages wurde durch die Erzieher überwacht, die bei jeder Regelverletzung oder auch ganz allgemein zur Abschreckung oder Demütigung der Insassen zu teils brutalen Strafen griffen. Prügel, auch mit einem Billardstock oder Ähnlichem, waren keine Seltenheit. Weitere Strafen bestanden in Essen im Stehen, Sprechverbot, Bettenbauüben, Torfsieben, Kartoffelschälen oder Latrinendienst.

Besonders hart war die Isolation in einer bis auf einen Hocker und die Bibel völlig leeren Arrestzelle, die einige Wochen andauern konnte. Nachts wurde immerhin ein Feldbett in diese »Besinnungsstübchen« gestellt.[75]

Wenn einer der Insassen gegen Regeln verstoßen hatte, wurden auch die anderen bestraft. Diese Kollektivstrafen bewirkten, was sie sollten: dass sich die Jugendlichen gegenseitig disziplinierten; Solidarität gab es so kaum.

Mich haben diese Bedingungen in einigen Aspekten an die in unseren Gefängnissen erinnert – wohlgemerkt an unsere heutigen, nicht an die der 1950er oder 1960er Jahre. Geschlagen werden die Gefangenen zum Glück nicht mehr, und zumindest die meisten bekommen einen Einzelhaftraum. In fast allen Bundesländern gibt es jedoch noch die mit Löhnen zwischen ein und drei Euro pro Stunde schlecht bezahlte und nicht rentenversicherte Zwangsarbeit in Haft.[76]

Auch den Arrest gibt es noch, bei dem ein Gefangener bis zu vier Wochen isoliert in einem Haftraum untergebracht wird, in dem sich außer einem Bett nicht viel befindet. Eine Stunde am Tag darf er im Hof alleine seine Runden drehen. Zu lesen gab es bis vor einigen Jahren auch nur die Bibel oder eine andere religiöse Schrift, inzwischen wird allerdings immer öfter beispielsweise Lehrmaterial ausgehändigt. Weitere Disziplinarmaßnahmen sind zum Beispiel in Bayern die Beschränkung oder der Entzug des Einkaufs (bis zu drei Monaten), d. h., die Gefangenen dürfen sich von dem Geld, das sie verdienen, keinen Tabak, Kaffee, andere Genussmittel oder auch Bücher und Ähnliches kaufen, die Beschränkung oder der Entzug des Hörfunk- und Fernsehempfangs (bis zu drei Monaten), die Beschränkung oder der Entzug der Gegenstände für eine Beschäftigung in der Freizeit oder der

Teilnahme an gemeinschaftlichen Veranstaltungen (bis zu drei Monaten), die getrennte Unterbringung während der Freizeit (bis zu vier Wochen), der Entzug der zugewiesenen Arbeit oder Beschäftigung unter Wegfall der Bezüge (bis zu vier Wochen) sowie die Beschränkung des Verkehrs mit Personen außerhalb der Anstalt auf dringende Fälle (bis zu drei Monaten).

Oft noch einschneidender sind die Maßnahmen, die nicht als Bestrafung für ein Fehlverhalten verhängt werden, sondern um einen Gefangenen davon abzuhalten, zu fliehen, sich selbst zu verletzen oder Mitgefangene oder Beamte anzugreifen. Das können etwa der Entzug oder die Vorenthaltung von Gegenständen sein (die als Waffen eingesetzt werden könnten), die ständige Beobachtung (auch mit technischen Mitteln), die Absonderung von anderen Gefangenen, der Entzug oder die Beschränkung des Aufenthalts im Freien, die Unterbringung in einem besonders gesicherten Haftraum ohne gefährdende Gegenstände oder eine Fesselung. So können zum Beispiel selbstmordgefährdete Gefangene nur mit einer Papierunterhose bekleidet in einem kameraüberwachten Haftraum untergebracht werden, in dem sich außer einer Matratze nicht viel mehr befindet.[77]

In vielen Anstalten gibt es inzwischen spezielle Sicherungsgruppen. Das sind besonders ausgerüstete und ausgebildete Beamte (vergleichbar mit Polizisten mit Helmen, Schildern, Schlagstöcken u.a.), die in besonders gefährlichen Fällen zum Einsatz kommen. Hin und wieder verbarrikadieren sich zum Beispiel Gefangene in ihren Hafträumen oder drohen, die Beamten, die ihnen zu nahekommen, zusammenzuschlagen.

Kollektivstrafen gibt es offiziell nicht, aber faktisch müssen wie erwähnt sehr oft auch die anderen Gefangenen darunter leiden, wenn einer gegen die Vorschriften verstößt. Wenn einige Inhaftierte den Aufschluss ihrer Hafträume dazu nutzen, unerlaubte Geschäfte zu treiben, kann es passieren, dass die Haftraumöffnungszeiten für alle Gefangenen verkürzt werden. Weil einige Inhaftierte die Zusendung von Nahrungsmittelpaketen durch ihre Angehörigen dazu missbraucht hatten, Drogen einzuschmuggeln, wurden diese Pakete irgendwann für alle Gefangenen verboten.

Als Beispiel dafür, welche Nachteile jeder Inhaftierte in Kauf nehmen muss, die nicht auf sein eigenes Verhalten, sondern auf das anderer zurückzuführen sind, kann der Gefangene Mike dienen.

» Mike war Mitte vierzig und hatte mehr als die Hälfte seines Lebens hinter Gittern verbracht. Nicht durchgehend, er befand sich immer nur einige Wochen oder höchstens Monate in Freiheit. Er war kein schlechter Mensch, aber alkohol- und drogensüchtig. Oft wusste er nicht, wie er sich mit Worten ausdrücken oder verteidigen sollte, und wurde dann gewalttätig.

Dieses Mal hatte er eine vierjährige Haftstrafe wegen gefährlicher Körperverletzung und versuchten Totschlags zu verbüßen, weil er einem Zechkumpan, der ihn beleidigt hatte, einen Bierkrug auf den Kopf geschlagen hatte.

Die Anstaltspsychologin führte zu Beginn von Mikes Haftzeit ein Gespräch mit ihm, damit wir einen Vollzugsplan[78] aufstellen konnten. »Vielleicht fangen wir erst einmal vorne an. Erzählen Sie mir von Ihrer Kindheit. Wie sind Sie aufgewachsen, wie war der Kindergarten, die Schule usw.?« »Das war alles gut. Keine Probleme.« »Etwas ausführlicher bitte, Mike. Also, sind Sie mit Vater und Mutter aufgewachsen?« »Mit wem denn sonst?« »Na ja, oft trennen sich die Eltern, und die Kinder wachsen ohne Vater oder Mutter auf, also, wie war das bei Ihnen?« »Alles gut, alles gut. Ich bin mit Mutter und Vater aufgewachsen. Ganz normal. Also ... fast.« Die Psychologin blickte von ihrem Notizblock auf. »Fast? Inwiefern fast?« Mike wirkte nun, als würde er sich schämen, und seine sonst so feste Stimme wurde unsicher. »Na ja, mein Dad war auch ein paar Jahre hier drinnen.« »Hier?« »Nicht genau hier. Aber im Knast eben.« »Aha! Und wegen was war ihr Vater in Haft?« Mike schüttelte unwillig den Kopf. »Irgendwelcher Kleinkram, Bagatellen, was weiß ich. Ich war noch ein Kind.« Die Psychologin ließ nicht locker. »Wie lange war er denn etwa in Haft?« »Ein paar Jahre, genau kann ich es nicht sagen.« »Na, dann wird es aber schon mehr als ein bisschen Kleinkram gewesen sein, was ihr Vater getan hat. Können Sie mir wirklich nicht sagen, was das war?« Mike schwieg und starrte vor sich hin. Nach einigen Sekunden fuhr die Beamtin fort: »Wie alt waren Sie denn, als Ihr Vater in Haft war?« »Was weiß ich. Jung war ich.« »Waren Sie im Kindergarten oder schon in der Schule?« »Ja.« »Wie, ja?« »Ich war im Kindergarten und in der Schule.« »Ihr Vater war also im Gefängnis, während Sie im Kindergarten und in der Schule waren?« »Ja. Aber nicht die ganze Zeit.« Die Psychologin schrieb fleißig mit. »Und Ihre Mutter? Wie war das für Ihre Mutter?« »Was weiß ich. Da müssen Sie meine Mutter fragen.« »Haben Sie noch Geschwister?« »Ich hatte welche. Jetzt nicht mehr.« »Sind Ihre Geschwister verstorben?« »Das weiß ich nicht, aber für mich sind sie jedenfalls gestorben.« »Aha. Wie viele sind es denn? Brüder oder Schwestern, sind sie älter oder jünger als Sie, und warum sind sie für Sie gestorben? Nun lassen Sie sich doch nicht alles aus der Nase ziehen!« »Ein älterer Bruder und zwei jüngere Schwestern. Zwillingsschwestern. Glauben Sie, einer von denen hätte mich mal im Knast besucht, mir mal Geld geschickt oder irgendetwas? Die können mich mal.

Die sind gestorben für mich.« Die Psychologin nickte, als hätte sie gerade etwas verstanden. »So, so. Ihre Mutter war also mit Ihnen und Ihren drei Geschwistern alleine, während Ihr Vater in Haft war.«

Im Rahmen einer Kooperation mit dem örtlichen Tierheim übergab man ältere Hunde, die nicht mehr vermittelt werden konnten, zur Pflege an Inhaftierte. Der Hund, den Mike pflegen sollte, hieß Rocky. Es war ein undefinierbarer, hinkender Mischling, über 20 Jahre alt und halbtot.

Rockys körperlicher Zustand änderte sich schlagartig in dem Moment, in dem er von Mike betreut wurde. Wir hatten in seinen Vollzugsplan geschrieben, dass er als Pate eines Hundes die Übernahme von Verantwortung erlernen und seine »Bindungsfähigkeit zu den Mitgeschöpfen« stärken sollte. Es zeigte sich vom ersten Tag an, dass Mike diese Verantwortung übernehmen und dass er, zumindest zu Hunden, eine tiefe Bindung eingehen konnte.

Rocky wurde sein Ein und Alles. Mike gab fast alles Geld, das er durch die Arbeit im anstaltseigenen Malereibetrieb verdiente, für Literatur über Hundehaltung aus. Von dem Rest kaufte er Rocky Leckereien und verzichtete dafür selbst auf Zigaretten und Kaffee. Rocky blühte auf. Es war nichts mehr zu spüren von seiner morbiden Lethargie und von dem Eindruck, doch nun endlich für immer einschlafen zu dürfen, den er auf uns machte. Im Gegenteil. Seine Augen wurden wacher, sein Fell fester und sein Bellen kräftiger. Selbst das Hinken ließ nach.

Auch Mike blühte auf. Mehrere Urinkontrollen auf Betäubungsmittel verliefen negativ, er schien keine Drogen mehr zu konsumieren. Und auch seine sonst stets rote Gesichtsfarbe war einer fast gesunden Blässe gewichen. Er ließ sich sogar einen Vollbart wachsen, so dass man die Tätowierung auf seinem Hals –

»Hier bitte abtrennen« – kaum noch lesen konnte. Auf der kleinen Pinnwand, die jeder Gefangene in seinem Haftraum haben durfte und auf der die meisten Fotos von Pin-up-Girls oder von Familienangehörigen aufgehängt hatten, hingen bei Mike Bilder von Rocky.

Und mehr als das. Nach einigen Monaten hatte Mike offenbar so viel Kraft aus der Bindung zu Rocky geschöpft, dass er sich wieder stark genug für die Beziehung zu einer Frau fühlte. In der Anstalt gab es eine regelmäßig erscheinende Gefangenenzeitschrift, in der auch Frauen und Männer aus anderen Gefängnissen oder in Freiheit Partnerschaftsanzeigen aufgeben konnten. Mike hatte in einer Ausgabe die Anzeige einer Frau gelesen, die ihn sehr interessierte. Sie hatten sich einige Male geschrieben und nun wollte sie ihn in der Anstalt besuchen. Das Problem war nur: Von jeder Besucherin wird die Vorlage eines polizeilichen Führungszeugnisses verlangt und das von Mikes potenzieller Partnerin wimmelte vor Eintragungen. Sie war vielfach vorbestraft, fast ausschließlich wegen Betäubungsmittelkriminalität. Die Sicherheitsabteilung der Anstalt sprach sich dagegen aus, sie zum Besuch zuzulassen.

Wir entschieden, Mikes neue Bekannte zumindest zum Besuch mit Trennscheibe zuzulassen, ganz verbieten wollten wir ihn nicht. Wir wussten, wie wichtig menschliche Beziehungen für Mike waren. Andererseits mussten wir dafür sorgen, dass beim Besuch keine Drogen übergeben werden konnten. Einige Zeit zuvor war ein Inhaftierter fast an einer Überdosis gestorben. Der Vorfall hatte erheblichen öffentlichen Druck ausgelöst, die Presse vermutete, es würde in den Gefängnissen zu wenig gegen Drogen unternommen. Die Trennscheibe verhindert, dass etwas übergeben werden kann. Auch können sich Besucher und Gefangene weder umarmen noch küssen, um so unbemerkt Drogen zu übergeben.

Nach mehreren Besuchen seiner neuen Freundin meldete sich Mike zu meiner Sprechstunde. Er wirkte wie ein verliebter Teenager. »Sie müssten sie sehen! Sie hat viele Haare, blonde Haare, und ist jünger als ich! Und sie steht auf ihren eigenen Beinen. Sie ist Kellnerin!« Mike sah mich stolz an. Ich freute mich für ihn, wusste aber, was nun kam. »Ich möchte sie zumindest einmal umarmen. Wir lieben uns, wir wollen heiraten und zusammen alt werden. Aber dazu müssen wir uns doch vorher zumindest einmal umarmen dürfen! Steht da nicht sogar was im Grundgesetz über Ehe und so?«

Es war aussichtslos. Mike war langjähriger Drogenkonsument, auch wenn er, seit er Rocky hatte, nicht mehr negativ aufgefallen war. Und seine neue Partnerin konnte ihrem polizeilichen Führungszeugnis zufolge kaum je nüchtern gewesen sein. Die Vorschriften ließen keine Ausnahme zu. Ein Besuch ohne Trennscheibe war so bald nicht möglich, selbst wenn man die Absprache der beiden als rechtsgültige Verlobung anerkennen musste. Und ein Ausgang aus der Haft durfte Mike als suchtkrankem Gewalttäter ohnehin nicht ermöglicht werden.

Wir entschieden, dass eine Aufhebung der Trennscheibe nur in Betracht käme, wenn Mikes Besucherin sich zu drei freiwilligen Urinkontrollen in den nächsten Wochen bereit erklären würde. So könnten wir unser Engagement gegen Drogen dokumentieren. Mike war einverstanden, nicht jedoch seine Partnerin. Die Beamten, die den Besuchsbereich überwachten, erzählten mir später, sie sei wütend aufgesprungen und habe »auf dieses Scheißsystem und diese verdammten Nazis« geschimpft. Als Mike sie gebeten habe, sich zu beruhigen, habe sie auch ihn angeschrien und gesagt, sie wolle nie wieder etwas mit ihm zu tun haben. Mike war danach einige Tage lang sehr geknickt, fing sich aber schnell wieder. Er konnte es verkraften, er hatte ja Rocky. Noch.

Neben Rocky gab es mittlerweile vier weitere Hunde, die ihr Gnadenbrot auf dem Anstaltsgelände erhielten und von ausgewählten Inhaftierten zu therapeutischen Zwecken betreut wurden. Als ein weiterer Hund, ein alter Dackel, von einer Mitarbeiterin des Tierheims in die Anstalt gebracht wurde, wunderte sich der Beamte, der die Aufsicht über das Projekt hatte, über das merkwürdige Verhalten des Tieres. Alle Pflegehunde waren alt und krank, aber dieser verhielt sich besonders auffällig. Er wand sich wie eine Schlange und versuchte immer wieder, mit seiner Schnauze an sein Hinterteil zu gelangen. Als sich der Beamte dieses näher ansah, stellte er fest, dass im After des Hundes ein kleines, vielleicht daumennagelgroßes Päckchen festgenäht war. Der Hund wurde sofort zu einem Tierarzt gebracht und die Kontrolle des Inhalts des kleinen Päckchens ergab keine große Überraschung: Crystal Meth.

Nach diesem Vorfall mussten wir die Hunde bereits im Tierheim auf Drogen hin untersuchen, sie selbst dort abholen und in die Anstalt bringen. Der Personalrat beschwerte sich schriftlich, dass das viel zu knappe Personal für derartige Aufgaben »verbrannt« würde.

Dieses Problem hatte sich jedoch bald erledigt. Ein Gefangener, der in Haft saß, weil er mehrfach seine Lebensgefährtin und deren Kinder verprügelt und dem der psychologische Gutachter eine Impulskontrollstörung bescheinigt hatte, sollte im Umgang mit einem Hund lernen, seine Aggressionen besser zu regulieren. Das funktionierte nicht, ganz im Gegenteil. Als sein Antrag auf Genehmigung des Besitzes einer Playstation abgelehnt worden war, wurde er so wütend, dass er seinen Pflegehund bei den Hinterbeinen nahm und seinen Kopf so lange mit voller Wucht gegen eine Mauer schleuderte, bis von diesem nur noch ein blutiger, matschiger Haufen zurückblieb. Wir mussten nun wochenlang Beschwerden des Tierschutzbundes und anderer Stellen bearbeiten und waren uns bewusst, dass das Hundeprojekt eine weitere gescheiterte Idee war. Noch am selben Tag wurden alle Hunde zurück in das Tierheim gebracht. Wir baten den Pfarrer, der Gefangenen auch mitteilte, wenn einer ihrer Angehörigen gestorben war, Mike diese Nachricht zu überbringen.

Die Beamten erzählten mir später, Mike hätte danach seinen neun Quadratmeter großen Haftraum wochenlang kaum mehr verlassen. Auch seine Arbeit im Malereibetrieb hatte er niedergelegt. Das war ein Verstoß gegen die Vorschriften, da grundsätzlich jeder Gefangene zur Arbeit verpflichtet war. Mike argumentierte in dem gegen ihn eingeleiteten Disziplinarverfahren mit der Frage, warum er nicht zurücktreten dürfe, wenn das auch ein Bundespräsident kann. Offensichtlich war Mike nun alles egal geworden. Ich wollte mit ihm sprechen. Vielleicht könnte ich ihn ermutigen, seine Arbeit doch wiederaufzunehmen und etwas positiver in die Zukunft zu blicken.

Da Mike nicht zu mir kommen wollte, ging ich zu ihm, in seinen Haftraum. Er saß gebeugt auf seinem Bett und blickte traurig zum Fernseher. »Mike, was schauen Sie sich denn da an? Homeshopping?« Er nickte. »Ja. Die Leute sind immer so freundlich da und es ist live. Ich habe das Gefühl, dass jemand mit mir spricht.« An der Pinnwand hingen immer noch die Fotos von Rocky, und ich musste mich gar nicht länger in dem winzigen Raum umsehen, um zu wissen, dass Mike Alkohol ansetzte. Dieser moderigscharfe Geruch nach verfaultem Obst war eindeutig. Irgendwo musste ein Gefäß mit Obst, Hefe und Zucker stehen, in dem nach einigen Tagen der Alkohol gärte. Auch wirkte Mike mit seinen glasigen, leeren Augen und dem leichten Zittern in seiner Stimme, als hätte er wieder Drogen konsumiert. Ich würde das alles melden müssen und konnte ihn doch verstehen.

Einrichtungen wie die in Freistatt werden heute völlig zu Recht nicht nur als menschenunwürdig, sondern auch als völlig kontraproduktive Institutionen einer schwarzen Pädagogik angesehen. Und auch wenn sie in Teilen noch repressiver als die heutigen Gefängnisse und der Schaden für die jugendlichen Insassen wohl deutlich größer als für die heutigen meist erwachsenen Gefangenen waren, so gibt es doch kaum wesentliche Unterschiede.

In anderer Hinsicht sind geschlossene Anstalten heute sogar noch deutlich repressiver. Der zwangsweise Aufenthalt dort kann viel länger sein, im Extremfall lebenslänglich. Eine Flucht aus der Anstalt ist fast unmöglich, und in Bundesländern wie Bayern kann man erschossen werden, wenn diese anders nicht zu verhindern ist. In einem solchen Umfeld können sich Menschen mehrheitlich ebenso wenig zum Positiven verändern, wie dies in Freistatt der Fall war.

Das Freistatt von heute hat mit dem der 1950er und 1960er Jahre übrigens nichts mehr zu tun. Es werden dort vor allem wohnungslose oder Menschen in anderen sehr schwierigen Lebenslagen aufgenommen und von sehr engagierten Fachleuten betreut.

Ich persönlich habe bei meinem Besuch einige Erfahrungen gemacht, die ich im Hinblick auf eine Reform unseres Strafvollzuges für bemerkenswert halte. Zum einen wird dort (jedenfalls mittlerweile und sicher nicht ohne öffentlichen Druck) offen und selbstkritisch mit der eigenen Geschichte umgegangen. Historiker und externe, auch kritische Berichterstatter wie die Filmemacher von »Freistatt« werden nicht in ihrer Arbeit behindert, sondern unterstützt.

Eine vergleichbare Transparenz und positive Fehlerkultur fehlen in der Justiz und im Justizvollzug. Letztlich wird dort fast immer versucht, alles, was die Justiz tut oder getan hat, als richtig darzustellen. Ein solches System kann nicht lernen und sich nicht weiterentwickeln. Es isoliert sich immer stärker von allen sozialen Bezügen. In Freistatt dagegen, wo vor 50 und 60 Jahren jungen Menschen geschadet worden ist, wird heute den Menschen und damit der Gesellschaft tatsächlich geholfen.

Resozialisierung: des Kaisers neue Kleider

Die meisten Menschen behaupten, sie seien mit den Bemühungen einer Resozialisierung von Straftätern einverstanden. Seltsamerweise führt der Nachweis, dass diese erfolglos bleiben, aus strukturellen Gründen sogar aussichtslos sind, nicht zu der Bereitschaft, am System Gefängnis etwas ändern zu wollen. Solche Diskussionen enden nicht selten mit der Aussage: Aber sie haben die Strafe doch verdient!

Wir müssen uns bewusst machen, dass es sich bei der (Re-)Sozialisierung um einen Prozess handelt, in dem nicht nur der Einzelne, sondern auch die Gesellschaft gefordert ist. Dieser nie endende Prozess beginnt nicht erst mit einer Inhaftierung oder der Entlassung aus der Haft. In ihm gibt es kein Vorher und Nachher und auch kein Drinnen und Draußen, wie es uns das Gefängnis mit seiner Behauptung, nicht sozialisierte Menschen aus der Gesellschaft herauszunehmen, um sie resozialisiert wieder in dieselbe zu entlassen, glauben machen will.

Ein Stück weit versuchen wir mit unseren Gefängnissen, soziale Probleme ins kollektive Unbewusstsein zu verdrängen[79] und dies ebenso wie unser Vergeltungsbedürfnis mit dem Mantel der Resozialisierung zu verhüllen, die so nicht funktionieren kann. Die Justiz bestärkt uns in unserer falschen Wahrnehmung von Gefängnissen, auch weil eine tatsächliche Resozialisierung Straffälliger ungleich schwieriger ist, als diese wegzusperren.

Neben politischen Willensbekundungen, strafrechtlichen Theorien vom zukunftsorientierten Sinn und Zweck von Strafe und verfassungsgerichtlichen Entscheidungen zur menschenwürdigen Unterbringung und Behandlung von Strafgefangenen tragen auch die Strafvollzugsgesetze mit ihren vernunft- und resozialisierungsorientierten Formulierungen ganz wesentlich dazu bei, dass jeder, der nicht hinter die Gefängnismauern sehen kann, davon ausgehen muss, dass der Strafvollzug hält (oder zumindest halten könnte), was er verspricht.

Als Beispiel sei hier Art. 3 des Bayerischen Strafvollzugsgesetzes zitiert: »Die Behandlung umfasst alle Maßnahmen, die geeignet sind, auf eine künftige deliktfreie Lebensführung hinzuwirken. Sie dient der Verhütung weiterer Straftaten und dem Opferschutz. Die Behandlung beinhaltet insbesondere schulische und berufliche Bildung, Arbeit, psychologische und sozialpädagogische Maßnahmen, seelsorgerische Betreuung und Freizeitgestaltung. Art und Umfang der Behandlung orientieren sich an den für die Tat ursächlichen Defiziten der Gefangenen.« Wer dies liest, wird von der Sinnhaftigkeit des Strafvollzuges überzeugt sein. Tatsächlich aber klaffen hier Wunsch und Wirklichkeit weit auseinander. Dass wir Gefängnisse zur Resozialisierung bzw. Besserung der Täter brauchen, erweist sich als die große Lüge unserer Kriminalpolitik.[80]

Wenn wir den Gedanken der Resozialisierung tatsächlich ernst nehmen wollen und sie uns wichtiger als eine Bestrafung ist und wenn wir wollen, dass Straffällige künftig keine Straftaten mehr begehen, dann müssen wir Wege außerhalb geschlossener Anstalten mit Hunderten von Inhaftierten auf engstem Raum finden. Wir können hierbei nicht darauf hoffen, dass die Gefängnisse allein und von sich aus alternative Ansätze entwickeln. Welche Institution löst sich schon gern selber auf? Das ist vielmehr eine gesamtgesellschaftliche Aufgabe.

Ein erster gemeinsamer Schritt von Justiz und Allgemeinheit wäre es, den Anspruch und die Behauptung der Resozialisierung im geschlossenen Strafvollzug als das zu entlarven, was sie trotz allem Einsatz der Justizangestellten vor Ort letztlich sind: des Kaisers neue Kleider.

4. Gefängnisse gefährden unsere Sicherheit

Das Gefängnis soll, neben dem menschlichen Rache- und Strafbedürfnis, vor allem die weit verbreitete Angst, Opfer von Verbrechen zu werden, verringern.

Zwar kommen und gehen die Inhaftierten, aber diese riesigen Einrichtungen mit ihren hohen Mauern und dem Stacheldraht bleiben – in der Realität, aber auch in unserem Denken und Fühlen. Man fühlt sich nicht nur besser als die, die drinnen sitzen, man fühlt sich außerhalb der Mauern auch geschützt vor denen, die einsitzen. Es ist vor allem das Versprechen von Sicherheit, das die Gefängnisse uns Bürgerinnen und Bürgern geben. Und wenn dieses Versprechen nicht gehalten wird, gerät das System ins Wanken, daher investiert der Staat enorme Mittel, damit es nicht dazu kommt. Ein Ausbruch bzw. die Flucht eines Straftäters schürt nicht nur die Angst in der Bevölkerung, sie hat auch das Potenzial für einen Skandal, durch den zum Beispiel der jeweilige Justizminister, als oberster Verantwortlicher, unter großen politischen Druck geraten kann. Dieser Druck wird, wie in hierarchischen Systemen üblich, nach unten weitergegeben. Daher entsteht auch innerhalb der Anstalten großer Stress, wenn eine Flucht gelingt. Es ist für alle Mitarbeiter ein GAU – der größte anzunehmende Unfall.

Kollektive Gefühle, wie die Kriminalitätsfurcht, scheinen auch hier stärker zu sein als die kollektive Erkenntnis, dass der Ausbruch eines einzelnen Gefangenen weniger gefährlich ist als eine generell hohe Rückfallquote. Wird dagegen ein Gefangener nach der Entlassung früher oder später wieder straffällig, wird die Anstalt, aus der er entlassen worden ist, kaum öffentlich zur Verantwortung gezogen. Das ist bemerkenswert. Bei Rückfällen von Haftentlassenen sollte daher zunehmend hinterfragt werden, inwieweit dieser Rückfall mit der Haft oder dem, was dort getan oder unterlassen worden ist, zusammenhängt.

Solange dies nicht der Fall ist, gilt das Hauptaugenmerk aller Vollzugsanstalten in erster Linie der Sicherheit. Neben Mauern und Stacheldraht kommen vor allem technische Sicherungssysteme zum Einsatz, die Alarm auslösen, wenn bestimmte Bereiche betreten werden oder ein Außenzaun berührt wird. Hinzu kommen die durchgehende Bewachung und Beaufsichtigung aller Inhaftierter durch Beamte, die zum Beispiel in Bayern über Schusswaffen verfügen. Sie dürfen diese Waffen nicht in den Unterkunftsbereichen der Gefangenen tragen, da hier die Gefahr als zu groß angesehen wird, einer der Inhaftierten könnte eine Waffe an sich reißen. Vor allem die Wachen auf den Türmen von Hochsicherheitsanstalten haben Gewehre und müssen auf einen Inhaftierten auch schießen, wenn dieser anders nicht mehr an der Flucht zu hindern wäre.

Wahrscheinlich gibt es kaum etwas Ereignisloseres als eine Nachtschicht auf einem dieser Türme. Man muss damit rechnen, im gesamten Berufsleben keinen einzigen Ausbruch und erst recht keinen Einbruch zu erleben. Denn die Gefangenen müssten erst einmal irgendwie aus ihrem verschlossenen Haftraum kommen und manchmal auch noch aus dem Hafthaus ausbrechen, um überhaupt zur Außenmauer zu gelangen. Dies ist fast unmöglich. Entsprechend selten sind Ausbrüche aus dem geschlossenen Vollzug. Bundesweit werden fünf bis zehn Fälle bei über 200 000 Neuinhaftierungen pro Jahr gezählt.

1993 wurde der wegen dreifachen Mordes verurteilte Lothar L. von Komplizen aus der JVA Schwalmstadt in Hessen befreit. Diese durchbrachen mit einem gestohlenen Schützenpanzer der Bundeswehr vier Tore des Gefängnisses, ließen den Gefangenen im Innenhof der Anstalt einsteigen und fuhren davon. Die Gefängniswachen machten aus Sorge vor Querschlägern von ihren Schusswaffen keinen Gebrauch. Gegen den Panzer hätten sie ohnehin keine Chance gehabt.[81]

2004 gelang Christian B. die Flucht aus der JVA Lübeck. Mithilfe eines Gabelstaplers und einer selbst hergestellten Leiter gelangte er über die mit Stacheldraht und Hightech-Sensoren gesicherte Gefängnismauer in die Freiheit. 2013 gab sich ein Gefangener der JVA Dresden als ein ihm ähnlich sehender Zellennachbar aus, der aus der Haft entlassen werden sollte. Die Beamten ließen sich täuschen und entließen den falschen Gefangenen. Und 2014 sägten zwei Insassen des Gefängnisses Berlin-Moabit die Gitterstäbe ihrer Zellenfenster durch und seilten sich mit Bettlaken und Handtüchern in die Freiheit ab.

So gut wie immer werden die Ausbrecher nach absehbarer Zeit wieder gefasst oder stellen sich selbst, weil ihnen das Leben auf der Flucht zu beschwerlich ist. Sehr selten begehen Ausbrecher schwere Straftaten, wobei auch hier Ausnahmen die Regel bestätigen. Christian B., der Ausbrecher aus der JVA Lübeck, tötete auf der Flucht einen Landschaftsgärtner, um dessen Identität annehmen zu können.[82]

In der JVA Straubing war zu meiner Zeit ein hochrangiges Mitglied einer kroatischen Mafia inhaftiert. Er war in seinem Heimatland festgenommen und nach einigen Monaten in kroatischer Haft nach Deutschland überstellt worden. Hier sollte ihm wegen einiger im Bundesgebiet begangener Delikte der Prozess gemacht werden. In Kroatien hatte man seine Gespräche abgehört und so herausgefunden, dass er dort von der Mafia mit einem Hubschrauber oder Panzer befreit werden sollte. Das befürchteten wir nun auch in Straubing und mussten handeln. Über die Höfe, in denen die Gefangenen ihren täglichen Aufenthalt im Freien verbrachten, wurden dicke Drahtseile gespannt, damit dort kein Hubschrauber landen konnte. Passiert ist jedoch, wie fast immer, nichts.

Die größte Gefahr einer Flucht besteht naturgemäß dann, wenn der Gefangene die Anstalt entweder alleine oder in Begleitung von einem oder mehreren Bediensteten verlassen darf. Dabei werden die Inhaftierten an Händen oder auch zusätzlich an den Füßen gefesselt, um sie zum Beispiel für eine ärztliche Behandlung, die nicht in der Anstalt durchgeführt werden kann, in ein externes Krankenhaus zu bringen. Auch dort werden sie durchgehend bewacht und oft auch dann mit Handschellen ans Bett gefesselt, wenn sie sich aufgrund ihrer Krankheit ohnehin kaum mehr bewegen können.

Missbräuche von Lockerungen ohne solche Sicherheitsmaßnahmen sind jedoch ebenfalls selten. So hat eine Auswertung der Lockerungszahlen für 2015 in Bayern ergeben, dass 0,05 Prozent von einem gewährten Ausgang und 0,16 Prozent von einem Hafturlaub nicht oder nicht freiwillig zurückgekehrt sind. Bei 15 475 gewährten Ausgängen ist das nur in acht Fällen vorgekommen.[83] Seinen Sicherungsauftrag erfüllt das Gefängnis also zuverlässig – solange ein Gefangener in Haft ist.

Die Strukturen, Maßnahmen und Mechanismen zur Erfüllung dieses Sicherheitsauftrages orientieren sich allerdings an den gefährlichsten Gefangenen und sind somit für die meisten Inhaftierten völlig überzogen. So trägt jeder Gefangene eine große Last, um die Symbolwirkung des Gefängnisses als Hort der Sicherheit nicht zu gefährden – zum großen Teil unabhängig davon, was er selbst getan hat oder tun könnte.

All diese umfangreichen Bemühungen verschlingen nicht nur unnötigerweise erhebliche Ressourcen, sie tragen auch dazu bei, Straffällige in ihrer ablehnenden Haltung gegenüber der Gesellschaft zu bestärken oder eine solche erst hervorzurufen. Es wäre daher sinnvoll, den Anspruch einer fast vollständigen Sicherung nur noch bei wenigen Schwerstkriminellen zu erheben.

Gefängnisse erhöhen – in Bezug auf die große Mehrheit der Inhaftierten – unsere grundsätzliche Sicherheit nicht.[84] Die allermeisten haben noch fast ihr ganzes Erwachsenenleben vor sich, wenn sie aus der Haft entlassen werden, so dass unser aller Sicherheit mehr gedient wäre, könnte kriminelles Verhalten über die gesamte Lebensspanne reduziert werden. Derzeit erreichen wir lediglich, dass die Häftlinge ihr straffälliges Verhalten nur für kurze Zeit weitgehend unterdrücken, es nach ihrer Entlassung aber umso wahrscheinlicher wieder auftreten wird.

Letztlich vermitteln unsere Gefängnisse das trügerische Gefühl, alles Notwendige für unsere Sicherheit zu tun. Sie lenken davon ab, dass bei sehr vielen Straftätern präventive, langfristig orientierte und stützende Interventionen in Kindheit und Jugend die Wahrscheinlichkeit einer Straftat deutlich reduziert hätten.

5. Das Gefängnis schreckt kaum ab

Ein sehr häufiges und auch naheliegendes Argument für unsere Gefängnisse ist die Behauptung, wir bräuchten sie zur Abschreckung potenzieller Straftäter. Abschreckung ist, anders als die heißblütigere Vergeltung, ein rationaler und an der Zukunft orientierter Zweck unseres Strafvollzuges. Es ist jedoch nicht ganz einfach einzuschätzen, inwieweit er auch tatsächlich erreicht wird. Denn in Haft kommen eben gerade diejenigen, bei denen die Abschreckung ganz offenkundig nicht gewirkt hat. Und wie viele Straftaten nicht begangen wurden, um eine potenzielle Haftstrafe zu vermeiden, ist im Prinzip nicht zu ermitteln.

Wissenschaftlich erforscht wird etwa die abschreckende Wirkung der Todesstrafe in den USA. Hierbei lassen sich zum Beispiel die Daten von Bundesstaaten, in denen es die Todesstrafe gibt, mit solchen vergleichen, in denen sie abgeschafft ist. Eine Metaanalyse kam zu dem Ergebnis, dass eine abschreckende Wirkung der Todesstrafe nicht überzeugend belegt werden kann.[85] Es erscheint vielmehr plausibel, dass die Todesstrafe zur allgemeinen Verrohung beiträgt. Wenn der Staat offiziell Menschen zur Strafe tötet, zeigt er seinen Bürgern, dass das Leben Einzelner keinen absoluten Schutz genießt, die Tötung anderer ist kein Tabu. Vielmehr wird vermittelt, dass sich mit solch einer Tötung irgendetwas Sinnvolles erreichen lässt.

Forschungen über die abschreckenden Effekte der Strafen in Deutschland kamen zu dem Ergebnis, dass die Höhe der Strafandrohung keine erkennbare Abschreckungswirkung hat.[86] Höhere und härtere Strafen zu fordern, um potenzielle Täter abzuschrecken, ergibt daher grundsätzlich keinen Sinn.

Eine größere Bedeutung hat, zumindest bei Delikten minderer Schwere, das Entdeckungsrisiko. Den größten Beitrag, damit Menschen sich rechtstreu verhalten, leistet allerdings die moralische Verinnerlichung gesellschaftlich akzeptierter Werte und Normen.[87] Wenn man sich selbst befragt, dann hat man sich wahrscheinlich noch nie oder äußerst selten dabei ertappt, etwas nur oder vor allem deshalb nicht getan zu haben, weil die Tat theoretisch in die Haft führen könnte. Wenn man einen anderen »am liebsten erwürgen« würde, dann unterlässt man dies meist nicht, weil man Angst vor dem Gefängnis hat, sondern weil man das moralische Gebot, niemanden körperlich zu verletzen oder gar zu töten, verinnerlicht hat. Man bringt es in der Regel nicht über sich, so etwas zu tun.

Bei besonders aggressiven Menschen beeinflusst die Höhe der gesetzlich angedrohten oder von den Gerichten tatsächlich verhängten Strafen offenbar nicht die Hemmschwelle zum Handeln.[88] Inwieweit können (Gefängnis-)Strafen also überhaupt abschrecken? Als ich einen Vortrag über den Strafvollzug in Deutschland vor zwei Schulklassen mit besonderem Förderbedarf halten sollte, baten mich die Lehrer inständig, »um Gottes willen« nicht über die Abschaffung der Gefängnisse oder »über was Sie da immer so reden« zu sprechen. »Und wenn ich die gemeinnützige Arbeit als Strafe oder zumindest den Ausbau eines offenen Strafvollzuges thematisiere?«, fragte ich zurück. Die Lehrer lachten: »Das ist völlig kontraproduktiv. Sie werden die Schüler ja gleich kennenlernen. Sie werden nur etwas bewirken können, wenn Sie den Knast als so schlimm wie möglich beschreiben. Einige stehen ohnehin schon kurz vor einer Inhaftierung.«

Dann kamen sie, etwa 40 Jugendliche zwischen zwölf und 15 Jahren. Ich hatte einmal im Gefängnis vor gut hundert Gefangenen gesprochen, die deutlich ruhiger und disziplinierter waren als diese beiden Schulklassen.

Die sechs Lehrkräfte waren aber ein offenkundig gut eingespieltes Team. Es gelang ihnen erstaunlich schnell, die Schülerinnen und Schüler zum Sichhinsetzen zu bewegen und für einige Sekunden für Ruhe zu sorgen, damit ich mit meinem Vortrag beginnen konnte. Nahezu ungestört berichtete ich etwa eine Stunde lang vom Gefängnis, in dem ich vor allem vor ihm warnte. Ich gab mir auch alle Mühe, es möglichst schaurig und beängstigend zu schildern, wobei das Einzige, was die Schüler wirklich erschreckte, die Tatsache zu sein schien, dass man im Gefängnis kein Handy besitzen darf. Alles andere schienen sie eher cool und interessant zu finden. Und auf einige der Jungs, die wie Gangsta-Rapper gekleidet waren, schien es sogar anziehend zu wirken.

Aufschlussreich war auch das Thema, um das die meisten Fragen kreisten, obwohl ich es in meinem Vortrag nicht erwähnt hatte: die Todesstrafe. »Warum kann man Mörder und Vergewaltiger nicht einfach umbringen? Sie haben es doch verdient und könnten dann niemandem mehr etwas antun.« Offensichtlich gingen die Jugendlichen noch stärker als wir

Erwachsene davon aus, dass sie selbst nie von den Strafen betroffen sein könnten, die sie für andere forderten. Sie hatten daher grundsätzlich weniger Hemmungen, drakonische Strafen zu fordern.

Das Gefängnis schreckte sie offenbar nicht wirklich ab. Und selbst wenn die Schülerinnen und Schüler im Moment meines Vortrages etwas Respekt vor dem Gefängnis bekommen hatten, so hatte ich doch große Zweifel, dass sie das in ihrem Alltag tatsächlich von irgendwelchen illegalen Dingen abhalten würde. Sie konnten sich ja selbst unter der permanenten unmittelbaren Beobachtung ihrer Lehrerinnen und Lehrer nur für wenige Minuten »ordnungsgemäß« verhalten.

Erwachsene, die eher in der Lage sind, die Folgen ihres Handelns für sich selbst realistisch einzuschätzen, und auch mehr zu verlieren haben (wie zum Beispiel einen Arbeitsplatz oder eine Familie), dürften eine drohende Haft zwar etwas ernster nehmen. Straftaten werden dadurch jedoch kaum reduziert. So ist es zum Beispiel bei länger geplanten Betrügereien, zumindest aus subjektiver Sicht des Täters, sehr unwahrscheinlich, dass diese aufgedeckt werden. Der Täter tut ja meist alles dafür, damit er nicht erwischt wird. Eine Strafe kann keine abschreckende Wirkung auf denjenigen haben, der davon ausgeht, dass sie ihn nicht betreffen wird.

Und auch bei schwereren Gewalt- oder Sexualstraftaten spielt der Abschreckungsgedanke meist keine große Rolle. Manche Menschen haben ihre Impulse und aggressiven Triebe nicht im Griff und werden bei Kränkungen und Zurückweisungen schnell gewalttätig. Emotionen nicht kontrollieren zu können, ist ja gerade ihr Problem.

Andere sind süchtig nach illegalen Drogen und nehmen

alle Risiken in Kauf, um in deren Besitz zu kommen. Ähnlich verhält es sich bei Menschen, die aus großer materieller Not heraus Straftaten begehen, wie »Schwarzfahren« oder Diebstahl einer Schnapsflasche. Andere Straftäter denken kaum an die Folgen ihrer Taten, da ihnen bereits ihre gegenwärtige Situation keine Perspektiven bietet und sie ihre Bedürfnisse im Hier und Jetzt befriedigen – teilweise ohne Rücksicht auf die Rechte anderer. Eine durchgreifende abschreckende Wirkung hätte die Gefängnisstrafe allenfalls dann, wenn wir sie für leicht vermeidbare Alltagshandlungen, wie zum Beispiel Falschparken, verhängen würden. Dann aber müssten wir Zuwiderhandelnde auch tatsächlich einsperren, was offenkundig unverhältnismäßig wäre.

Fast alle Inhaftierten, die ich kurz vor ihrer Entlassung sprechen konnte, haben im Brustton der Überzeugung gesagt: »Nie wieder gehe ich ins Gefängnis.« Manche sagten sogar, sie wären lieber tot als noch einmal in Haft. Nicht wenige wurden dennoch ein paar Monate später wieder eingeliefert.

Das beste Beispiel dafür, wie gering die Abschreckungswirkung von Strafen entgegen der landläufigen Meinung tatsächlich nur sein kann, ist der Tabakkonsum. Jeder kennt die Bilder von Raucherlungen, krebsbefallenen Zungen oder impotenten Männern auf Zigarettenpackungen. Dazu kommt der Hinweis, der eindeutiger nicht sein könnte: Rauchen ist tödlich. Mehr Abschreckung geht kaum. Geraucht wird bekanntlich trotzdem. Wie stark kann eine Abschreckung menschliches Verhalten überhaupt beeinflussen, wenn viele sich noch nicht einmal durch eine sehr wahrscheinliche Aussicht auf Krankheit und Tod vom Rauchen abhalten lassen?

Fast alle Studien kommen zwar zu dem Ergebnis, dass die Warnhinweise, insbesondere die »Schockbilder«, den Zigarettenkonsum reduzieren.[89] Jedoch zeigen sie auch, dass bildliche Warnhinweise zwar die Wahrnehmung bezüglich der Schwere der Erkrankungen, nicht aber das Bewusstsein über die Wahrscheinlichkeit, an diesen selbst zu erkranken, positiv beeinflussen.[90] Nach wie vor raucht in Deutschland fast ein Drittel aller Erwachsenen, von einer durchgreifenden Wirkung der Abschreckung kann also keine Rede sein. Bei einer nicht tödlichen und im Vergleich zur Gesundheitsschädigung wie beim Tabakkonsum weniger wahrscheinlichen Strafe ist diese Wirkung noch viel geringer.

Eines lässt sich daher mit Sicherheit feststellen: Der Abschreckungscharakter der (Gefängnis-)Strafe wird überschätzt und kann unseren derzeitigen Strafvollzug nicht rechtfertigen, da die mögliche Länge und Härte einer Freiheitsstrafe keinen Einfluss auf die Entscheidungsprozesse von Straftätern hat.[91]

Die Abschreckung, wie übrigens auch die Resozialisierung, dient uns vielmehr als nachträgliche Rechtfertigung für das Gefängnis und unsere Strafen.

6. Vertrauen in Recht und Gesetz

Um das Vertrauen der Allgemeinheit in Recht und Gesetz zu stärken, benötigen wir keine Gefängnisse. Bürgerinnen und Bürger müssen aber darauf vertrauen können, dass Regelbrecher bestraft werden. Denn die Bestrafung dokumentiert die Bedeutung der Norm, den Ausnahmecharakter des Verstoßes und die Tatsache, dass die Einhaltung für den Einzelnen nicht zur Disposition steht, sondern eine kollektive Entscheidung ist. Nicht nur die Angst, bei einem Verstoß selbst bestraft zu werden, sondern auch das Wissen, dass die meisten anderen Menschen solche Verstöße nicht begehen und die wenigen Abweichler bestraft werden, kann die Einhaltung von Normen vergrößern. Diese Bestrafung muss jedoch nicht notwendigerweise in Form eines Freiheitsentzuges erfolgen.

Entgegen einer gängigen Meinung erwartet die Mehrheit der Bevölkerung als Sanktion für viele Delikte gar keine Gefängnisstrafe. So haben repräsentative Befragungen zum Sanktionsverhalten ergeben, dass bei Eigentumsdelikten nichtstrafende Reaktionen einer Bestrafung mit Gefängnis klar vorgezogen werden.[92]

Es wird hier in der Regel nicht die formale Bestrafung,

sondern eine symbolische Missbilligung der Tat, begleitet u.a. von einer Wiedergutmachung, erwartet. Eine solche Missbilligung könnte bereits durch einen Schuldspruch erfolgen, ohne dass an diesen eine Strafe geknüpft ist.[93] Eine Wiedergutmachung ist nicht nur durch einen Ausgleich von Vermögensschäden oder etwa bei einer Körperverletzung durch eine Zahlung von Schmerzensgeld möglich. Betäubungsmitteltäter können Aufklärung in Kindergärten und Schulen leisten, Steuersünder gemeinnützige Arbeit.

Solche Befragungen zeigen, dass die Mehrheit unserer Gesellschaft offenbar bereits eine differenziertere Einstellung zum Strafen als die Justizpolitik entwickelt hat. Die Kriminologen Karl-Ludwig Kunz und Tobias Singelnstein bringen es wie folgt auf den Punkt: »Die Bevölkerung erwartet ein Zeichen der Diskreditierung des begangenen Rechtsbruchs und damit eine Bestätigung des Geltungsanspruchs der in der Strafnorm zum Ausdruck gebrachten Wertvorstellungen.«[94] Nicht weniger, aber eben auch nicht mehr.

Viele, die derzeit in unseren Gefängnissen inhaftiert sind, könnten daher entlassen und stattdessen zum Beispiel zur Wiedergutmachung des durch sie entstandenen Schadens verpflichtet werden, ohne dass damit unvermeidbar das Vertrauen der Allgemeinheit in Recht und Gesetz erschüttert würde.

Zudem stellt sich die Frage, inwieweit unser Vertrauen in die Durchsetzung von Recht und Gesetz durch den Strafvollzug auf Fakten beruht und inwieweit auf Täuschung. Die meisten gehen davon aus, dass die Menschen außerhalb der Gefängnisse nicht das tun würden bzw. getan haben, für das die Gefangenen in Haft sind. Manche Straftäter hatten allerdings nur das Pech, bei etwas ertappt worden zu sein, was viele tun. In einer in Fachkreisen bekannten Abhandlung spricht der Soziologe Heinrich Popitz von der »Präventivwirkung des Nichtwissens«.[95] Wenn alle potenziell strafbaren Normbrüche aufgedeckt werden würden, kämen wir zum einen mit dem Strafen nicht mehr hinterher. Zum anderen würden einige Normen so seltener eingehalten und damit letztlich sogar ihre Eigenschaft als Norm verlieren, wenn jeder wüsste, wie oft sie verletzt werden.

Es liegt in der Natur von nicht aufgedeckten Straftaten, dass niemand genau sagen kann, wie groß die Dunkelziffer ist. Weitgehende Einigkeit besteht aber darüber, dass die Anzahl von Handlungen, die strafbar wären, wenn man sie aufgedeckt hätte, ein Mehrfaches der tatsächlich aufgedeckten Straftaten darstellt.[96]

Fast jeder von uns hat schon einmal etwas potenziell Strafbares getan, auch wenn es den Strafverfolgungsbehörden nicht zur Kenntnis gelangt ist. Gerade während der Kindheit und Jugend (ab dem Alter von 14 Jahren ist man in Deutschland strafmündig) gehört der Normbruch zur Regel. Wer hat in diesem Alter nicht schon einmal etwas gestohlen, mit einem Mitschüler gerauft und ihn leicht verletzt oder fremdes Eigentum beschädigt?

Aber auch im Erwachsenenalter: Viele von uns haben bei der Steuererklärung nicht immer alles korrekt angegeben, sind alkoholisiert Auto gefahren, haben jemanden beschimpft oder beleidigt, haben bei der Bewerbung auf einen Arbeitsplatz entscheidende Angaben verschwiegen oder gar etwas falsch dargestellt, um den Job zu bekommen. Dies alles und noch viel mehr kann Straftatbestände erfüllen und uns, wenn es aufgedeckt würde, zum Straftäter machen – möglicherweise sogar ins Gefängnis führen.

Und selbst wenn wir bisher noch nichts Strafbares getan haben: Wer könnte schon ernsthaft von sich behaupten, auch in Zukunft unter keinen Umständen einen anderen Menschen zu schlagen, Geld zu hinterziehen oder alkoholisiert einen Unfall zu verursachen?

Das ist keine leichte Erkenntnis. Sie macht jedoch deutlich, dass bei Weitem nicht alle Straffälligen »schlechtere« Menschen als wir selbst sind. Und sie kann dazu führen, dass wir unsere Neigung, diese wegsperren zu wollen, überdenken.

Das heißt wohlgemerkt nicht, dass wir nun alle im gleichen Maße (potenzielle) Täter sind und am Ende keinen Grund und kein Recht hätten, uns über Straftaten zu empören und die Täter dafür in die Verantwortung zu nehmen. Es gibt Regeln, die die meisten von uns einhalten und nur die wenigsten brechen. Die wenigsten von uns stehlen fremdes Eigentum, verletzen, vergewaltigen oder töten andere. Die wenigsten von uns bringen andere um ihr Erspartes, um sich selbst rechtswidrig zu bereichern. Die wenigsten von uns bedrohen andere Menschen mit Gewalt oder zünden zum Beispiel Flüchtlingsunterkünfte an.

Dennoch können wir Kriminalität mit mehr Augenmaß betrachten und unsere strafenden Interventionen auf gravierende Normabweichungen beschränken, wenn wir reflektieren, dass auch in unseren Gefängnissen viele Menschen einsitzen, die nicht so anders sind als wir.

Auch unser Vertrauen darauf, dass im Gefängnis diejenigen eingesperrt sind, die anderen Menschen oder unserem Gemeinwesen den größten Schaden zufügen, täuscht bei näherer Betrachtung. Dies gilt natürlich hinsichtlich schwerer Gewalt- oder Sexualstraftaten. Wenn allerdings diejenigen, die zum Beispiel mit bewusst falschen Behauptungen gegen Geflüchtete hetzen und damit großen menschlichen und gesellschaftlichen Schaden anrichten, in unseren Parlamenten sitzen; wenn in großem Umfang Waffen an Länder wie die Türkei oder Saudi-Arabien geliefert werden, die damit massive Menschenrechtsverletzungen begehen, und so ein Beitrag geleistet wird, dass viele Menschen traumatisiert und entwurzelt zu uns fliehen müssen, dann ist es schon fragwürdig, wenn wir Menschen die Freiheit entziehen, die etwas Geringwertiges gestohlen oder Drogen verkauft haben.

Im Gefängnis sitzen selten Profiteure, Verursacher oder Verantwortliche gesellschaftlicher Ungerechtigkeit. Keine Manager, die Tausende Angestellte entlassen, um den eigenen Profit zu erhöhen; keine Banker, die sich selbst bereichern und ihre Unternehmen in die Pleite getrieben haben, die wiederum mit Steuergeldern gerettet werden müssen, um den Schaden für die Allgemeinheit zu verringern; keine Politiker, die Hunderte von Millionen Steuergelder verschwenden, um die eigene Lobby zu stärken und ihre Karriere zu sichern. Solche Menschen können, ganz legal, viel größeren Schaden anrichten als viele derjenigen, die im Gefängnis sitzen. Antisoziale Haltungen und Handlungen äußern sich in »höheren« Schichten nur weniger auffällig. Sie haben meist keinen impulsiven Charakter und sind nicht von heftigen Affekten begleitet. Der Psychoanalytiker Hans-Jürgen Wirth stellt fest: »Schreibtischtäter können Hass, Neid, Aggression eher kontrollieren und kalt, berechnend und zynisch ausleben.«[97]

Das bedeutet nicht, dass wir politische oder gesellschaftliche Probleme zunehmend strafrechtlich lösen sollten, aber es bedeutet, unseren Sinn für Gerechtigkeit nicht dort konsequent und kompromisslos auszuleben, wo es am einfachsten ist, um von weit wichtigeren Fragen und Problemen abzulenken.[98] Daraus folgt nicht, dass Strafen überhaupt keinen Sinn haben und dass sie nicht notwendig sein können, um die Einhaltung bestimmter Regeln und unser Vertrauen in Recht und Gesetz zu fördern. Der Gedanke, kriminelles Verhalten »teurer« als rechtstreues Verhalten zu machen, macht Sinn, um zum Beispiel kriminellen Banden ihr Handwerk zu erschweren, wobei es für solche Gemeinschaften oft am schmerzhaftesten ist, wenn sie einen spürbaren finanziellen Schaden erleiden müssen, und weniger, wenn man sie einsperrt.

Zur Abschreckung potenzieller Täter ist generell die Art einer Sanktion viel weniger entscheidend als die Wahrscheinlichkeit der Aufdeckung des Regelverstoßes. Bei der Art der Strafe aber sind wir, um ihr einen abschreckenden und normstärkenden Sinn zu geben, nicht auf die Gefängnisstrafe angewiesen.

7. Schuld und Vergeltung: ein überholtes Prinzip

Im Februar 2015 wurde der sogenannte Mittagsmörder nach fast 50 Jahren Haft im Alter von 74 Jahren aus der Justizvollzugsanstalt Straubing entlassen. Er hatte bei seinen Raubüberfällen im Raum Nürnberg zwischen 1960 und 1965 zwei Frauen und fünf Männer erschossen. Da er seine Taten immer um die Mittagszeit verübte, bezeichneten ihn die Medien als Mittagsmörder. Diese fast 50 Jahre im Strafvollzug hatte Klaus G. vor allem als Vergeltung der besonderen Schwere seiner Schuld verbüßt.

Der strafrechtliche Begriff der Schuld ist nicht identisch mit der allgemeingebräuchlichen Verwendung. Strafrechtlich wird der Täter für das, was er getan hat, zur Verantwortung gezogen, wenn er »tatbestandsmäßig, rechtswidrig und schuldhaft gehandelt« hat.

Die Schuldfähigkeit ist dabei im Gesetz nicht positiv definiert, wird aber ausgeschlossen bei Kindern unter 14 Jahren oder bei Tätern, die u. a. wegen einer tiefgreifenden seelischen Störung das Unrecht ihrer Tat nicht einsehen und entsprechend handeln konnten. Zum Beispiel, wenn jemand an einer Schizophrenie leidet und auf einen anderen einsticht, weil er ihn für den Teufel hält. Ein solcher Täter kann nicht bestraft, jedoch zur Sicherheit der Allgemeinheit gegen seinen Willen in einer geschlossenen Psychiatrie untergebracht werden. Alle anderen Menschen sind jedoch nach der Ansicht unseres Strafrechts grundsätzlich schuldfähig.

Jeder Straftatbestand enthält einen bestimmten Strafrahmen. Als Strafen kommen grundsätzlich Geldstrafen und eine zeitlich begrenzte oder lebenslange Freiheitsstrafe in Betracht. Eine Körperverletzung oder der Erwerb oder Handel mit Betäubungsmitteln können zum Beispiel mit einer Geldstrafe oder einer Freiheitsstrafe bis zu fünf Jahren bestraft werden, ein Totschlag mit einer Freiheitsstrafe von mindestens fünf Jahren.

Die Schwere der Schuld des Täters ist dann die Grundlage für die individuelle Zumessung der Strafe innerhalb eines festgelegten Strafrahmens. Die Wirkungen, die von der Strafe für das künftige Leben des Täters in der Gesellschaft zu erwarten sind, werden dabei zwar auch berücksichtigt, sie bilden aber eben nicht die Grundlage. So muss ein Gericht bei der Höhe der Strafzumessung zum Beispiel berücksichtigen, wenn eine Haftstrafe zum Verlust der Beamtenstellung eines Angeklagten führt und seine berufliche Integration nach der Haft deutlich erschwert.

Bei der Zumessung wägt das Gericht die Umstände, die für und gegen den Täter sprechen, gegeneinander ab. Das sind zum Beispiel die Beweggründe des Täters und die verschuldeten Auswirkungen seiner Tat. Wird bei einer Verurteilung wegen Mordes die besondere Schwere der Schuld festgestellt, kann der Betreffende nicht bereits frühestens nach 15 Jahren, sondern je nach Schwere erst nach 20 oder 30 Jahren zur Bewährung entlassen werden. Erst nach Verbüßung der Strafzeit gilt die Schuld des Täters als vergolten.

Was aber wird mit der Vergeltung von Schuld bei Tätern für Opfer und Gesellschaft erreicht? Zunächst müssen wir uns bewusst machen, wie wir mit dem Begriff der Schuld im Alltag, d. h. außerhalb des juristischen Diskurses, umgehen und welche Bedeutung Schuld und Vergeltung in einem sozialpsychologischen Kontext haben.

Die Begriffe »Schuld« und »Vergeltung« dienen der Regelung unseres Zusammenlebens, um dieses möglichst konfliktfrei zu gestalten. Schuld ist vor allem eine Zuweisung von außen. Sie existiert nicht objektiv im Bewusstsein des Täters und kann auch nicht unabhängig von seinen sozialen Bezügen betrachtet werden.

Das gilt im Übrigen auch für die strafrechtliche Schuld. Sie ist kein medizinischer Geisteszustand, sondern ein gesellschaftspolitisches Konzept. Das dürfen wir nicht übersehen. Strafen ist keine isolierte Wissenschaft. Es muss als Bestandteil eines gesellschaftlichen Kommunikationsprozesses betrachtet werden.[99]

Mit der Zuweisung von Schuld wird die Beziehung zum anderen neu strukturiert. Der Schuldige schuldet dem anderen etwas. Durch die Begründung des individuellen Bedürfnisses nach Rache und Vergeltung mit der Schuld des anderen entsteht ein soziales Konstrukt.

Wie jedes soziale Konstrukt wird es von den Mitgliedern einer Gesellschaft mehr oder weniger stark verinnerlicht. Das Soziale und das Psychologische sind daher untrennbar miteinander verbunden. Wer ein zu starkes Schuldgefühl hat, kann depressiv erkranken, wer ein zu schwaches hat, kann straffällig werden.

Bei der Zuweisung von Schuld spielen Reue und Wiedergutmachung eine ganz wesentliche Rolle. Wer aufrichtig bereut, was er getan hat, dem vergeben wir seine Schuld schneller, auch weil wir annehmen, dass er Derartiges nicht wieder tun wird. Bereut ein Täter nicht und sieht er nicht den Schaden, den er angerichtet hat, befürchten wir, dass er erneut Regeln brechen wird.

Reue ist für den Betroffenen unangenehm, sie kann schmerzhaft oder sogar quälend werden. Der Schuldige kann etwas tun oder leisten, um Reue zu zeigen und um den Schaden oder die Verletzung, die er anderen zugefügt hat, möglichst wiedergutzumachen. Wenn man so will, bestraft sich der Reuende ein Stück weit selbst, indem er leidet oder etwas leistet. Gleichzeitig mindert Reue das Bedürfnis der anderen, ihn zu bestrafen. Bei kleinen Vergehen kann bereits eine Entschuldigung zur Vergebung führen.

Das zeigt, wie sehr unser Vergeltungsbedürfnis eigentlich darauf ausgerichtet ist, Einsicht und Reue zu bewirken und ein gleichberechtigtes Miteinander wiederherzustellen.

Der Begriff der Vergeltung wird kaum noch in seiner positiven Konnotation verwendet. So kann etwa eine Nachbarschaftshilfe mit einer Einladung zum Essen vergolten werden. Es geht der Vergeltung also darum, etwas auszugleichen: die Schuld des anderen oder die eigene gegenüber dem anderen.

Reue fördert Wiedergutmachung und Vergebung und bringt das Verhältnis von Täter und Opfer wieder in ein Gleichgewicht. Die moralische Schuld hat damit eine ähnliche Funktion wie die ökonomische Schuld, die zum Beispiel beim Abschluss eines Kaufvertrages entsteht.

Wir kennen das aus unseren alltäglichen Beziehungen.

Wenn wir uns über einen anderen Menschen geärgert haben, verfliegt dieser Ärger meist schnell wieder, wenn derjenige anerkennt, dass er etwas falsch gemacht hat, oder sich sogar die Mühe macht, es wiedergutzumachen. Auch juristische Urteile fallen in der Regel zumindest weniger hart aus, wenn ein von Reue getragenes Geständnis vorliegt.

Je stärker man verletzt ist, desto stärker muss auch die Ent-schuldung sein. In bestimmten Fällen ist diese allerdings nicht mehr allein durch den Täter möglich. Die Vergebung hängt dann vor allem vom Opfer oder seinen Angehörigen ab.

Es ist also von ganz entscheidender Bedeutung, zu erkennen, wie Vergeltung, Schuld, Reue, Wiedergutmachung und Vergebung zusammenhängen und wie diese Elemente dazu dienen, einerseits Konflikte und gegenseitige Verletzungen möglichst zu reduzieren und andererseits die Bindung der Menschen zueinander zu stärken. Diesem sozialen Sinn müssen auch unsere Strafen gerecht werden. Sie müssen Reue, Wiedergutmachung und Vergebung berücksichtigen und fördern. Tun sie dies nicht, wecken sie in ihrer eigenen Logik ein Rachebedürfnis der Bestraften, die sich als unschuldig oder nicht mehr schuldig fühlen. Dann verstärken Strafen soziale Konflikte eher, statt sie zu lösen. Wut und Schmerz der Opfer können nicht mehr durch Reue oder Wiedergutmachung gelindert werden. Es wird den Opfern schwerer gemacht, zu vergeben und damit auch sich selbst zu entlasten. Wohlgemerkt geht es nicht darum, dass alle Opfer vergeben müssen. Auch ist Vergebung kein Wundermittel. Rache fördert jedoch in aller Regel nur weitere Angst und Gewalt.[100]

Wenig Reue hinter Gittern

Dem Gefängnis liegt bewusst oder unbewusst der naive Glaube an den reuigen Sünder zugrunde, der in seiner kargen Zelle mit der Bibel oder dem Koran in der Hand seine Missetaten reflektiert und als geläuterter Mensch wieder in Freiheit kommt.

Auch in den Akten der Gefangenen befinden sich oft Eintragungen wie »zeigt sich reumütig« oder »spricht nicht über seine Tat«. Die »Aufarbeitung der Tat« wird vielen Gefangenen in der Planung ihres Vollzuges nahegelegt. Diese Aufarbeitung einer Tat ist zwar nicht identisch damit, sie zu bereuen, hängt aber eng mit ihr zusammen.

Bewirken Freiheitsstrafen tatsächlich Schuldeinsicht und Reue oder schaffen zumindest die Rahmenbedingungen dafür? Beim sogenannten Mittagsmörder hat es eindeutig nicht funktioniert. Klaus G. hat dem *Spiegel* nach seiner Entlassung ein diesbezüglich aufschlussreiches Interview gegeben.[101]

Der Redakteur schrieb einführend, es sei unerträglich, ihm zuzuhören, einem Mann, der sich bis heute als Opfer sehe – nicht als der Täter, der er bleibt. Auf die Frage: »Mussten Sie beim Mord an Erich Hallbauer dreimal schießen, auf Kopf, Herz und Bauch?«, antwortete Klaus G.: »Normalerweise, wenn er die Händchen gehoben und nichts gemacht hätte, nein. Aber der hat plötzlich hinterlistig zu grinsen angefangen, anscheinend hat er gemeint, ich habe eine Attrappe, hat ein Schubfach aufgerissen und da habe ich gedacht, da hat er eine Pistole drin. Und da habe ich gesagt, wenn ich die schon sehe, dann ist es schon zu spät, dann habe ich einfach abgedrückt.« »Der Mann hatte eine 14-jährige Tochter. Haben Sie je versucht, bei ihr um Vergebung zu bitten?« »Nein, nicht.« »Warum nicht?« »Weil ich gar nicht die Adresse kenne. Ich wäre ja schon froh, wenn ich von meiner eigenen Nichte die Adresse kennen würde, die weiß ich aber auch nicht. Muss ich mal nachfragen auf der Gemeinde.« Später im Interview wird Klaus G. gefragt: »Würden Sie denn sagen, dass Sie krank sind?« »Nein.« »Aber Menschen bringt man doch nicht einfach so um.« »Ja, eben, das ist ja das, womit ich öfters selber Probleme habe (lacht).«

Wenn es ein Ziel des Strafvollzuges ist, Schuldbewusstsein und Reue beim Täter zu fördern, dann wurde dieses im Fall des Klaus G. offenbar nicht erreicht. Auch nicht in 50 Jahren Haft. Für ihn selbst machte es das leichter. Wenn er seine Schuld so schwer spüren würde, wie sie aus Sicht der Gesellschaft ist, würde sie ihn erdrücken. Ist der Fall des Mittagsmörders eine Ausnahme?

Persönlich habe ich nur mit einigen wenigen Inhaftierten zusammengearbeitet, die Menschen umgebracht oder ihnen sonst ein schweres Leid zugefügt hatten. Sadisten, für die es sexuell erregend war, andere zu quälen und zu töten, bereuen ohnehin nichts. Sie fühlen sich auch im Gefängnis ganz wohl und genießen zum Teil in masochistischer Art und Weise die eigene Bestrafung.

Dann gab es diejenigen, die aus der Dynamik einer speziellen persönlichen Beziehung heraus zum Beispiel ihre Ehefrau umgebracht hatten. Manche hassten ihre Frau noch immer, auch zehn Jahre nachdem sie sie getötet hatten. Andere verdrängten diese Tat vollständig und weigerten sich, darüber zu sprechen.

Meiner Erfahrung nach bereuen bei schwersten Straftaten generell am ehesten diejenigen, die etwas getan haben, was nicht völlig außerhalb des für mich Nachvollziehbaren liegt. Einer hatte zum Beispiel aus einer völligen Überforderung und Depression heraus seine dement werdende Mutter erstickt, die er zuvor jahrelang gepflegt hatte. Er hatte danach auch versucht, sich selbst umzubringen, wurde aber gerettet. Dieser Mann litt offenbar sehr unter seiner Tat. Bei den meisten Schwerstkriminellen konnte ich jedoch, wie beim »Mittagsmörder«, kein Schuldbewusstsein erkennen.

Wir müssen uns aber auch fragen, inwieweit wir überhaupt bereit sind, jemandem, der etwas sehr Schreckliches getan hat, seine Reue abzunehmen. Die individuelle Reue hat zum Ziel, dass derjenige, der gegen Regeln verstoßen hat und deshalb von der Gemeinschaft ausgeschlossen worden ist, sich wieder an deren Werte annähert, um von ihr als gleichberechtigtes Mitglied akzeptiert zu werden. Eng damit zusammen hängt die Frage, ob und unter welchen Bedingungen wir jemandem wieder vertrauen, auch wenn er zum Beispiel einen Mord begangen hat.[102]

Ich erinnere mich besonders gut an einen Inhaftierten, der in einer Nacht vier Menschen umgebracht hat. Bei seinem Einbruch in eine Wohnung kamen die Eigentümer, ein ihm bekanntes Ehepaar, wider Erwarten vorzeitig nach Hause zurück. Und mit ihm zwei Freunde des Ehepaars. Er hat sie alle erschlagen und dafür knapp 30 Jahre Haft verbüßt, bevor er seine Entlassung auf Bewährung beantragte.

Im Verfahren vor der für die Entscheidung über eine Entlassung zuständigen Strafvollstreckungskammer ging es im Wesentlichen darum, wie er zu seinen Straftaten, den vier Morden, stand. Wie er sie sich erklärte und ob er sie aufrichtig bereute. Ich kannte ihn ganz gut, wir hatten oft miteinander zu tun. Sein Wunsch, noch ein Leben in Freiheit führen zu können, wurde mit jedem Jahr in Haft drängender. So kam er regelmäßig in meine Sprechstunde, die ich zweimal wöchentlich für Gefangene anbot, und versuchte mich davon zu überzeugen, dass er ein besserer Mensch geworden sei. Mein Eindruck war, dass er sich tatsächlich im Laufe der Jahrzehnte geändert hatte. Er kümmerte sich u.a. um jüngere und schwächere Inhaftierte und versuchte, sie aus der anstaltsinternen Subkultur und dem Drogensumpf herauszuhalten. Als einer von ganz wenigen Gefangenen sprach er immer wieder von sich aus über seine Straftaten: dass er erst jetzt, mit über 50 Jahren, den Wert des Lebens erkannt habe, dass er sich zutiefst schäme für das, was er getan hatte, und jede Stunde des Tages darunter leide. All das schien mir authentisch. Auch wenn diese Einsicht offenbar nichts mit dem Strafvollzug, sondern eher mit seinem vorgerückten Lebensalter und seiner gereifteren menschlichen Bindungsfähigkeit zu tun hatte.

Ich dachte aber auch: Wer so etwas getan hat, so etwas tun konnte, vier Menschen eigenhändig zu erschlagen, kann man ihm Reue wirklich abnehmen? Und selbst wenn: Ist ihm überhaupt jemals wieder zu trauen? Ganz egal, was er sagt oder tut? Offenbar war die Strafvollstreckungskammer von seiner Reue nicht überzeugt, denn er sitzt noch immer in Haft.

Glauben wir also überhaupt daran, dass auch der schlimmste Straftäter aufrichtige Reue empfinden kann? Theoretisch ist das leicht gesagt. Es sieht oft ganz anders aus, wenn man dem Menschen gegenübersteht und die Mitverantwortung für seine Entlassung übernehmen muss.

Ich persönlich denke, bei besonders grausamen Taten können fast nur noch religiös eingestellte Menschen an eine aufrichtige Reue glauben und dem Täter vielleicht sogar vergeben. Für die weitaus meisten Menschen gibt es kein Zurück mehr für Straftäter, die anderen besonders Schlimmes angetan haben.

Der Fall des Mittagsmörders ist aber zumindest insofern eine Ausnahme, als die allermeisten Inhaftierten keine Mörder sind. So waren beispielsweise in Baden-Württemberg im März 2016 von insgesamt 5028 Inhaftierten 343 wegen Mordes[103] und im März 2019 in Thüringen von 1283 Inhaftierten 43 wegen Mordes inhaftiert, also ca. 6,8 und 3,4 Prozent.[104]

Manche Inhaftierten aus dem Drogenmilieu, die wegen Verstößen gegen das Betäubungsmittelgesetz, wegen Beschaffungskriminalität, teils auch wegen Gewaltdelikten eine Freiheitsstrafe zu verbüßen haben, können sich nicht einmal genau an alle ihre Taten erinnern – von einem Schuldgefühl ganz zu schweigen. Andere kommen aus materiell äußerst prekären Verhältnissen, aus denen sie sich selbst nicht befreien konnten, sondern sich immer tiefer in sie verstrickten. Wenn solche Menschen zum Beispiel stehlen oder schwarzfahren, sehen sie das für sich selbst oft als eine Notwendigkeit an. Sie würden gerne ohne Straftaten über die Runden kommen, wissen aber nicht, wie, und fühlen sich oft selbst ungerecht behandelt.

Wieder andere sind von frühester Kindheit an in Kreisen aufgewachsen, in denen ganz andere Normen gelten als für die Mehrheit der Gesellschaft. Konflikte werden dort ganz selbstverständlich mit Gewalt gelöst, man beschimpft und bedroht sich gegenseitig in jedem zweiten Satz, konsumiert Suchtmittel und lebt von einem Tag auf den anderen. Offensichtlich haben sie gleich mehrere Probleme: körperliche Beschwerden, psychische Krankheiten, Arbeitslosigkeit, Schulden, Drogenkonsum, Alkoholabhängigkeit usw. Es ist längst bekannt, dass solche Umstände das Leben eines jeden entsprechend prägen. Das rechtfertigt wohlgemerkt nicht, dass sie anderen Schaden zufügen, denn viele Menschen tun das nicht, auch wenn sie selbst Unrecht erfahren haben. Reue oder Schuldeinsicht für ihre Straftaten erreichen zu wollen geht nach meiner Erfahrung jedoch oft völlig an der Lebenswirklichkeit dieser Menschen vorbei. Sie haben sich eben an die Normen gehalten, mit denen sie aufgewachsen sind. Wenn überhaupt, müsste man ihnen erst einmal Verständnis entgegenbringen für all das, was ihnen selbst an Ungerechtigkeit widerfahren ist. Nur so entstünde eine Chance für sie, das Unrecht, das sie anderen zugefügt haben, zu bereuen.

Natürlich gibt es Straftäter, die aufgrund ihrer persönlichen Struktur die Grenzen und Rechte anderer Menschen grundsätzlich nicht respektieren. Psychopathen ohne Mitgefühl. Narzissten, die sich über andere stellen. Chronische Betrüger. Auch bei diesen Persönlichkeiten kann eine noch so lange Haft meist kein Schuldgefühl erzeugen. Ähnliches gilt für Überzeugungstäter. Das können Terroristen sein, die Staat und Gesellschaft als Feind und sich selbst im Recht sehen, aber auch Menschen wie der pädophile Lehrer, der mich durch Verweis auf alte römische Schriften immer wieder davon überzeugen wollte, dass Sex mit Kindern letztlich in deren Sinne sei.

Viele Straftaten haben zudem keine sichtbaren Opfer. Die Geschädigten sind dann Teil einer anonymen Masse, wie etwa bei Steuerstraftaten oder auch bei Betäubungsmittelverstößen. Bei Gefährdungsdelikten wie dem Fahren ohne Fahrerlaubnis oder dem Führen eines Pkw im alkoholisierten Zustand gibt es überhaupt keine Geschädigten. In diesen Fällen können die Täter vielleicht das Bewusstsein entwickeln, etwas falsch gemacht zu haben, sie erzeugen aber selten ein echtes Schuldgefühl.

»Die sind ja angeblich alle unschuldig!« Wer hat diesen Satz nicht auch schon gehört? Ich kann ihn nur sehr bedingt bestätigen. Dass sie völlig unschuldig in Haft sind, behaupten die allerwenigsten Straftäter. Die Mehrheit hält sich zumindest im juristischen Sinne für schuldig.[105] Ich habe einen zu einer lebenslangen Freiheitsstrafe wegen Mordes verurteilten Gefangenen kennengelernt, der seine Tat immer bestritten hat und der tatsächlich allein aufgrund einiger Indizien – er hatte ein mögliches Tatmotiv, es gab keine anderen Verdächtigen etc. – verurteilt worden war. Es ist nicht auszuschließen, dass er wirklich unschuldig ist.

Sehr viele stellen die Tat, für die sie verurteilt wurden, anders dar als das Gericht in seinem Urteil. Sie hätten etwas nur aus Versehen getan, obwohl sie wegen Vorsatz verurteilt worden seien. Sie hätten die Verletzung des Opfers so nicht gewollt, ein Zeuge habe falsch ausgesagt usw. Wer schon einige Hauptverhandlungen vor Gericht erlebt hat, wird bestätigen können, dass sich dort sehr selten ein eindeutiges Bild des Geschehens ergibt. Das Gericht muss aber schließlich eine Entscheidung treffen und sich der Wahrheit möglichst annähern. Es ist daher nicht völlig unwahrscheinlich, dass die Angaben der Verurteilten manchmal näher an der Wahrheit sind als das Urteil.

Es ist leider unmöglich zu sagen, wie viele Menschen unschuldig in Haft sind. Zählt man alle dazu, die weniger Gravierendes getan haben als das, wofür sie angeklagt und verurteilt worden sind, werden es wohl in jedem Fall einige Hundert sein. Wenn etwa ein Messerstecher auch wegen versuchten Totschlages verurteilt worden ist, obwohl er tatsächlich nur hinsichtlich der gefährlichen Körperverletzung vorsätzlich gehandelt hatte, ist er in dieser Hinsicht unschuldig in Haft.

Ich habe nur vereinzelt Straftäter kennengelernt, die ihre Straftaten nicht nur, wie die meisten, als Fehler bezeichneten, sondern aufrichtig bereuten, was sie getan hatten.[106] So hatte ein junger Mann im Drogenrausch einen Verkehrsunfall mit zwei Toten verursacht und musste u. a. wegen fahrlässiger Tötung mehrere Jahre Haft verbüßen. Er spendete jahrelang das wenige Geld, das er mit seiner Arbeit hinter Gittern verdienen konnte, den Hinterbliebenen. Es war eine symbolische Geste, aber eine authentische, da er dafür selbst auf vieles verzichten musste.

Gefängnisstrafen fördern keine Reue

Allerdings werden Reue und Schuldeinsicht nach meiner Erfahrung in den wenigsten Fällen durch eine Haftstrafe gefördert. Zum Teil liegt das an den Tätern selbst, zum Teil aber auch an unserem Umgang mit ihnen. Wenn ein Täter keine Reue zeigt, sich nicht entschuldigen will oder keine Wiedergutmachung leistet, trifft ihn die Wut von Opfer und Gesellschaft, die auch zum Ziel hat, den anderen zu einer sogenannten Ent-Schuldung mit Gewalt zu zwingen. Die Einsicht des Täters soll auch nach dem Motto gefördert werden: »Siehst du, jetzt weißt du, wie das ist!« Das funktioniert jedoch nicht. Reue kann nicht mit Gewalt herbeigeführt werden. Mit Gewalt durch Dritte ohnehin nicht.

Wenn man sich vorzustellen versucht, man hätte selbst einen anderen bestohlen, beleidigt oder gar geschlagen und es käme ein Dritter, der einen dafür bestraft, indem er einem zum Beispiel Geld wegnimmt oder einen einsperrt: Wahrscheinlich fühlte man sich dann von dem Dritten angegriffen; mögliche Schuldgefühle gegenüber demjenigen, den man selbst angegriffen hatte, gerieten in den Hintergrund. Die wenigsten Gefangenen, mit denen ich heute als Rechtsanwalt zu tun habe, halten ihre Haft für verdient und für eine notwendige und sinnvolle Konsequenz für ihr Verhalten.

Dies ist ein zentrales Problem unseres derzeitigen Strafrechts. Viele Täter fühlen sich von einem Dritten, dem Staat, angegriffen und mobilisieren all ihre innere Energie zu ihrer Verteidigung. Dass sie selbst jemand anderem zuerst Schaden zugefügt haben, wird so verdrängt. Besonders heftig fällt dieser Gegenangriff aus, wenn sie in Haft genommen werden. Sie verlieren den Kontakt zu ihrer Familie und zu ihren Freunden. Sie erhalten gegen ihren Willen eine gänzlich neue, negative Identität. Sie werden vom Ehemann, vom Maurer, vom Arbeitssuchenden, vielleicht sogar vom Arzt oder Rechtsanwalt zum Häftling. Sie werden vom Menschen zum Gefangenen. Sie brauchen Monate, um sich hinter Gittern zurechtzufinden und sich an diese neue Zuschreibung zu gewöhnen. Damit wird nicht nur auf ihre Taten reagiert – sie als Person und ihr ganzes Leben werden in »Haftung« genommen. Sie können erst einmal gar nicht an das denken, was sie getan haben. Und wenn sie dazu fähig sind, sind die Taten zu lange her. Sie erscheinen wie aus einer anderen Zeit. Aus einer anderen Welt ohnehin.

Hinzu kommt ein weiterer Aspekt: Manche Täter sperren sich gegen die Erkenntnis, jemand anderem zu Unrecht Schaden zugefügt zu haben, um sich selbst zu schützen. Und der Staat hilft ihnen geradezu dabei, indem er sie in Haft vor jeder Konfrontation mit den Opfern bewahrt. Auch wenn im Strafvollzug von Tataufarbeitung und Ähnlichem gesprochen wird, bleibt dies doch meist auf einer formalen und oberflächlichen Ebene.

Ein Schuldgefühl kann in erster Linie gegenüber konkreten Personen, d. h. den Geschädigten einer Straftat, entstehen. Die Opfer haben keine Möglichkeit, gegen den Willen eines Inhaftierten auch nur Kontakt mit ihm aufzunehmen, geschweige denn ihn mit der Tat und ihren Folgen zu konfrontieren. Im Gerichtsverfahren ist dafür kaum Raum, zumal die meisten Täter dort darauf bedacht sind, ihre Taten zu bestreiten, zu beschönigen oder zu verharmlosen, um weniger hart bestraft zu werden.

Auch eine Wiedergutmachung wird derzeit kaum gefördert. Ein Täter-Opfer-Ausgleich kann zwar bei der Strafzumessung oder bei der Entscheidung über eine vorzeitige Entlassung berücksichtigt werden, spielt aber gerade bei schwereren Straftaten kaum eine Rolle.[107] So wird etwa die Strafe eines Vergewaltigers, der seinem Opfer freiwillig ein Schmerzensgeld zahlt, nur marginal reduziert werden. Und selbst in Fällen, in denen eine Wiedergutmachung grundsätzlich möglich wäre, wie zum Beispiel bei Vermögensdelikten, indem der Schädiger zum Beispiel einen monatlichen Beitrag an den Geschädigten leistet, wird dies verhindert.

Ein Dieb oder Betrüger kann den angerichteten Vermögensschaden meist nicht wiedergutmachen, auch wenn er es wollte. Denn die Haft hält ihn davon ab, den entstandenen Schaden zu tilgen. Mit dem Geld, das er im Gefängnis verdient, ist dies nicht möglich. Selbst wenn ein Gefangener ein Schuldbewusstsein entwickelt und aufrichtig Reue zeigt, kann das ihren Zweck für das Opfer oder die Gemeinschaft nicht erfüllen.

Strafvollzug ist nicht menschenwürdig

Für die meisten Menschen sind die ersten Tage und Wochen im Gefängnis ein Schock. Mit der Zeit gewöhnen sich wohl viele an die neuen Lebensumstände, die Regeln, die Überwachung – letztlich, weil sie keine andere Chance haben.

Beim Gang durch ein Gefängnis wird man allerdings kaum offensichtlich leidende Menschen sehen. Das liegt vor allem daran, dass die Kultur der Gefangenen ein starkes, wehrhaftes und ungebrochenes Auftreten fordert. Dass es im Inneren vieler Inhaftierter ganz anders aussieht, zeigen die im Vergleich zur Gesamtbevölkerung etwa siebenmal höheren Selbstmord- bzw. Suizidversuchsraten[108] und die Vielzahl der psychiatrischen Behandlungen in Haft. Etwa 80 Inhaftierte nehmen sich pro Jahr in Haft das Leben.[109] Häufigste Todesursache ist Erhängen.[110]

Selbstverständlich gibt es auch einige wenige Menschen, denen der Strafvollzug nicht viel ausmacht oder die sich sogar in Haft ganz wohlfühlen. Von einem »Urlaub auf Staatskosten«, als der der Aufenthalt in Gefängnissen wohl immer noch von vielen Menschen angesehen wird, kann jedoch keine Rede sein. Haft ist eine harte Strafe. Sie ist zwar keine Rache im Sinne des alttestamentarischen Prinzips »Auge um Auge, Zahn um Zahn«, aber sie ist doch meist weit mehr als der bloße Entzug von Freiheit.

Der strafende Charakter des Freiheitsentzuges folgt den erwähnten Regeln und Strukturen, die sich in den Gefängnissen herausgebildet haben. Der Verlust fast jeder Entscheidungsfreiheit und Intimsphäre sowie die zahllosen Restriktionen einer Anstalt sind für viele Gefangene eine größere Strafe als der Freiheitsentzug an sich. Hinzu kommt, dass dieser in einem Haftraum erfolgt, der mit seinen etwa neun Quadratmetern sehr klein ist, was man erst dann spürt, wenn man ihn einmal betritt. Muss man sich darin über Monate und Jahre aufhalten, wirkt er winzig und erdrückend. Selbst wenn dieser Haftraum aufgeschlossen wird, gibt es nicht viel Bewegungsfreiheit. Manchmal dürfen sich die Gefangenen ein paar Stunden auf dem Gang frei bewegen, es kann einem Inhaftierten, der keine Arbeit hat, aber auch passieren, dass er 23 Stunden am Tag eingesperrt ist. Einen Anspruch auf Aufenthalt im Freien hat jeder Gefangene nur für eine Stunde am Tag. Auch dieser sogenannte Hofgang findet in sehr beengtem Rahmen statt. Daher erinnert die Unterbringung der Inhaftierten an eine »Käfighaltung«, die nicht mehr zeitgemäß ist.

Zum anderen werden mit einer Freiheitsstrafe in aller Regel auch andere Menschen bestraft, die selbst nichts falsch gemacht haben. Etwa Familien, für die der Ernährer entfällt, oder Kinder, die ihren Vater nur noch wenige Stunden im Monat sehen können. Bis zu 100 000 Kinder sind von der Inhaftierung eines Elternteils betroffen. Studien zeigen, dass diese Kinder deutlich mehr psychische und körperliche Probleme als der Durchschnitt aufweisen.[111] Auch Babys und Kleinkinder befinden sich in Deutschland hinter Gittern, wenn ihre Mütter eine Freiheitsstrafe verbüßen müssen.[112]

Eine meiner Mandantinnen wurde wegen Untreue zu einer fast dreijährigen Haftstrafe verurteilt. Sie hatte als Prokuristin ihre Firma im Laufe einiger Jahre um mehrere 100 000 Euro geschädigt, die sie dazu verwendet hatte, den gehobenen Lebensstil ihres Lebensgefährten zu finanzieren. Damit wollte sie ihn an sich binden. Genutzt hat es ihr nichts, er trennte sich dennoch von ihr.

Der Firmeninhaber, der als Zeuge vor Gericht aussagte, wünschte sich ausdrücklich, dass die Buchhalterin nicht eingesperrt würde, sondern arbeiten dürfe und so in den kommenden Jahren den Schaden begleichen könnte. Geholfen hat dies nicht, angesichts der Schadenshöhe kam das Gericht um eine Freiheitsstrafe nicht herum. Das war insbesondere deshalb fatal, weil die Buchhalterin inzwischen mit einem anderen Mann verheiratet und schwanger war. So wurde ihre Tochter im Gefängnis geboren. Das dürfte fraglos kein guter Ort sein, um ins Leben zu starten. Vor allem aber war es fast unmöglich, eine Vater-Kind-Bindung aufzubauen, da der Ehemann der Inhaftierten sie und das Kind nur wenige Stunden im Monat besuchen durfte. Das Gefängnis erfüllt hier seinen Vergeltungszweck, aber, wie ich finde, in unverhältnismäßiger Weise. Denn eine Freiheitsstrafe könnte auch unter deutlich humaneren Bedingungen vollzogen werden, ohne den Charakter einer Strafe zu verlieren.

Hinzu kommt, dass das eigentlich ausgleichende und wiedergutmachende Ziel einer Vergeltung durch die Gefängnisstrafe gerade nicht erreicht wird. Entlassene Häftlinge werden von der Gesellschaft nicht wieder auf Augenhöhe aufgenommen. Ganz im Gegenteil. Der Makel und das Stigma des »Ex-Knackis« begleiten sie oft ein Leben lang.

Nicht zuletzt verstößt die derzeitige Unterbringung in geschlossenen Anstalten gegen Art. 1 Abs. 1 unseres Grundgesetzes, der für jeden Menschen, auch für Straftäter, gilt, sogar für den, der nicht nur die Würde, sondern Leib und Leben anderer verletzt hat: »Die Würde des Menschen ist unantastbar. Sie zu achten und zu schützen ist Verpflichtung aller staatlichen Gewalt.«

Wann staatliches Handeln die Menschenwürde verletzt, ist immer auch abhängig von den vorhandenen Möglichkeiten und Ressourcen, den allgemeinen Lebensbedingungen, vom aktuellen Stand der wissenschaftlichen Erkenntnis und mittelbar auch von dem, was die Mehrheit der Gesellschaft als menschenwürdig oder -unwürdig empfindet. Die Ergebnisse spiegeln sich dann in der Definition unseres Sozialstaates wider.

Es ist äußerst schwer, objektiv festzustellen, wann die Würde eines Menschen verletzt wird. Das wohl wichtigste Kriterium ist, ob er zu etwas gegen seinen Willen gezwungen wurde. Für den einen ist der Sprung mit dem Fallschirm aus einem Flugzeug Ausdruck grenzenloser Freiheit; für jemanden, der unter Höhenangst leidet, würde es größte Qualen bedeuten, man müsste ihn dazu zwingen. Es kommt also nicht nur darauf an, was mit einem Menschen passiert, sondern auch, ob er selbst entscheiden und handeln kann. So sieht das Bundesverfassungsgericht (BVerfG) die Würde des Menschen als verletzt an, wenn er zum reinen Objekt staatlichen Handelns wird und ihm seine Rechte als Subjekt genommen werden.[113]

Es ist jedoch auch Aufgabe des Staates, die Würde anderer Menschen zu schützen. Daher kann die Entscheidung eines Einzelnen nur insoweit frei von staatlicher Beschränkung sein, wie sie selbst nicht die Würde anderer Menschen verletzt. Grundgesetzlich geschützt sind also keine selbstherrlichen, sondern lediglich gemeinschaftsbezogene und gesetzeskonforme Entscheidungen.[114] Der Einzelne muss sich die Einschränkungen seiner Handlungsfreiheit gefallen lassen, die der Gesetzgeber »zur Pflege und Förderung des sozialen Zusammenlebens in den Grenzen des in dem gegebenen Sachverhalt allgemein Zumutbaren zieht«.[115]

Auf dem Gebiet der Strafrechtspflege bedeutet dies nach Auffassung des Bundesverfassungsgerichts, dass jede Strafe in einem gerechten Verhältnis zur Schwere der Straftat und zum Verschulden des Täters stehen muss.[116] Das Gebot zur Achtung der Menschenwürde bedeutet insbesondere auch, dass grausame, unmenschliche und erniedrigende Strafen verboten sind.[117] Das Verbot der Todesstrafe ist in Art. 102 GG ausdrücklich grundgesetzlich normiert. Der Staat darf sich nicht als Instanz über Leben und Tod verstehen.[118] Auch das Foltern von Gefangenen, um an Informationen zu gelangen, verstößt gegen die Menschenwürde. Der Täter darf nicht zum bloßen Objekt der Verbrechensbekämpfung unter Verletzung seines verfassungsrechtlich geschützten »sozialen Wert- und Achtungsanspruchs« gemacht werden.[119] Die grundlegenden Voraussetzungen individueller und sozialer Existenz des Menschen müssen erhalten bleiben. Aus Art. 1 Abs. 1 GG in Verbindung mit dem Sozialstaatsprinzip ist daher – und das gilt insbesondere für den Strafvollzug – die Verpflichtung des Staates abzuleiten, jenes Existenzminimum zu gewähren, das ein menschenwürdiges Dasein erst ermöglicht. Mit einer so definierten Menschenwürde ist es unvereinbar, wenn der Staat für sich in Anspruch nehmen würde, Menschen ihre Freiheit zwangsweise zu entziehen, ohne dass zumindest die Chance bestünde, jemals wieder entlassen zu werden.

Das Bundesverfassungsgericht sieht in der Freiheitsstrafe, ganz konkret in der lebenslangen Freiheitsstrafe, keinen Verstoß gegen Art. 1 GG, da die Strafvollzugsanstalten verpflichtet sind, auf die Resozialisierung der Gefangenen hinzuwirken, »sie lebenstüchtig zu erhalten und schädlichen Auswirkungen des Freiheitsentzugs und damit auch und vor allem deformierenden Persönlichkeitsveränderungen entgegenzuwirken«. Der verurteilte Straftäter müsse die Chance erhalten, sich nach Verbüßung seiner Strafe wieder in die Gemeinschaft einzuordnen. Wird dies gewährleistet, wäre er nicht in seiner Würde verletzt.

Bereits im Jahre 1977 hat das Bundesverfassungsgericht allerdings darauf hingewiesen, dass neue Einsichten die Bewertung der lebenslangen Strafe, insbesondere am Maßstab der Menschenwürde und des Rechtsstaatsprinzips, beeinflussen und sogar wandeln könnten: »Der Fortschritt in der Richtung von roheren zu humaneren, von einfacheren zu differenzierteren Formen des Strafens ist weitergegangen, wobei der Weg erkennbar wird, der noch zurückzulegen ist. Das Urteil darüber, was der Würde des Menschen entspricht, kann daher nur auf dem jetzigen Stande der Erkenntnis beruhen und keinen Anspruch auf zeitlose Gültigkeit erheben.«[120] Dieser Gedanke muss auch für kürzere Freiheitsstrafen gelten.

Über 40 Jahre nach dieser verfassungsgerichtlichen Grundsatzentscheidung ist festzustellen, dass viele Freiheitsstrafen an sich, auch unabhängig von konkreten Menschenrechtsverletzungen wie der auf das absolut Notwendigste reduzierten Unterbringung in einem besonders gesicherten Haftraum, gegen die Menschenwürde verstoßen.[121]

In einer geschlossenen Anstalt sind die Gefangenen in allen Lebensbereichen häufig einem Maß an Fremdbestimmtheit ausgesetzt, das ihnen das Recht, als Subjekt Entscheidungen zu treffen und danach zu handeln, zwar nicht gänzlich entzieht, aber zum Beispiel auf die eher nebensächliche Wahl des Fernsehprogrammes beschränkt.

Auch der Verlust fast jeder Intimsphäre, der Ausschluss von partnerschaftlicher Sexualität[122] und das Übermaß an Gewalt, dem die Gefangenen durch Mithäftlinge ausgesetzt sind, können die Menschenwürde verletzen. All diese Maßnahmen sind nicht zum Schutz der sozialen Ordnung oder zur Reduzierung von Kriminalität notwendig. Sie erfüllen auch nicht den Sinn von Strafe, den der Staat ihr selbst gibt. Sie sind weder für die Umsetzung einer Freiheitsstrafe notwendig, noch ermöglichen sie die Resozialisierung. Sie dienen in erster Linie dem Funktionieren der Gefängnisse. Und dass es für das Existenzminimum eines Kindes ausreichend ist, seinen Vater nur wenige Stunden im Monat im Besuchsraum eines Gefängnisses sehen zu dürfen, muss ebenfalls bezweifelt werden.

Gefängnisse sind daher heute als menschenunwürdige Institutionen zu bezeichnen. Sie verletzen systematisch Art. 1 unseres Grundgesetzes. Sie sind weder notwendig noch geeignet zur Reduzierung von Kriminalität. In ihrer plumpen und schädlichen Art zu strafen sind sie unter unser aller Würde.

Der Soziologe und Strafrechtswissenschaftler Johannes Feest fasst dies in der Überlegung zusammen, »ob nicht die Institution Gefängnis selbst jedem Humanisten ein Gräuel sein muss und seine letztliche Abschaffung ein Schritt zur Humanisierung unseres Strafwesens und unserer Gesellschaft wäre«.[123]

Dabei darf nicht in Vergessenheit geraten, dass selbstverständlich auch und gerade die Opfer von Straftaten einen Anspruch auf die Achtung und den Schutz ihrer Würde haben. Ihre grundgesetzlichen Rechte auf Leben und körperliche Unversehrtheit werden durch die erdrückende Angst ganz erheblich beeinträchtigt, die vor allem Opfer von Gewalttaten nicht selten belastet.[124] Durch eine menschenunwürdige Behandlung der Täter lässt sich der Angst der Opfer jedoch nicht wirksam begegnen.

Zu wenig Hilfe für die Opfer

Ich hatte lange Zeit Hemmungen, mich mit der Situation von Kriminalitätsopfern näher zu befassen, vielleicht aus Angst, im wahrsten Sinne des Wortes mitzuleiden. Ein möglichst sinnvoller Umgang mit dem Thema Kriminalität setzt jedoch voraus, dass man sich in die Perspektiven aller Beteiligten und Betroffenen hineinversetzt und erkennt, dass eine der zentralen Schwächen unseres Strafrechts seine Fokussierung auf die Täter ist. Dabei sollten eigentlich die tatsächlich Geschädigten, die Opfer, im Mittelpunkt stehen.

Sehr selten haben sich Opfer von Inhaftierten, für die ich zuständig war, an mich gewandt. Um mehr über ihre Sicht zu erfahren, habe ich Anzeigen geschaltet, auf die sich auch einige Geschädigte meldeten. Allerdings waren das noch zu wenige, um mir ein umfassendes Bild machen zu können. In den letzten Jahren bin ich im Rahmen meiner Lesungen, Vorträge oder Diskussionsveranstaltungen jedoch immer mehr auch mit »der anderen Seite«, den durch Straftaten Geschädigten, ins Gespräch gekommen. Zudem vertrete ich als Rechtsanwalt Opfer von Straftaten.

Als mich eines Tages allerdings ein Verein zur Vertretung der Interessen von Opfern sexualisierter Gewalt zu einer Diskussion mit seinen Mitgliedern einlud, musste ich länger mit mir ringen. Wäre ich bei einer solchen Veranstaltung mit meinen Thesen zur Reform des Strafrechts nicht die Projektionsfläche für die Wut und Frustration derjenigen, die, anders als ich selbst, Opfer grauenvoller Straftaten waren? Glaubte ich ernsthaft, über einen vernünftigen Umgang mit Straftätern mit jemandem diskutieren zu können, der selbst, vielleicht schon als Kind, missbraucht und vergewaltigt worden war?

Ich sagte dennoch zu. Zum einen beschäftigen wir uns zu selten mit beiden Seiten. Zum anderen ist es keine Kunst, irgendwelche Thesen zu vertreten und sich nicht der Meinung derjenigen zu stellen, die ebenfalls betroffen sind. Ich fuhr in diesen kleinen Ort an der Ostsee, in dem der Verein seinen Sitz hat, und las dort in einem Hotel einige Erzählungen aus meinen bisherigen Büchern vor. Ich war dabei so angespannt wie bei keiner meiner sonstigen Veranstaltungen.

Um es gleich vorwegzunehmen: Ich wurde von der Reaktion der Zuhörerinnen und Zuhörer vollkommen überrascht. Sie teilten weitestgehend meine Auffassung, dass Gefängnisse niemandem nützen – ihnen als Opfer oder Angehörige am wenigsten.[125]

Viele der dort anwesenden Gäste waren Opfer sexualisierter Gewalt. Ihnen wäre eine gründliche Aufarbeitung dieser Taten viel wichtiger gewesen. Da viele dieser Missbräuche von Klerikern verübt worden waren, wünschten die Opfer, dass die Kirche mehr kritische Selbstreflexion, Aufarbeitungswillen und Wiedergutmachungsbereitschaft zeigt und der Staat die Verantwortlichen entsprechend in die Pflicht nimmt.

Die Bestrafung der Täter war für sie nicht nur nachrangig, sie hatten bemerkenswerterweise mehr Empathie für Inhaftierte und ihre Haftbedingungen, als ich sie für gewöhnlich bei meinen Veranstaltungen erlebe. Sie hatten so viel Leid am eigenen Leib erfahren, sie wollten nicht, dass noch mehr Menschen leiden müssen, auch nicht die Täter. Sie selbst bezeichneten das Gefängnis als unmenschlich. Und ihnen war wichtig, dass wirksame Prävention betrieben wird und weitere Opfer vermieden werden. Die unabhängige Beauftragte der Bundesregierung für Fragen des sexuellen Kindesmissbrauchs, Christine Bergmann, zitierte Opfer mit den Worten: »Andere sollen nicht erleben, was ich erlebt habe. Also kümmert euch darum, dass Kinder besser geschützt sind in Zukunft.«[126]

Teilnehmer solcher Veranstaltungen sind natürlich nicht repräsentativ für alle Opfer von Straftaten. Sie zeigen aber beispielhaft und eindringlich, dass das pauschale Argument »Wir brauchen Gefängnisse, weil wir das den Opfern schuldig sind« nicht haltbar ist. Darüber hinaus ist jedes Opfer einer Straftat ein Individuum, so dass sich generelle Aussagen über die Bedürfnisse »der Opfer« ohnehin verbieten.

Manche Opfer von Straftaten wollen einfach nichts mehr mit dem Täter zu tun haben. Von anderen weiß ich allerdings, dass es ihnen wirklich helfen würde, bekämen sie das Gefühl, der Täter würde einsehen, was er ihnen angetan hat, und die Tat aufrichtig bereuen. Eine Frau, die als Mädchen von einem Schwimmlehrer missbraucht worden war und erst Jahre später im Laufe einer Therapie die Kraft gefunden hatte, diesen anzuzeigen, hat mir nach einer Podiumsdiskussion unter vier Augen völlig verzweifelt berichtet: »Er ist es doch, der mir das alles angetan hat. Wenn er das einsehen würde oder ich ihm zumindest ins Gesicht sagen könnte, jetzt, wo ich endlich die Kraft dazu habe, wie schlimm das war, was er getan hat, dann würde mir das wirklich helfen. Es ist nicht das Gleiche, wenn mein Therapeut dafür Verständnis hat.«

Dieser verzweifelte Wunsch läuft aus den bereits genannten Gründen bei manchen Tätern zwar ins Leere, aber auch die Fälle, in denen es grundsätzlich möglich wäre, werden von unserem derzeitigen System kaum gefördert. Die Justiz kümmert sich hauptsächlich um die Täter. Zwar gibt es auch staatliche Opferberatungsstellen, zum großen Teil wird es jedoch Vereinen wie dem Weißen Ring[127] überlassen, sich meist ehrenamtlich der Opfer von Straftaten und ihrer Bedürfnisse anzunehmen.[128] Diese Vereine leisten in vielen Fällen durch Beratung und finanzielle Unterstützung, aber auch Begleitung und Betreuung bei der Organisation rechtlicher oder therapeutischer Hilfe eine wertvolle und unverzichtbare Arbeit. Dennoch erschweren die unterschiedlichen Zuständigkeiten nicht selten Konfliktlösungen, die nur im moderierten Kontakt zwischen Tätern und Opfern möglich sind.

Notwendig wäre, dass die Justiz den Konflikt zwischen Opfer und Täter und nicht wie bisher den zwischen Täter und Rechtsordnung in den Fokus nimmt. Sie muss Rahmenbedingungen schaffen, die es Opfern von Straftaten ermöglichen, die Täter mit ihren Taten zu konfrontieren, bzw. die eine Mediation beider Seiten in den Mittelpunkt rücken. Viele Opfer wünschen sich das und bei Tätern kann es Einsicht und Umdenken bewirken.

Dass eine solche Mediation auch bei schwereren Delikten hilfreich sein kann, zeigt der Fall von Alexander, der eine mehrjährige Haftstrafe wegen versuchter Vergewaltigung verbüßte.

» Alexander hatte Mia zum ersten Mal im Fitnessstudio gesehen und wusste nicht, wie er an sie herankommen sollte. Er wusste nicht, wie er überhaupt an eine Frau herankommen sollte. Er war nun 24 Jahre alt und hatte noch nie eine Frau geküsst oder umarmt. Vielleicht seine Mutter, die er mit drei Jahren bei einem Autounfall verloren hatte, aber daran konnte er sich nicht mehr erinnern. Aufgewachsen war er bei seinem Vater, der nach dem Tod seiner Ehefrau nie wieder eine Beziehung zu einer anderen Frau einging.

In der Pubertät hatte Alexander es irgendwie noch ohne Freundin ausgehalten. Er tröstete sich mit Phantasien und Träumen von der Zukunft. Aber je älter er wurde, desto weniger Zukunft schien es für ihn zu geben und desto weniger gelang es ihm, vor der Realität zu entfliehen. Und diese wurde immer leidvoller. Je stärker er sich nach der Liebe und Zärtlichkeit einer Frau sehnte, desto gehemmter, verklemmter, verängstigter wurde er im Umgang mit Frauen, die er anziehend fand. Ein Teufelskreis aus Sehnsucht und Leid, der sein Selbstbewusstsein schwächte. Daraus gab es jetzt kein Entrinnen mehr, denn er hatte sich verliebt. Ernsthaft und schmerzhaft verliebt. Und mit jedem Tag wurde die Sehnsucht nach der Frau, deren Namen er noch nicht einmal kannte, stärker und die Hoffnung kleiner, sie je für sich gewinnen zu können.

Jeden Abend zog er durch die Straßen seiner Stadt, stundenlang und ziellos. Er ging in keine Bars oder Kneipen. Er schämte sich, allein zu sein. Alle anderen gingen mit ihren Freunden oder Partnern aus. Er war zwar mit ein paar Arbeitskollegen befreundet, mit denen er gelegentlich am Wochenende etwas trinken ging. Aber er war jeden Tag und vor allem jeden Abend, wenn die Arbeit vorbei war, ruhelos. Und wenn er so durch die Stadt ging, vorbei an den Geschäften, die gerade schlossen, an den Restaurants, Bars und Kneipen, die sich langsam füllten, fühlte er sich nicht ganz so einsam wie in seiner kleinen Zwei-Zimmer-

Wohnung. Auch wenn es schmerzhaft war, allen anderen beim Leben zuzusehen.

An einem solchen Abend ging er die breite Einkaufspassage entlang. Es war schon nach acht Uhr, aber jetzt, Ende August, immer noch hell. Einige Fußgänger waren mit ihren vollen Tüten unterwegs, in den Straßencafés und Eisdielen herrschte lebhaftes Treiben. Fast alle Tische waren besetzt. Alexander hatte kein Ziel, zumindest kein bewusstes. Alle anderen schienen ein Ziel zu haben. Sie gingen nach Hause oder waren mit jemandem verabredet. Oder sie wollten einfach nur einen Kaffee oder ein Bier genießen. Er fühlte sich jedoch unzufrieden, unruhig, suchend, getrieben. Mehr Tiger im Käfig als Jäger auf der Pirsch.

Vielleicht suchte Alexander unterbewusst Mia, die Frau aus dem Fitnessstudio, wobei es schon ein großer Zufall wäre, wenn er sie unter all den Menschen entdecken würde. Und selbst wenn, er würde sich niemals trauen, sie anzusprechen. Er wusste nicht, ob er ihr im Studio überhaupt aufgefallen war.

Es wurde langsam kühler, die Straßen wurden leerer, die Helligkeit wich langsam der Dunkelheit. Da sah er sie, wie sie die Passage entlangschlenderte. Er fühlte sich wie ferngesteuert, als er ihr mit einigem Abstand folgte und sie nicht mehr aus den Augen ließ. Er stand so unter Anspannung und Adrenalin, dass er sich später an diese Phase nur noch schemenhaft erinnern konnte.

Er folgte ihr in den Park. Inzwischen war es fast dunkel, und als sie sich auf eine der Parkbänke setzte, um sich eine Zigarette anzuzünden, beobachtete er sie aus einiger Entfernung. Es waren noch zahlreiche Menschen unterwegs, doch als für einen kurzen Moment niemand zu sehen war, näherte er sich ihr von hinten. Er konnte nicht mehr klar denken. Sein Puls raste, und später würde er sagen, dass er in diesem Moment vor allem panische Angst gespürt hätte. Aber es gab für ihn kein Zurück mehr. Er fühlte sich, als müsste er nun ein vorher festgelegtes Programm abspulen und dürfte sich selbst keine Blöße geben. Er zog sie von der Bank, und als sie schrie, hielt er ihr den Mund zu. Er warf sie hinter einem Gebüsch zu Boden und riss ihr den Rock herunter. Er war nicht sexuell erregt. Sie wehrte sich und nach kurzer Zeit kam der jungen Frau ein Fußgänger zu Hilfe.

Die Qualen für Mia, eine Studentin Anfang 20, würden viel länger dauern. Sie musste sich jahrelang therapeutisch behandeln lassen und wird nachts wohl nie wieder völlig angstfrei alleine spazieren gehen können. Aber es gelang ihr zunehmend, den schrecklichen Überfall zu verarbeiten. Als Teil ihrer Therapie wollte sie sich intensiver mit Alexander persönlich auseinandersetzen. Dieser war dazu bereit.

Eigentlich war die Geschichte für ihn längst Vergangenheit. In den letzten Monaten der Haft hatte er kaum noch an sie gedacht. Aber jetzt waren alle Erinnerungen wieder da. Und mit ihnen die Unsicherheit, die Angst, die quälende Sehnsucht nach Mia sowie das Bewusstsein, ihr so brutal Gewalt angetan zu haben. Als wäre all das nie weggewesen. Und als sie ihm die Hand gab, zitterte er am ganzen Körper. Er schämte sich für seine schweißnassen Hände und nicht nur dafür. Er empfand ihr gegenüber so tiefe Scham, dass er sich am liebsten in Luft aufgelöst hätte.

Als sie ihm nun gegenübersaß, an dem ausrangierten Bürotisch, der nun im Besucherraum der Anstalt Verwendung fand, da spürte er, dass er diese Scham überwinden musste, um sich selbst und das, was er ihr angetan hatte, auch nur annähernd erkennen zu können. Als Mia ihm erzählte, wie sie den Überfall erlebt hatte, wie sehr sie anschließend gelitten hatte und kämpfen musste, begann er zu verstehen, was er ihr angetan hatte. Dieses Verstehen hatte den Anfang von etwas Befreiendem und zugleich etwas zutiefst Schmerzhaftes. Und vielleicht war das Bitterste, dass er momentan nicht mehr für sie tun konnte, als zu versuchen, sie zu verstehen.

Mia half dieses intensive Gespräch, in dem sie klarmachte, wer im Recht und wer im Unrecht war. Sie spürte, dass sie dieses Mal die Kontrolle hatte und dass das Gespräch für Alexander schmerzhaft war.

Dieser Schmerz musste sein. Das war keine Rache. Es war kein Schmerz um des Schmerzes willen. Es war die Grundlage und Voraussetzung einer Heilung. Für sie selbst, aber auch für Alexander, der nun erst beginnen konnte, sich seiner Schuld zu stellen.

Es gibt in deutschen Anstalten nur vereinzelte Projekte, in denen Täter auf freiwilliger Basis mit Opfern in einer zum Beispiel durch Seelsorger oder Pädagogen begleiteten Gruppe in Kontakt und ins Gespräch kommen. Das Angebot für solche Begegnungen müsste deutlich erweitert und ausgebaut werden. Allerdings treffen in diesen Gruppen die Opfer bisher meist nicht auf »ihre« Täter. Noch viel zu selten kommt es nach meiner Erfahrung im Strafvollzug im Rahmen eines Täter-Opfer-Ausgleichs zu einer direkten Konfrontation wie der von Mia und Alexander, die letztlich nur möglich wurde, weil Mia sich vehement dafür eingesetzt und Alexander sich nicht verweigert hatte. Meist scheitern solche Gespräche im Strafvollzug an Umständen und Erwägungen, wie sie der langjährige Gefängnisseelsorger und Kriminologe Martin Hagenmaier beschreibt: »Wenn aber das Opfer zur Begegnung mit dem Täter ins Gefängnis kommen soll, treten zunächst die üblichen Bedenken ein: Wer begleitet die Opfer, wer sorgt für ihre Sicherheit und die Nachbetreuung, wie geht man mit den zu erwartenden Gefühlen bei Opfern und Tätern um? Zu welcher Mehrarbeit führt das im Personalbereich? (...) Dann kommt das alles entscheidende Problem des Datenschutzes auf: Dürfen nicht mit dem Gefangenen verwandte Personen überhaupt unterrichtet werden, wo sich dieser aufhält? In der Regel wird der Datenschutz als Argument genutzt, Auskünfte gegenüber Dritten zu verweigern.«[129]

Mit Gewalt kann man natürlich keinen Täter zu einer solchen Begegnung zwingen – und erst recht kein Opfer. Beide können aber dazu motiviert und dabei begleitet werden. Es müssen dringend Strukturen geschaffen werden, die diese Begegnungen und Prozesse erleichtern und aktiv fördern.[130] Es muss ein spürbarer Vor- oder Nachteil für Straffällige sein, sich einem solchen Prozess zu stellen oder ihn zu verweigern. Für die Justiz darf die Mediation von Täter-Opfer-Begegnungen keine Maßnahme unter vielen sein, die noch dazu so gut wie keinen Einfluss etwa auf die Länge einer Haftstrafe hat. Wenn die Mediation von der Ausnahme zur Regel würde, hätte das positive Effekte für Täter, Opfer und Gesellschaft. Studien haben eine rückfallsenkende Wirkung von sogenannten »Restorative-Justice-Konferenzen« gezeigt, an denen Täter und Opfer teilgenommen hatten.[131] Auch Geschädigten, die keine Mediation wollen, hilft die derzeitige Bestrafung der Täter nicht.

Befragungen von Opfern haben gezeigt, dass Wut und Rachebedürfnisse bei Delikten mit körperlicher und sexueller Gewalt am stärksten sind. Allerdings sind diese Gefühle nur unmittelbar nach der Tat besonders stark. Mit der Zeit nehmen sie deutlich ab und weichen neutralen Gefühlen gegenüber dem Täter.[132] Andererseits ist bei Sexualdelikten der Wunsch des Opfers zu vergessen bereits unmittelbar nach der Tat stärker als jedes andere Bedürfnis. Die eigene Krisenbewältigung steht eindeutig im Vordergrund.[133] Betroffene berichten davon, dass ihnen vor allem eine professionelle Therapie geholfen habe.[134] Auch die Anerkennung des Unrechts durch die Gesellschaft und die der Schuld durch den Täter sei ihnen wichtig gewesen.[135]

Weit mehr Opfer, schätzungsweise mehr als 70 Prozent aller Kriminalitätsopfer, erleiden dagegen lediglich finanzielle oder materielle Schäden.[136] Mit großem Abstand steht bei diesen der Wunsch nach Ersatz des Schadens an erster Stelle.[137]

Allen diesen Bedürfnissen wird unser Strafrecht nicht gerecht. Einen Anspruch auf Opferentschädigung gegen den Staat gibt es nur für Opfer von Gewalt- oder Sexualstraftaten, wobei hier grundsätzlich keine Vermögensschäden ersetzt werden. Die Zahlung von Schadensersatz oder Schmerzensgeld kann zur Auflage einer Bewährung gemacht werden. Zivilrechtliche Ansprüche gegen die Täter müssen jedoch von den Opfern grundsätzlich selbst durchgesetzt werden.[138] Sie laufen zudem häufig ins Leere, selbst wenn die Täter zahlungswillig wären, da sie zu wenig verdienen bzw. in Haft nicht mehr genügend verdienen können. Studien zeigen, dass weniger als zehn Prozent der Opfer finanziellen Ersatz von »ihrem« Täter erhalten.[139]

Manchen Opfern von schwersten Straftaten bzw. ihren Angehörigen gelingt es sogar, die natürliche Wut und den Hass auf den Täter loszulassen. Sie erlangen dadurch, dass sie dem Täter vergeben, die eigene Selbstwirksamkeit, sprich die Kontrolle über ihr Leben, zurück. So wird etwa die Tochter eines der durch die Terrorvereinigung NSU (Nationalsozialistischer Untergrund) ermordeten Opfers mit den Worten zitiert:

»Sie haben dabei geholfen, dass mein Vater, Ismail Yasar, nicht mehr am Leben ist. Es fällt mir schwer, nicht zornig zu sein. Ich will aber nicht mehr zornig sein. Ich will nicht mehr mit Wut zu Bett gehen und mit Wut aufwachen. Ich vergebe Ihnen. Mein Anwalt hat mir berichtet, dass Sie als Einziger der Angeklagten Ihre Schuld eingeräumt haben. Er hat mir auch berichtet, dass Sie als Einziger unter den Angeklagten hingeschaut haben, wenn die Bilder der Toten an die Wand gespielt wurden, und dass Ihre Augen dabei vor Entsetzen ganz weit waren. Ich will aber auch, dass Sie Ihre Schuld abtragen. Sprechen Sie mit jungen Menschen. Gehen Sie zu ihnen und erzählen Sie Ihre Geschichte. Warnen Sie sie vor dem Hass der Nazis und vor dem Unheil, das diese Menschen anrichten. Dann werden Sie vielleicht eines Tages so weit sein, dass Sie sich auch selbst verzeihen können.«[140]

Der Anwalt der Tochter bekräftigte diese Sicht vor Gericht: Carsten S. sei außerhalb des Gefängnisses für die Gesellschaft nützlicher als hinter Gittern.[141] Geholfen hat dies nicht. Carsten S. ist zu einer dreijährigen Haftstrafe wegen Beihilfe zum Mord in neun Fällen verurteilt worden.[142]

Dies alles bedeutet nicht, dass es nicht auch Geschädigte gibt, die wollen, dass der Täter ins Gefängnis kommt. Ich bekomme ab und an Zuschriften von Verbrechensopfern, die es kaum ertragen könnten, wenn sich die Täter selbst als Opfer darstellten. Dem stimme ich vor allem bei schweren Straftaten zu. Und natürlich kann ich die Verbitterung, die Wut und den Schmerz jener Menschen verstehen, denen schreckliches Leid angetan wurde. Auch wenn die Täter einst selbst Opfer gewesen sind, darf dies nicht darüber hinwegtäuschen, dass sie nun zum Täter geworden sind. Für ihre Taten müssen sie die Verantwortung übernehmen, ohne diese auf äußere

Umstände wie etwa selbst erlittene Gewalt in ihrer Kindheit zu schieben. Für die sozialen Mitursachen jeder Straftat müssen allerdings im Gegenzug Staat, Gesellschaft und abhängig von den individuellen Einflussmöglichkeiten auch jeder Einzelne von uns Verantwortung übernehmen. Wir können diese nicht gänzlich an den Staat delegieren.

Auch wenn Geschädigte eine Haftstrafe für den Täter fordern, muss gefragt werden, ob es dem Opfer zum Beispiel eines Vergewaltigers wichtig ist, dass dieser sich ihm nie mehr nähern darf. Möchte die Geschädigte vor allem, dass der Vergewaltiger öffentlich für das von ihm begangene Unrecht verurteilt wird, und ist ihr die konkrete Strafe weniger wichtig? Würde die Geschädigte sich, hätte sie die Wahl, eine andere als eine Gefängnisstrafe für den Täter wünschen? Und ändern sich die Bedürfnisse der Opfer mit zunehmendem zeitlichen Abstand zur Tat?

Studien deuten darauf hin, dass der (spontane) Wunsch von Opfern von Gewaltdelikten nach Bestrafung der Täter oft der Ausdruck einer hilflosen Wut über das ist, was ihnen zugestoßen ist, und dass es bei dem Wunsch nach Bestrafung vor allem darum geht, dem Täter eine Lehre für die Zukunft zu erteilen.[143] Auch bei anderen Delikten wird unser derzeitiges System von Schuld und Vergeltung den differenzierten Bedürfnissen der Geschädigten bei Weitem nicht gerecht. Eine harte Bestrafung hat für die Mehrheit keine Priorität.[144]

Mir geht es nicht darum, Opfer gegen Täter auszuspielen. Wenn aber viele Opfer ein Leben lang leiden oder wütend und verbittert bleiben, obwohl der Täter in Haft ist, wo er mit immensem Aufwand (eine langjährige Haftstrafe mit einer intensiven Therapie für Gewalt- oder Sexualstraftäter kann in die Millionen gehen) bestraft und therapiert wird, dann wird man nicht sagen können, dass unser Strafrecht das bewirkt, was es vorgibt zu leisten – abgesehen davon, dass es dem Opfer, um das sich der Staat kaum kümmert, sicher nicht gerecht wird.

8. Strafrechtliche Vergeltung von Schuld schadet uns allen

Unsere Fixierung auf die Schuld verhindert einen Umgang mit Straftaten, der die Schadenswiedergutmachung, die bestmögliche »Heilung« des Opfers, die Resozialisierung des Täters und die Reduzierung von Kriminalität in den Vordergrund stellt.

Ließen sich Menschen durch Strafen davon abschrecken, bestimmte Delikte zu begehen, würden wir alle davon profitieren. Die abschreckende Wirkung hängt jedoch von mehreren Faktoren ab: von der Androhung der Strafe, der Wahrscheinlichkeit ihres Eintritts und der öffentlichen Wahrnehmbarkeit ihrer Vollstreckung in vergleichbaren Fällen. Erst dann kann die drohende Zufügung eines Übels überhaupt abschreckend wirken. Durch bloße Vergeltung, indem nun der Täter ein Übel erleiden muss, wird keine Straftat verhindert. Dieses Übel muss auch keine Freiheitsstrafe sein. Vor allem für die Resozialisierung von Straftätern ist sie sogar eher hinderlich.

Justiz und Teile der Rechtswissenschaft behaupten, der Wert einer schmerzzufügenden Vergeltung läge darin, uns Bürger davon abzuhalten, dem Täter maßlos und ungeregelt

Schmerz zuzufügen. Es ist durchaus eine große zivilisatorische Errungenschaft, dass wir das Recht zu strafen auf den Staat übertragen haben. Wenn die Justiz sich jedoch zu sehr von der gesellschaftlichen Realität entfernt, ist uns damit nicht gedient. Wir können uns nur weiterentwickeln, wenn sich die Justiz nicht nur auf den (ohnehin nur vermuteten) Willen des Volkes beruft, sondern umgekehrt auch transparent kommuniziert, was mit der Umsetzung dieses Willens erreicht wird.

Die strafende Vergeltung wird zwar vom Staat übernommen, aber sie erfolgt letztlich in unserem Namen. Wir alle müssen uns daher über ihren Sinn oder Unsinn Gedanken machen. Schuld und Vergeltung ist ein ökonomisches Prinzip von (negativer) Leistung und Gegenleistung. Auf rein strafrechtlicher Ebene funktioniert es sogar: Wer das Unrecht, das er begangen hat, durch seine Zeit in Haft verbüßt hat, schuldet dem Staat grundsätzlich nichts mehr.

Da das Strafrecht jedoch keine Berechtigung in sich allein hat, muss es daraufhin geprüft werden, ob es Probleme und Konflikte im sozialen Miteinander tatsächlich mindert oder womöglich vergrößert.

In vielen Fällen wirkt das Stigma als »Ex-Knacki« noch stärker als das der Straftaten an sich. Das hat nicht nur die mehr oder weniger starke Ächtung in vielen Kreisen unserer Gesellschaft zur Folge, sondern insbesondere auch deutlich schlechtere Chancen auf dem Wohnungs- und Arbeitsmarkt. Vermieter oder Arbeitgeber, die unter vergleichbaren Bewerbern wählen können, werden sich kaum für einen ehemaligen Inhaftierten entscheiden.

Das Ein- und Wegsperren vermittelt uns sehr eindringlich, dass es sich wohl um einen gefährlichen und bösen

Menschen handelt, der zumindest für eine bestimmte Zeit nicht mehr unter uns leben darf. Was für ein Mensch hinter dem Stereotyp des »Kriminellen« steckt, kann sich kaum jemand vorstellen, so dass nur das abstoßende und nicht sehr ermutigende Bild von Straftätern bleibt, das zum Beispiel Gefängnisserien oder Krimis zeichnen.

Während mit der Entlassung die Angelegenheit strafrechtlich weitestgehend erledigt ist, entstehen mit ihr jedoch ganz neue Probleme. Aus der Haft Entlassene sind nicht grundsätzlich »schlechter« als zuvor. Sie haben jedoch oft noch größere Probleme, noch größere Aggressionen, noch weniger Ressourcen, auf die sie zurückgreifen können, und noch weniger Chancen als vor ihrer Haft.

Sie erhalten häufig keinen sozialversicherungspflichtigen Arbeitsplatz und sind deshalb auf staatliche Leistungen angewiesen. Sehr viele ehemalige Inhaftierte haben hohe Schulden, nicht zuletzt, weil sie die oft erheblichen Gerichtskosten ihres eigenen Verfahrens tragen müssen. Studien kamen zum Ergebnis, dass etwa die Hälfte der Entlassenen überschuldet ist.[145]

Die Realität macht daher deutlich, dass all diese Folgen des Freiheitsentzugs nicht nur den Straftätern schaden – wir schaden uns damit letztlich selbst. Wir müssen daher Wege finden, Straftätern nicht nachhaltig zu schaden und sie als grundsätzlich gleichberechtigte Gesellschaftsmitglieder wieder in unserer Mitte aufzunehmen. Dabei kann es nicht allein darum gehen, die Freiheitsstrafe in Gefängnissen durch andere, möglicherweise ebenso schädliche Strafformen zu ersetzen. Wir müssen nicht nur die Vergeltung, sondern auch die Schuld als wesentlichen Bestandteil unseres Strafrechts überdenken.

Der Strafvollzug ist (auch) ungerecht

Mindestens die Hälfte der Gefangenen, mit denen ich zu tun hatte, waren drogenabhängig. Viele hatten keinen Schulabschluss absolviert, keinen Beruf erlernt und die weit überwiegende Mehrheit hatte in ihrer Kindheit und Jugend mit deutlich größeren sozialen und emotionalen Problemen zu kämpfen als der Durchschnitt der Bevölkerung.

Die Forschung geht davon aus, dass etwa zwei Drittel der Jugendstrafgefangenen zum Zeitpunkt ihrer Inhaftierung über keinen Schulabschluss und knapp 90 Prozent über keine berufliche Qualifikation verfügen. Bei den Erwachsenen ist mehr als die Hälfte bei ihrer Inhaftierung arbeitslos.[146] Natürlich hat jeder grundsätzlich die Möglichkeit, sich zum Beispiel von illegalen Drogen fernzuhalten und einen Beruf zu erlernen, aber die Chancen dazu sind eben ungleich verteilt. Und den Milieus, in die man hineinwächst, kann man meist nur schwer entkommen. Viele Taten der Menschen, die ich hinter Gittern kennengelernt hatte, waren typisch für die Milieus, aus denen sie stammten. So sind etwa Körperverletzung, »Schwarzfahren« oder Diebstahl (von den eigentlichen Betäubungsmittelstraftaten ganz abgesehen) im Drogenmilieu weit verbreitet. Dort gibt es viele gesundheitliche, finanzielle, psychische und soziale Probleme, die zu Frustrationen und Aggressionen führen. Die Regeln einer bürgerlichen Gesellschaft funktionieren in diesem Milieu nicht. Es bilden sich milieuspezifische Normen heraus. Wer jeden Cent zur Befriedigung seiner Sucht benötigt, wird versuchen, öffentliche Verkehrsmittel zu nutzen, ohne sich einen Fahrschein dafür zu kaufen. Wer beim Drogenhandel betrogen worden ist, wird sich kaum an die Polizei wenden, sondern versuchen, sein Recht selbst in die Hand zu nehmen. Wer als Kind einer drogenabhängigen Mutter in einem sozialen Brennpunktviertel aufwächst, wird ein anderes Menschenbild und eine andere Einstellung zur Gewalt entwickeln als das Kind einer Beamtenfamilie.

Wir wissen längst, dass das unmittelbare soziale Umfeld einen starken Einfluss auf das Handeln des Individuums hat. Milieuabhängige Normen bestimmen vielfach, wie aggressive Triebe (wie zum Beispiel nach Geld, Macht, Sex und Anerkennung) ausgelebt werden. Es ist daher weder gerecht noch sinnvoll, diesen entscheidenden Einfluss bei der Bemessung eines Strafmaßes zu ignorieren, wie es derzeit Praxis ist.

Der Fall des Gefangenen Danny macht dies deutlich:

» Danny kam aus einer Gegend in Sachsen, in der von blühenden Landschaften nicht viel zu sehen war. Graue Straßendörfer mit vielen verlassenen und verfallenden Häusern und Bauernhöfen wechselten sich mit kleinen Städten ab. In einer solchen wuchs Danny in einem der Plattenbauten auf. Seine Mutter war als Prostituierte tätig, seinen leiblichen Vater hat er nie kennengelernt. Er war ein Freier seiner Mutter gewesen und hatte ihr die Hochzeit versprochen. Vor Dannys Geburt floh er jedoch aus der DDR in den Westen und hat nie wieder etwas von sich hören lassen. Danny sagte später immer wieder, er sei überhaupt nur durch einen Betrug auf die Welt gekommen.

Von seinem ersten Schuljahr an wurde Danny gemobbt. Die anderen Kinder wussten von ihren Eltern, welcher Tätigkeit Dannys Mutter nachging, und da die meisten Mütter und Väter der anderen arbeitslos oder in prekären Beschäftigungsverhältnissen lebten, schienen sie froh zu sein, jemanden zu kennen, auf den sie herabschauen konnten. Vielleicht spielte auch Neid eine Rolle, denn Dannys Mutter verdiente mehr Geld als die anderen, zumindest in jungen Jahren. Je älter sie wurde, desto weniger konnte sie ihren Freiern berechnen, und seit Danny zehn oder elf Jahre alt war, war sie zusätzlich auf Sozialhilfe angewiesen.

Danny reagierte in seinen ersten Schuljahren auf das Mobbing vor allem mit Rückzug. Seine Mutter musste ihn immer wieder zwingen, in die Schule zu gehen, und manches Mal suchten die Lehrer nach ihm, weil er in der Pause den Schulhof verlassen hatte, um sich vor den anderen zu verstecken. Der Lebensgefährte seiner Mutter, ein Alkoholiker, schlug ihn, wenn er sich nachts wieder einmal einnässte. Mit zunehmendem Alter reagierte Danny aber immer aggressiver auf die Quälereien. Er schlug nicht nur die Mitschüler, die ihn ärgerten, sondern auch jüngere und schwächere Kinder. In der Schule für Kinder mit besonderem Förderbedarf, auf die er wechseln musste, wurde es kaum besser. Er schwänzte oft und fing im Alter von neun Jahren an, zu rauchen und Alkohol zu trinken. Als er zwölf war, wurde seiner Mutter das Sorgerecht entzogen, Danny kam in ein Jugendheim. Den Hauptschulabschluss hat er nie geschafft.

Dies gelang ihm auch nicht in der Jugendhaft, in die er mit 15 Jahren genommen wurde, unter anderem, weil er einen älteren Herrn, der ihn in einem Zug ermahnt hatte, dort nicht zu rauchen, zusammengeschlagen hatte. Mittlerweile war Danny alkoholabhängig und konnte sich kaum noch auf irgendetwas konzentrieren.

In der Jugendhaft ließ er sich von einem Mithäftling ein Hakenkreuz auf die Brust tätowieren, und als er mit 18 Jahren entlassen wurde, fand er über andere Ex-Gefangene schnell Zugang zur rechtsextremen Szene seines Heimatortes.

Als ich ihn einige Jahre später in Haft kennenlernte, erzählte er mir, dass er in dieser rechtsextremen Szene zum ersten Mal in seinem Leben Anerkennung erfahren habe. Er habe sich in eine

Gemeinschaft Gleichgesinnter eingebunden gefühlt und irgendwie auch das Gefühl gehabt, seine, wie er sich ausdrückte, Talente sinnvoll einzusetzen. Sein Aufenthalt in Freiheit war allerdings nicht von langer Dauer. Wegen der Teilnahme an einer Hetzjagd auf Ausländer, mehrerer Körperverletzungs- und Betrugsdelikte (er bestellte sich immer wieder in großem Umfang Waren über das Internet, die er nicht bezahlte) wurde er ein knappes Jahr nach seiner Entlassung aus der Jugendhaft wieder inhaftiert. Dieses Mal hatte er eine Strafhaft als Erwachsener zu verbüßen.

Er war ein unauffälliger Gefangener, gegen den wir wie bei vielen anderen auch ab und an Disziplinarverfahren durchführten, weil er sich mit Hefe und Obstresten Alkohol ansetzte und danach Schlägereien mit Mitgefangenen anzettelte.

Eines Tages aber hörte das auf. Er hatte eine Arbeit in der Putzkolonne der Anstalt angetreten. Der Beamte, der diesen Betrieb leitete, war ein freundlicher, väterlicher Typ, der sich sehr um seine gefangenen Mitarbeiter kümmerte. Manchmal ist es so einfach. Ganz genau das brauchte Danny. Er hielt sich penibel an alle Vorschriften, übernahm bereitwillig alle Zusatzaufgaben und war stolz, als sein Betriebsleiter ihn dazu einteilte, den Verwaltungstrakt zu reinigen, in dem die Anstaltsbediensteten ihre Büros hatten. Das gilt als besonderer Vertrauensbeweis.

In Dannys Putzkolonne gab es auch ausländische Inhaftierte, doch das störte ihn überhaupt nicht. Er erklärte mir, dass er nicht generell gegen Ausländer sei, schon gar nicht gegen »gute« wie seine Kollegen. Er kämpfe nur gegen die »Überfremdung«. Ich wies ihn darauf hin, dass es in der Gegend, aus der er kam, doch kaum Ausländer gebe. Offenkundig sagte er die Argumente nach, die man ihm in rechtsradikalen Kreisen vorgebetet hatte. Er verwies auf Städte mit einem hohen Ausländeranteil in Westdeutschland und darauf, dass man solche Verhältnisse im Osten nicht haben wolle. Offenbar war das der verzweifelte Versuch, aus dem Gefühl der permanenten Zurückweisung eines der Überlegenheit zu machen. Auf Kosten von Ausländern.

Bei einem Gespräch zur Planung seines künftigen Vollzuges erzählte Danny mir, dass er einen Sohn habe. Als ich ihn fragte, wie alt dieser sei, konnte er das nicht genau sagen. Es stellte sich heraus, dass er ihn noch nie gesehen hatte. Er und die Mutter des Sohnes hatten sich bereits vor dessen Geburt getrennt. Danny schien darüber nicht sehr traurig zu sein. Er selbst hatte nie die Liebe eines Vaters empfangen und seinem Sohn würde es nun genauso ergehen. Die wenigsten Menschen können wohl anderes weitergeben als das, was sie selbst empfangen haben, und Danny gehörte nicht zu diesen wenigen. Er war ein ganz normaler, durchschnittlicher Mensch, der in einem besonderen Milieu aufgewachsen ist.

Danny wollte keinen Ausgang, er bekam keinen Besuch und hatte, soweit wir es beurteilen konnten, keinerlei Kontakte nach draußen. Seine Kameraden aus der rechten Szene hatten ihn offenbar nach einigen Monaten Haft aufgegeben. Ihm war das alles egal. Die Arbeit in der Putzkolonne und die Anerkennung durch den Betriebsleiter waren sein Ein und Alles. Als er von diesem in eine höhere Lohnstufe eingruppiert wurde und nun über zwei Euro pro Stunde verdiente, freute er sich sprichwörtlich wie ein kleines Kind.

So erfreulich diese Entwicklung in Haft auch war, in der Freiheit gab es keinen väterlichen Betriebsleiter, der sich seiner annahm. Kaum drei Monate nach seiner Entlassung wurde Danny wieder eingeliefert. Er hatte im alkoholisierten Zustand seine neue Freundin geschlagen. Diese hatte ihn zuvor bestohlen und ebenfalls geschlagen. Beide lebten von Sozialhilfe und stritten sich immer wieder um Geld. Dannys Freundin war drogensüchtig und brauchte ständig mehr Geld, als sie vom Sozialamt bekam. Sie wurde zu einer Bewährungsstrafe und Danny zu einer weiteren mehrmonatigen Haftstrafe verurteilt.

Besonders deutlich wird etwa der Zusammenhang von Armut und Gefängnis bei den Ersatzfreiheitsstrafen. Wer zu einer Geldstrafe verurteilt worden ist, die er nicht bezahlt (weil er es nicht kann), muss stattdessen für jeden Tagessatz, zu dem er verurteilt worden ist, einen Tag in Haft. Wer also zum Beispiel zu 60 Tagessätzen von zehn Euro (die Höhe eines Tagessatzes ist abhängig vom vermuteten Einkommen) verurteilt worden ist, muss 60 Tage in Haft, wenn er die 600 Euro nicht bezahlen kann.

Fast jeder dritte zu einer Geldstrafe Verurteilte bezieht Hartz IV. 2018 wurden 550 300 Personen zu einer Geldstrafe verurteilt.[147] Etwa sieben Prozent dieser Geldstrafen werden in Ersatzfreiheitsstrafen umgewandelt.[148] Diese Freiheitsstrafe kann durch gemeinnützige Arbeit abgewendet werden (»Schwitzen statt Sitzen«). Das ist eine unbezahlte Tätigkeit zum Beispiel als Helfer in einem Seniorenheim oder bei der Pflege städtischer Grünflächen. Das System dieser gemeinnützigen Arbeit ist allerdings noch nicht genügend ausgebaut, so dass nur ein sehr kleiner Teil der Freiheitsstrafen vermieden wird.[149] Eine Minderheit von Straffälligen ist sicher zu faul und bequem und geht lieber ins Gefängnis, anstatt gemeinnützig zu arbeiten. Andere jedoch, die etwa aufgrund ihrer Sucht grundsätzlich antriebslos sind und selbst wenig Initiative übernehmen, werden oft nicht ausreichend über die Möglichkeit der gemeinnützigen Arbeit informiert bzw. dazu motiviert. Wieder andere haben Hemmungen, öffentlich als Straftäter eine Arbeit anzutreten. In vielen Fällen ist es also nicht ausreichend, die Betroffenen lediglich mit einem Schreiben über die Möglichkeit der gemeinnützigen Arbeit zu informieren und sie in Haft zu nehmen, wenn sie diese nicht ergreifen.

Etwa jeder zehnte Gefangene in Deutschland verbüßt eine solche Ersatzfreiheitsstrafe für Delikte wie Fahren ohne Fahrerlaubnis, Beförderungserschleichung (»Schwarzfahren«) oder Ladendiebstahl. Zum Stichtag 31. August 2017 befanden sich beispielsweise bundesweit 4700 Personen im Vollzug der Ersatzfreiheitsstrafe.[150] Schätzungsweise jede zweite bis dritte Erstaufnahme in deutschen Haftanstalten erfolgt wegen einer nicht bezahlten Geldstrafe.[151]

Diese in aller Regel eher kurzen, einige Wochen oder Monate dauernden Freiheitsstrafen treiben die Betroffenen meist noch mehr ins soziale Abseits. Sie vergrößern ihre finanziellen Probleme und in der kurzen Haftzeit können meist keinerlei resozialisierungsfördernde Maßnahmen durchgeführt werden. Bei durchschnittlichen Kosten von 130 Euro pro Hafttag kostet der Vollzug der Ersatzfreiheitsstrafe von 4700 Personen den Steuerzahler ca. 611 000 Euro. Jeden Tag.

Soziale Ungleichheit und Ungerechtigkeit sind jedoch nicht nur mitursächlich für Bagatelldelikte, sondern auch für schwerere Straftaten. So lässt sich weltweit ein Zusammenhang zwischen schwerer Gewalt, Tötungsdelikten und ökonomischen Verhältnissen beobachten.[152] Es ist längst bekannt, dass sich vergeltende Gewalt in den sozial und ökonomisch benachteiligten urbanen Räumen konzentriert.[153]

Nicht nur die Betrachtung der sozialen Milieus macht es notwendig, die Verantwortung für straffälliges Handeln nicht wie derzeit ausschließlich an eine individuelle Schuld zu knüpfen. Dieser Gedanke gilt noch viel stärker in Bezug auf unsere »inneren« Milieus. Die Forschung hat gezeigt, dass Antisozialität oder Kriminalität[154] oft von den Großeltern über die Eltern an die Kinder weitergegeben werden.[155] Um herauszufinden, zu welchem Anteil diese »Vererbung von Kriminalität« genetische und soziale Ursachen hat, wurden und werden Zwillings- und Adoptionsstudien durchgeführt. Hier werden zum Beispiel eineiige Zwillinge verglichen, die üblicherweise alle Gene teilen, jedoch in einem unterschiedlichen Umfeld aufgewachsen sind. Auch wird erforscht, inwieweit antisoziales Verhalten der Eltern das Risiko für adoptierte Kinder, mit denen es keine genetischen Gemeinsamkeiten gibt, erhöht.[156]

Unser Verhalten wird durch fast unendlich viele Variablen beeinflusst. Durch andere Menschen, gesellschaftliche Strukturen und Einflüsse, durch Krankheiten, Erfolge und Niederlagen etc. All das geben wir an andere Menschen weiter.

Die Forschung identifizierte bisher kein isoliertes Gen und keinen gesellschaftlichen Einfluss, die für antisoziales Verhalten verantwortlich wären.[157] Wie hoch der Spielraum des Individuums ist, sich trotz genetischer Disposition und negativer äußerer Einflüsse sozial zu verhalten und nicht gewalttätig zu werden, lässt sich nicht ermitteln. Eines aber belegen alle Studien eindeutig: Gene und Umfeld beeinflussen unser Verhalten und unsere Aggressionen maßgeblich.[158] Das Risiko, gewalttätig und kriminell zu werden, ist also von Mensch zu Mensch von Geburt und Kindheit an unterschiedlich groß. Als Individuen haben wir nur sehr bedingt Einfluss darauf, wie wir mit dem uns prägenden Risiko umgehen.

Das spricht nicht grundsätzlich gegen Strafen. Es ist jedoch nicht gerecht, jemanden, der ohne Liebe aufwachsen musste, mit dem gleichen Maßstab zu messen wie jemanden, der dies nicht musste. Das bedeutet nicht, dass »eine schlechte Kindheit« zwingend zu einer späteren Straffälligkeit führt oder dass jede Straftat ihre Ursache in einer solchen Kindheit hat. Erst recht kann sie keine Rechtfertigung dafür sein, anderen Menschen Schaden zuzufügen. Aber es bedeutet, dass wir, wenn wir nicht ungerecht sein wollen, eine bessere Begründung für unsere Strafen brauchen. Die weit verbreitete Annahme, ein Straftäter habe sich eben frei für eine Straftat entschieden – er hätte sich ja auch anders verhalten können –, ist in den meisten Fällen ungerecht. Sie zementiert und schürt sowohl Ungleichheit wie auch soziale Konflikte.

Bei vielen Inhaftierten, für die ich in der JVA Zeithain in Sachsen zuständig war und die im Durchschnitt zwischen ein und zwei Jahren zu verbüßen hatten, hat es sich völlig unangemessen angefühlt, von Schuld zu sprechen. Jedenfalls von Schuld im Verhältnis zu Staat und Gesellschaft. Wer schon als Baby und Kleinkind ständig wechselnde Bezugspersonen hatte, später zu einer Pflegefamilie oder in ein Heim musste, vielleicht missbraucht oder doch zumindest massiv missachtet oder geschlagen wurde, früh sein Heil in Drogen suchte, keine Schule oder Ausbildung beenden konnte, auch weil jeder soziale Rückhalt fehlte, bei dem kann man kaum von Schuld sprechen, wenn er nicht die Regeln einhält, die andere ohne Mühe einhalten können. Ihre Taten sind oft ungerecht gegenüber den von ihnen Geschädigten, im gesellschaftlichen Kontext stehen jedoch eher wir in ihrer als sie in unserer Schuld. Ein wesentlicher Sinn von Strafe, nämlich Menschen zu einem sozialen Verhalten anzuhalten, kann nur dann erfüllt werden, wenn die Bestraften auch die Chance bekommen, von einem sozialen Verhalten bzw. einer Einhaltung sozialer Regeln zu profitieren.

Wenn man sich etwa den Fall des prominenten Fußballmanagers Uli Hoeneß ansieht, der wegen eines Steuerschadens von 28,5 Millionen Euro zu einer Freiheitsstrafe von drei Jahren und sechs Monaten verurteilt wurde, von der er insgesamt nur die Hälfte verbüßen musste, und der nach sechs Monaten in den offenen Vollzug verlegt wurde, den er tagsüber und am Wochenende verlassen durfte, stellt sich das Problem der Gerechtigkeit auch am anderen Ende der Einkommensskala. Uli Hoeneß dürfte ähnlich reich sein wie vor seiner Haft und hat den Steuerzahler durch seinen Haftaufenthalt nur weiteres Geld gekostet. Gerade bei Steuerdelikten ist die Aufdeckungswahrscheinlichkeit ein wichtiger abschreckender Faktor. Insofern hatten das öffentliche Verfahren und auch die Verurteilung von Uli Hoeneß sicher einen gesellschaftlichen Sinn, indem Selbstanzeigen gefördert und Steuerhinterziehungen möglicherweise reduziert worden sind. Eine wirklich spürbare Geldstrafe in Verbindung mit der Verpflichtung, dreieinhalb Jahre gemeinnützige Arbeit zu leisten, wäre jedoch deutlich sinnvoller und gerechter gewesen – für die Allgemeinheit, für den Geschädigten (den Steuerzahler) und für den Steuersünder selbst, der tatsächlich Verantwortung hätte übernehmen müssen. Vorbild könnte hier der Umgang mit dem ehemaligen italienischen Ministerpräsidenten Silvio Berlusconi sein, der sich ebenfalls wegen Steuerbetrugs strafbar gemacht hatte und zu Hausarrest und gemeinnütziger Arbeit in einem Seniorenheim verurteilt wurde.[159]

Schuld kann uns täuschen

Oft hören wir das Argument, wir bräuchten die individuelle Schuld, um unser Selbstbild als ein Wesen mit einem freien Willen aufrechtzuerhalten. Darüber hinaus erfordere es auch unsere Würde, als denkende und handelnde Menschen angesehen zu werden.

Wir müssen die Idee eines freien Willens jedoch nicht aufgeben, wenn wir unser Schuldstrafrecht überdenken. Wenn wir genauer hinsehen, wird uns klar, dass der Wille nur innerhalb eines bestimmten Rahmens frei sein kann und dass dieser auch nicht sehr groß ist. Freiheit kann nur bedeuten, dass wir das tun, was wir tun wollen. Nur diese Freiheit setzt unser Strafrecht wohl auch voraus.[160] Was wir wollen, hängt jedoch ganz wesentlich von anderen inneren und äußeren Ursachen ab. Indem unser Strafrecht die Bedingungen, die zu einer Entscheidung führten, weitgehend unberücksichtigt lässt, unterstützt es das allgemeine Verständnis einer Schuld, die suggeriert, »wir« hätten uns im Falle des Täters anders entschieden.

Gehen wir also davon aus, dass sich die meisten von uns unter vergleichbaren Umständen genau wie die Straftäter verhalten würden, dann ergibt es keinen Sinn, die Zuweisung von strafrechtlicher Schuld vor allem an die »schlechte« Willensentscheidung der Täter zu knüpfen. Wir hätten dann ja genauso gehandelt.

In unserem Schuldstrafrecht zeigt sich ein kollektiver Effekt, der individualpsychologisch nachvollziehbar ist: Die Gründe für unser eigenes Verhalten verorten wir mit Vorliebe außerhalb von uns selbst, zumindest wenn es sich um negativ konnotierte, aggressive Verhaltensweisen handelt. Auch die Ursache von Misserfolgen suchen wir meist nicht in uns selbst, sondern in äußeren Bedingungen. Bei anderen Menschen dagegen neigen wir dazu, die Ursachen für negatives Verhalten weniger in den äußeren Umständen, sondern eher in ihrer Persönlichkeit oder eben in ihrer individuellen Entscheidung zu sehen.

Nehmen wir als Beispiel an, dass uns unser Arbeitgeber schlecht behandelt hat. Er hat uns vor allen Kolleginnen und Kollegen lächerlich gemacht, bezahlt uns willkürlich schlechter als andere usw. Wir sehen uns daher möglicherweise moralisch im Recht, wenn wir den Dienstwagen auf Kosten des Arbeitgebers entgegen der arbeitsvertraglichen Regelung in größerem Umfang für Privatfahrten nutzen. Tatsächlich ist dies strafbar, und generell würden es wohl auch die meisten von uns verurteilen, soweit wir die Situation nicht auf uns selbst beziehen. Aber bei anderen, die nicht nur von ihrem Arbeitgeber, sondern in vielen Lebensbereichen ungerecht behandelt werden, akzeptieren wir dies kaum als Begründung, eine Straftat begangen zu haben.

Dieses Ungleichgewicht in der Bewertung eigenen und fremden Verhaltens ist bis zu einem Grad unvermeidbar, weil wir als Akteure viel mehr situative Einflüsse wahrnehmen, als dies Beobachter von außen können. Dennoch müssten wir uns dessen bewusst sein, denn ein Strafrecht, das den anderen nicht mit gleichem Maß misst wie uns selbst, kann zumindest dann nicht gerecht sein, wenn die Chancen, zu »uns« oder zu den »anderen« zu gehören, nicht die gleichen sind.

Schuldzuweisung dient unserer Beruhigung. Gerade im Strafrecht schreiben wir die Ursachen für Schäden und Verletzungen ausschließlich einzelnen Tätern zu. So erscheinen uns diese eher identifizierbar und erklärbar. Tatsächlich aber trennen wir die Entscheidung des Täters von den Ursachen, die zur Tat führten, in ebenso schädlicher Weise, wie wir es mit dem Täter selbst tun, wenn wir ihn einsperren. Auch neigen wir zu der Annahme, das Böse, da es identifiziert ist, durch eine Bestrafung bekämpfen und ausmerzen zu können.[161]

Die Schuld dient also auch der Aufrechterhaltung unseres kollektiven Selbstbewusstseins und ist umso weniger notwendig, je mehr wir ein gesundes Selbstwertgefühl im Umgang mit schädigendem Verhalten Einzelner entwickeln. Ein selbstbewusster Mensch kann eigene Fehler und Schwächen einsehen – und ebenso kann eine selbstbewusste Gesellschaft die sozialen Anteile an jeder Straftat erkennen und berücksichtigen.

9. Wir brauchen Verantwortung statt Schuld

Strafrechtlich gesehen nimmt die Schuld den Täter in die Verantwortung für seine Tat. Schuld steht für die moralische Last infolge eines Fehlverhaltens, während Verantwortung die (Selbst-)Verpflichtung für eine Sache oder Person beschreibt. Auch strafrechtlich sollte es nicht mehr vor allem darum gehen, dass jemand büßt, indem er leidet, sondern dass er büßt, indem er den von ihm verursachten Schaden möglichst wiedergutmacht. Das Prinzip der Verantwortung wäre, anders als das Prinzip der Schuld, im Umgang mit Kriminalität ein gerechteres Mittel. Wenn wir jene, die Regeln brechen und anderen Schaden zufügen, in die Verantwortung nehmen, wirken wir stärker präventiv auf das Verhalten Einzelner als mit der Androhung einer Haftstrafe.

Der Begriff der Schuld impliziert eine Exklusivität, die nicht existiert. Überträgt man einer Person die Schuld, müssen andere, für die Tat womöglich Mitverantwortliche diese Verantwortung nicht tragen. So ist der eine schuldig, die anderen bleiben unschuldig. Damit lassen wir all jene sozialen Ursachen oder Verursacher außer Acht, die in den meisten Fällen zu der Entscheidung des Täters beitrugen.

Der Soziologe Emile Durkheim fasst dies so zusammen: »In der Tat ist es aber fast unmöglich, daß die Gemeinschaft, an der wir teilhaben, nicht einen mehr oder weniger großen Anteil an dem hat, was wir tun, aber unsere Verantwortung nicht teilt. Weder unser Temperament, noch die Ideen und Gewohnheiten, die uns unsere Erziehung gegeben haben, sind unser persönliches Werk (…). Wichtig ist im Gegenteil, daß die Gemeinschaft sich des Anteils bewußt wird, der ihr an der Moralität ihrer Mitglieder zufällt.«[162]

Der Psychoanalytiker Peter Fonagy berichtet aus seiner Arbeit mit Gewalttätern, dass diese aus Verhältnissen kommen, die es verhindern, »Familien und Elternschaft ausreichend zu unterstützen, damit wir uns angemessen um unsere Kinder kümmern können«, und aus einer Gesellschaft, »die wenig alternative Strukturen zu bieten hat, innerhalb derer Kinder ein Gefühl der Selbstanerkennung über sozialen Austausch mit einer wohlwollenden und verlässlichen Bindungsfigur erlangen können«.[163]

Schuld bedrückt und löst Angst aus. Schuld gilt als schlecht und wertet uns ab. Schuld fordert geradezu eine rächende Strafe. Schuld können wir nur als Ausnahme akzeptieren, Verantwortung dagegen als Regel. Verantwortung ist viel weniger exklusiv. Ab einem bestimmten Alter sind wir grundsätzlich verantwortlich für alles, was wir tun oder unterlassen. Darüber herrscht Konsens. Uneinigkeit besteht nur darüber, wer wofür verantwortlich ist. Verantwortung füreinander zu übernehmen wertet uns auf und macht uns frei, sie kann sogar stolz machen.

Es ist durchaus möglich, dem Täter seine Tat vorzuwerfen, indem man ihn für seine Entscheidung in die Verantwortung nimmt. Ein Schuldgefühl beim erwachsenen Täter lässt sich durch Strafe ohnehin nicht bewirken – Reue noch viel weniger. Schuldgefühl und Reue können meist nur unabhängig von der strafenden Maßnahme entstehen. Schuld und Vergeltung lassen kaum Raum für Freiwilligkeit und Einsicht, die Übernahme von Verantwortung kann zwar erzwungen werden, aber eben auch freiwillig erfolgen.

Schuld hätte nach unserem Verständnis jemand auch dann auf sich geladen, wenn es überhaupt niemanden mehr gäbe, gegenüber dem er verpflichtet sein könnte, oder wenn er selbst verstorben wäre. Dann ist er ein verstorbener Mörder. Verantwortung dagegen trägt man nur, soweit man diese auch anderen gegenüber erfüllen kann.

Die Schuld zwingt den Täter, ähnlich wie das Opfer, Leid zu ertragen. Verantwortung befasst sich dagegen mit dem angerichteten Schaden und den Möglichkeiten, wie dieser bestmöglich getilgt werden könnte. Schuld markiert das Ende eines Vorganges, auf den dann die vergeltende Strafe folgt. Einen Täter in die Verantwortung zu nehmen fordert von ihm, sich Gedanken um eine Wiedergutmachung zu machen. Auch wir sind gefordert: Was erwarten wir vom Täter, was kann er tun, was soll er leisten? Schuldig ist man in den Augen aller. Verantwortung bezieht sich dagegen auf die konkreten Folgen einer Tat, vor allem aber auf die von dieser Tat Betroffenen.

Strafe setzt im engeren Sinne immer Macht voraus. Eltern haben Macht über ihr Kind, Arbeitgeber über ihre Angestellten, der Staat über uns alle. Wenn Strafen dazu dienen, den Bestraften kleinzumachen oder kleinzuhalten, dienen sie nicht der Einhaltung von Normen, sondern der Aufrechterhaltung und dem Ausbau von Machtverhältnissen. Eine Strafe, die in erster Linie Schuld vergelten will, macht den

Bestraften kleiner, den Strafenden größer und mächtiger. Eine solche Strafe kann viel leichter missbraucht werden als eine, die den Täter für die Folgen seines Handelns in die Verantwortung nimmt.

Schließlich müssen wir uns bewusst machen, dass Staat und staatliches Handeln nicht nur Ausdruck, sondern immer auch Vorbild für seine Bürgerinnen und Bürger ist. Ein Staat, der rächt – wenn wir Vergeltung als reglementierte Form von Rache begreifen – und der in Form des Strafvollzuges in institutionalisierter Form systematisch, geplant und scheinbar rational begründet Leid zufügt, zeigt seinen Bürgerinnen und Bürgern: Zu rächen und Leid zuzufügen ist sinnvoll. Es kann vernünftig, gut und notwendig sein. Das hat unweigerlich Folgen für uns alle.[164] Wenn der Staat erwachsene Menschen bestraft und ihnen durch das Einsperren letztlich körperlich Gewalt zufügt, erhöht sich die Wahrscheinlichkeit, dass sie diese Gewalterfahrung zum Beispiel an ihre Kinder weitergeben. Kinder, die gewaltfrei aufwachsen, werden dagegen selbst weniger gewalttätig. So identifizierte eine Studie des Kriminologischen Forschungsinstitutes Niedersachsen den Rückgang des Einsatzes elterlicher Gewalt in der Erziehung in den vergangenen Jahrzehnten als eine der wesentlichen Ursachen für den Rückgang der Jugendkriminalität.[165]

Das Vorbild unseres Staates wird sich zum Positiven verändern, wenn wir weniger strafen und den Schwerpunkt von der Vergeltung von Schuld auf die Übernahme von Verantwortung verlegen. Das ist kein Widerspruch zum Bild des selbstbestimmten Menschen, das Art. 1 ff. unseres Grundgesetzes zugrunde legen. Im Gegenteil. Der Staat sind wir alle. Wir können unseren selbstbestimmten Willen zu einem sinnvolleren Umgang mit Straffälligen gesellschaftsfördernd einsetzen. Der Staat ist nicht nach Art. 1 GG verpflichtet, Regelverstöße seiner Bürgerinnen und Bürger nach dem Prinzip von Schuld und Vergeltung zu ahnden, und darüber hinaus auch nicht, dafür den Freiheitsentzug in geschlossenen Anstalten zu wählen. Das erfordert auch nicht die Würde der Opfer.

10. Der christliche Hintergrund: Niemand ist ohne Schuld

Die Rolle der Kirche im Strafvollzug habe ich als sehr positiv erlebt. In fast jedem Gefängnis sind evangelische und katholische Seelsorgerinnen und Seelsorger tätig, die sich weit über das Vorgeschriebene hinaus für die Menschen in Haft und oft auch noch nach deren Entlassung engagieren. Konstruktive Systemanalyse und -kritik habe ich in erster Linie auf Tagungen der Anstaltsseelsorgerinnen und -seelsorger wahrgenommen.

Größeren Einfluss auf unsere Gefängnisse hat jedoch der christliche Hintergrund unserer Gesellschaft. Unser Prinzip von Schuld und Vergeltung wurde ganz wesentlich durch das Christentum mit seinen Glaubenssätzen, Symbolen und Ritualen geprägt. In vielen Gerichten, Staatsanwaltschaften und Amtsstuben hängt das Kreuz als Symbol der Hinrichtung Jesus und nicht wenige Richter, Staatsanwälte, Schöffen oder Gerichtsdolmetscher beenden ihre Vereidigung mit den Worten »so wahr mir Gott helfe«. Auch wenn wir nicht gläubig sind: Das Christentum beeinflusste unsere Kultur über Jahrtausende.

Im 5. Jahrhundert nach Christus entstanden die christlichen Bußbücher, die für jede Sünde einen entsprechenden Bußsatz ausweisen. Die sogenannten Bußzumessungsregeln berücksichtigten, anders als ihre weltlichen Pendants, die nur zwischen Vorsatz und Fahrlässigkeit unterschieden, vielfach auch die Motivation für die begangene Sünde – und damit einen schuldbezogenen Aspekt.[166]

Auch die Idee eines strafenden Freiheitsentzugs ist in den Klöstern des Mittelalters entstanden, in denen Gottesnähe mit einer Vorstellung von Rückzug, Einsamkeit und Bußfertigkeit verbunden war.[167] Nonnen oder Mönche, die gegen die Regeln des Klosters verstoßen hatten, wurden in Strafhäuser auf dem Klostergelände gesperrt, um in der Einsamkeit (zum Teil auch bei harter Arbeit) ihre Tat zu bedenken und für diese zu büßen.[168]

Von ganz zentraler Bedeutung ist jedoch das christliche Kreuz. Unabhängig vom theologischen Streit über die Interpretation und Bedeutung der Kreuzigungsgeschichte und ihres Symbols ist hier vor allem von Interesse, was uns das Kreuz bewusst, aber auch unbewusst im Hinblick auf unser strafrechtliches Prinzip von Schuld und Vergeltung noch heute vermittelt. So heißt es bei Jesaja 53,3: *»Doch er wurde durchbohrt wegen unserer Vergehen, wegen unserer Sünden zermalmt. Zu unserem Heil lag die Züchtigung auf ihm, durch seine Wunden sind wir geheilt. Wir hatten uns alle verirrt wie Schafe, jeder ging für sich seinen Weg. Doch der Herr ließ auf ihn treffen die Schuld von uns allen (…). Denn er trug die Sünden von vielen und trat für die Schuldigen ein. Er wurde vom Land der Lebenden abgeschnitten und wegen der Vergehen meines Volkes zu Tode getroffen«*[169]

Das Leid eines Einzelnen hat also das Leid vieler verringert. Hätte Jesus diese Todesqualen nicht auf sich genommen, hätte Gott uns Menschen unsere Sünden nicht verziehen und wir alle wären in der Hölle, der ultimativen Strafe für »das Böse«, gelandet. Wichtig ist hierbei, dass mit dieser Beschreibung die Zufügung von Schmerz als die einzig heilsame Reaktion auf Sünden dargestellt wird. Es wäre theoretisch ja ebenso denkbar, Jesus hätte die Sünden der Menschen allein dadurch geheilt, indem er Gutes getan hätte, oder dass Gott uns unsere Sünden ohne jede Gegenleistung, also auch ohne die Kreuzigung seines Sohnes, verziehen hätte.

Diese beiden Aspekte – Buße und Wiedergutmachung – finden sich auch in unserem Schuldstrafrecht: Unrecht und Schuld werden vergolten, indem man dem Täter ein Leid zufügt. Und damit wird die Hoffnung verbunden, den Schaden wiedergutzumachen.

Viele Christen möchten nach meiner Erfahrung am Prinzip von Schuld und Vergeltung nicht grundsätzlich etwas ändern. »Aber ein bisschen Schuld brauchen wir doch!«, entgegnete mir die Moderatorin eines katholischen Radiosenders fast verzweifelt, als ich sagte, dass mir der Begriff der Verantwortung sinnvoller erscheine als der der Schuld.

Aus meiner Sicht wird in der Kreuzigungsgeschichte auch darauf verwiesen, dass jeder Mensch Schuld in sich trägt. Jesus repräsentiert den Sohn Gottes, aber auch gleichzeitig den Menschen – stellvertretend für uns alle. Er selbst hat die Sünden nicht begangen, für die er gebüßt hat. Sinnbildlich hängen wir also alle am Kreuz, werden gequält und getötet, um zu vermeiden, dass wir in die Hölle kommen und noch ungleich mehr Qualen erleiden müssen. Damit wird verdeutlicht, dass wir alle ein klein wenig auch dann für Sünden bzw. Unrecht büßen sollten, wenn wir selbst nicht die unmittelbaren Täter sind. So können wir am besten ein kollektives Gespür für ein Unrecht entwickeln, das eben nicht immer nur von anderen begangen wird. Und wir könnten Wege finden, Unrecht wirksam zu reduzieren.

Das bedeutet keine Aufweichung der Grenzen zwischen »gut« und »böse«. Es bedeutet nicht, Einzelne aus der Verantwortung oder alles menschliche Leid auf uns zu nehmen, die Lebensfreude zu verlieren oder daran zu zerbrechen. Es bedeutet auch nicht, dass jeder im gleichen Maß für alles verantwortlich ist. Der Täter ist selbstverständlich viel stärker als ein nicht unmittelbar Beteiligter in die Verantwortung für seine Tat zu nehmen. Aber es bedeutet, ein bisschen von dem Leid zu spüren, das andere erlitten haben. Und es bedeutet, dass wir alle in die Verantwortung genommen werden, auch wenn wir scheinbar unschuldig sind. Der Jesus der christlichen Lehre kann uns hier als Vorbild dienen.

In der Bibel erlangt der Mensch durch das Leiden Jesu Vergebung. Er hat als Unschuldiger für uns, die Schuldigen, gelitten. Das Gute wurde in dieser Symbolik also gerade durch das Leid eines Unschuldigen erreicht und nicht dadurch, einen Täter »ans Kreuz zu nageln«.

Die großen Verlierer in der Erzählung von der Kreuzigung sind diejenigen, die Jesus getötet haben, um das Christentum zu unterdrücken. Jedoch genau das Gegenteil ist passiert, es hat sich letztlich durchgesetzt. Das angeblich »Böse« in einem Menschen lässt sich, so könnte man auch folgern, nicht allein dadurch unterdrücken, indem man diesem Menschen möglichst viel Leid zufügt.

Hinzu kommt ein weiterer Aspekt. Jesus nimmt das Leid freiwillig auf sich. Indem er dies tut, büßt er unsere Sünden. Dem Sünder bzw. Straftäter mit Gewalt ein Leid zuzufügen, wie wir es tun, führt dagegen nicht notwendig zu einer heilenden Buße und ist schon gar nicht mit einer solchen gleichzusetzen.[170]

Vielleicht ist das auch ein Grund dafür, dass es auf der gesellschaftlichen Ebene eine echte Vergebung für Strafgefangene nicht gibt. Den Makel ihrer Tat und einer Haftstrafe tragen Ex-Häftlinge vielleicht auch deshalb ein Leben lang mit sich herum, weil ihnen nicht abgenommen wird, aus eigenem Antrieb bereut und gebüßt zu haben.

Insgesamt würde uns also als Gesellschaft ein zukunftsorientiertes Konstrukt von gegenseitiger Verantwortung mehr nützen als das derzeitige Prinzip von Schuld und Vergeltung.

11. Das Gefängnis nützt niemandem

Das Gefängnis, wie wir es heute kennen, nützt also letztlich niemandem – zumindest erfüllt es nicht den Zweck, den wir ihm zuschreiben.

Es eignet sich nicht dazu, potenzielle Straftäter wirksam abzuschrecken. Es eignet sich nicht dafür, die Kriminalitätswahrscheinlichkeit seiner Insassen zu verringern. Es eignet sich nicht einmal dazu, Kriminalität insgesamt wirksam zu reduzieren. Es eignet sich nicht für einen menschenwürdigen Umgang mit Straffälligen. Und es eignet sich nicht dazu, die Bedürfnisse der Opfer von Straftaten zu befriedigen.

Selbst zur Befriedigung eines allgemeinen Vergeltungsbedürfnisses eignet es sich nur bedingt, denn die Mehrheit der Bevölkerung spricht sich zum Beispiel bei Vermögens- und Eigentumsdelikten gegen eine Freiheitsstrafe aus.

Gefängnisse kosten viel Geld, sie vergrößern die Rückfallwahrscheinlichkeit der Straftäter und sind einer aufgeklärten und humanen Gesellschaft nicht mehr würdig. Eine Überwindung der Gefängnisse, wie wir sie derzeit kennen, wäre nur zu unser aller Vorteil.

12. Der Weg zur Strafe der Zukunft

Die Forderung, das Gefängnis weitgehend abzuschaffen bzw. durch Alternativen zu ersetzen, ist eine Sache. Eine ganz andere ist die Frage, wie das gelingen kann. Und ob es überhaupt möglich ist. Schauen wir uns an, welche Schritte notwendig wären.

Alle Alternativen zum Status quo werden Geld kosten, bis zu ihrer Etablierung vielleicht sogar etwas mehr als der derzeitige Strafvollzug. Mittel- und langfristig lassen sich aber bisher aufgewendete Ressourcen deutlich einsparen: durch eine Konzentration strafender Interventionen auf schwere Kriminalität, durch eine Reduzierung sozialer Folgekosten infolge der höheren Resozialisierungschancen alternativer Maßnahmen und indem wir den Schwerpunkt auf präventive Interventionen legen.

Die für grundlegende Reformen notwendigen Verwaltungsstrukturen sind längst geschaffen. Die Verwaltung von über 200000 Neuinhaftierten pro Jahr[171] (wenn man die Untersuchungshaft und andere Haftformen einbezieht) und von 179 Vollzugsanstalten hat sich über Jahrzehnte entwickelt und funktioniert weitgehend reibungslos. Allein im Justizvollzug von Nordrhein-Westfalen sind über 8000 Bedienstete beschäftigt.[172] Für eine Neuordnung des Strafvollzuges müssten also lediglich die bestehenden Strukturen anders genutzt und die vorhandenen personellen Ressourcen anders eingesetzt werden. Auch in den Justizministerien des Bundes und der Länder wäre ausreichend Personal vorhanden, um entsprechende Reformgesetze ohne zusätzliche Mühe umsetzen zu können.

Umdenken

Um das Gefängnis in seiner jetzigen Form überwinden zu können, bedarf es unser aller Umdenken, unser aller Anstrengungen und auch unser aller Verzicht. Am Ende wird sich dies aber auch für uns alle lohnen.

Unser ganz grundsätzliches Bedürfnis nach Vergeltung und Strafe lässt sich nicht leugnen und wird wohl auch nie ganz verschwinden. Da wir das Bestrafen von schädigendem Verhalten inzwischen jedoch an den Staat delegieren, verlieren wir seine Mechanismen, seine Zweckmäßigkeit und seine Folgen völlig aus den Augen. Wir verharren in dem Glauben, alles sei bestens geregelt – oder ließe sich nicht ändern.

Als Individuum und als Gesellschaft haben wir das Bedürfnis, Straftaten zu vergelten, unabhängig davon, ob wir unmittelbar betroffen sind oder nicht. Es ist daher auch unser aller Aufgabe und Verantwortung, ein System zu ändern, das die an es gestellten Anforderungen nicht (mehr) erfüllt. Während uns das Schuldstrafrecht als Gemeinschaft trennt, würde uns das Prinzip der Verantwortung zueinander führen.

Unser Bedürfnis nach Strafe dient uns nicht selbst als Individuum, auch nicht dem Staat und seinen Institutionen.

Es dient der Allgemeinheit. Daher hat es auch unsere volle Aufmerksamkeit und Anstrengung verdient und wir sollten es nicht ausschließlich an den Staat und die Vollzugsbehörden delegieren.

Die Umsetzung unseres Vergeltungsbedürfnisses stellt selbst eine Aggression dar. Sie kann, wie alle Aggressionen, einen wichtigen und sinnvollen Zweck erfüllen und uns als Gesellschaft dienen – vorausgesetzt, wir setzen sie reflektiert und unter Berücksichtigung aller uns zur Verfügung stehenden Erkenntnisse ein.

Was damit gemeint ist, kann an einem vergleichbaren Beispiel verdeutlicht werden, unserem Sexualtrieb. Dieser ist ebenfalls in unserer Natur angelegt, wir können und dürfen ihn aber bei Weitem nicht ohne Grenzen ausleben. Wir müssen dabei die Interessen und Rechte anderer wahren, alles andere wäre sexueller Missbrauch. Und auch für eine Familienplanung wäre es nicht förderlich, so viele Kinder in die Welt zu setzen, wie es möglich ist. Individuelle und kollektive Interessen müssen möglichst in Einklang gebracht werden. Das ist auch bei unserem Bedürfnis nach Strafe der Fall. Auch hier können wir unseren Impulsen nicht uneingeschränkt freien Lauf lassen, sondern passen sie den jeweils aktuellen Sichtweisen an.

So haben wir uns von der Rache verabschiedet und ein Strafrecht entwickelt, das für jeden von uns gilt, durch das wir alle Strafende und auch potenziell zu Bestrafende sind. Damit sind wir jedoch nicht an einem Ende angelangt. Es ist Zeit, diese Entwicklung fortzusetzen und Bestehendes zu reformieren, aber vor allem auch andere Formen von Strafe zu finden und anzuwenden. Dabei sollte uns die soziale Funktion des Strafens stärker leiten als bisher.

In Zeiten knapper Ressourcen entstanden aus Konkurrenz Existenzkämpfe um Macht, Geld und Anerkennung, die bestimmten Regeln unterlagen. Ihre Einhaltung sollte garantiert werden, indem man diejenigen bestrafte, die sie brachen. Gerechtigkeit allein dadurch zu schaffen, dass einem ein Schaden zugefügt wird, damit er nicht zu dominant oder mächtig wird, spielt in unserer modernen kapitalistischen Gesellschaft inzwischen nur noch eine untergeordnete Rolle.

Unser Bedürfnis, Regelbrecher zu bestrafen und ihnen Gewalt anzutun, muss sich also zunehmend davon lösen, diesen in erster Linie ein Übel zuzufügen, dessen Maß sich an jenem orientiert, das sie anderen zugefügt haben. Das ist die Art, in der sich Gegner oder Feinde gegenseitig bestrafen[173] und die allenfalls sinnvoll sein kann, um ein Gleichgewicht verschiedener Parteien aufrechtzuerhalten. Das Strafen eignet sich kaum dazu, einzelne Gesellschaftsmitglieder, und erst recht gesellschaftliche Gruppen, in übermäßiger Macht zu beschränken. Dafür gibt es andere gesellschaftliche Strukturen und Maßnahmen.

Wir sollten unsere Anstrengungen vielmehr auf jene Interventionen lenken, die die Einhaltung grundlegender Normen tatsächlich verstärken. Vor allem, wenn wir nicht selbst Opfer einer Straftat sind, sollten wir unsere Wut und Empörung weg vom Täter und hin zur Tat richten und unsere Bemühungen von der Bestrafung des Täters weg auf seine Resozialisierung, die Unterstützung des Opfers und auf langfristigere Präventionsarbeit richten. Schritt für Schritt können wir so lernen, dass sich mit dem Rückbau der Gefängnisse auch unsere Einstellung zum Strafen verändert. Und wir werden immer deutlicher sehen und verstehen, dass diese neuen Wege sinnvoller und gerechter sind. Wir sollten die Energie, die in uns das Bedürfnis nach Vergeltung auslöst, nutzen, mit neuen Schwerpunkten ein neues Kapitel im Strafvollzug aufzuschlagen.

Reflexion unseres Vergeltungsbedürfnisses

Die Abweichung vom Normalen, von der Regel und vom Erwarteten weckt stets unsere Aufmerksamkeit. Im Positiven, zum Beispiel bei herausragenden Leistungen im Sport, und im Negativen, zum Beispiel bei Straftaten.

Berichten die Medien über eine Straftat, löst diese meist Erschrecken und Empörung, Wut und Angst, Mitgefühl mit dem Opfer und ein Bedürfnis nach Strafe bei uns aus. Das gilt umso mehr bei besonders schrecklichen Taten.

Evolutionär gesehen ergibt das Erkennen und Reagieren auf Gefahren und die Konzentration von Ressourcen und Aufmerksamkeit auf Missstände einen gewissen Sinn. Aber wir sind nicht mehr die Urmenschen, die nachts um das Feuer herumsitzen und darauf achten müssen, ob sich Feinde nähern. Bei uns sind, vermittelt über Internet und Medien, Gefahren zum weit überwiegenden Teil von einer unmittelbaren zu einer mittelbaren Wirklichkeit geworden. Gerade unser Strafrecht ist Ausdruck einer negativen Kumulierung gesellschaftlicher Entwicklungen.[174] Im Zeitalter der Digitalisierung werden wir mit Informationen überflutet und verfügen über immer weniger Ressourcen, diese in ihrer Tiefe zu verarbeiten. Erfahren wir von einem Problem, brauchen wir weitere Informationen mit einer schnellen und einfachen Lösung des Problems. Genau das bietet unser derzeitiges Strafrecht.

Dabei ist die Mehrheit von uns nicht mehr persönlich in Gefahr, wird nicht persönlich angegriffen oder gar verletzt. Wir müssen uns nicht selbst verteidigen und nicht selbst jemanden bestrafen oder einsperren. Aber wir hören und lesen täglich von Menschen, die Straftaten begehen, und von solchen, die Opfer von Straftaten werden.

Diese erhöhte Aufmerksamkeit verzerrt unsere Wahrnehmung und unser Bild von Kriminalität. Denn im Gefängnis sitzen zu einem überwiegenden Teil keine Menschen, die Gewaltverbrechen begangen haben. Zu einem realistischen und vernünftigen Umgang mit Kriminalität können wir erst dann finden, wenn wir ihr nüchterner und realistischer begegnen. Erst wenn wir die Täter nicht mehr wegsperren, können wir den Menschen hinter der Straftat sehen. Besser erkennen wir dann auch die sozialen Ursachen, die zur Tat führten. Und wenn wir uns von der Fixierung auf die Bestrafung der Täter lösen, können wir auch die Opfer und ihre Bedürfnisse deutlicher wahrnehmen.

Die meisten von uns werden bei genauerer Betrachtung vor allem bei schweren Delikten das Bedürfnis nach einer vergeltenden Strafe haben. Doch auch in diesen Fällen sollte es für uns wichtig sein, vor allem die Bedürfnisse der Opfer zu berücksichtigen und möglichst so auf die Täter einzuwirken, dass sie zukünftig keine Straftaten mehr begehen.

Verzicht auf das Gefängnis als trügerisches Symbol

Für die einen ist das Gefängnis ein Garant für Sicherheit, für die anderen stellt es die Institution dar, die Gerechtigkeit schafft, und wieder andere sehen in ihm eine Resozialisierungschance. In jedem Fall verspricht das Gefängnis die Erfüllung vieler Wünsche, die man an den Rechtsstaat haben kann, und beruhigt viele Ängste. Was das Gefängnis in Wirklichkeit bewirkt oder überhaupt bewirken kann, spielt dabei keine große Rolle. Es geht vor allem um seine Symbolwirkung.

Doch das Gefängnis ist ein trügerisches Symbol. Es vermittelt den Anschein einer menschenwürdigen Behandlung der Gefangenen, die in Wirklichkeit keine ist. Von der Mitbestrafung unschuldiger Kinder u.a. abgesehen, ist die Unterbringung in dem kleinen Haftraum einer geschlossenen Anstalt, jedenfalls für längere Zeit, nicht menschenwürdig.

Das Gefängnis gibt uns das trügerische Gefühl, gerecht im Umgang mit Normverletzungen zu handeln. Tatsächlich kommen die Inhaftierten aber in der Mehrheit aus bestimmten sozialen Schichten und Milieus. Das Gefängnis ist alles andere als ein Spiegelbild der Gesellschaft. Es werden dort nicht grundsätzlich Menschen eingesperrt, die vergleichbare Voraussetzungen für ein gelingendes Leben hatten wie alle anderen auch und sich, anders als die Mehrheit, einfach nur gegen das Recht entschieden haben. Wenn man so will, ist das Gefängnis ein Spiegel gesellschaftlicher Ungleichheit und Ungerechtigkeit. Es täuscht uns in dem Eindruck, dort würden diejenigen eingesperrt, die anderen Menschen oder unserem Gemeinwesen den größten Schaden zugefügt haben. Bestraft wird dagegen vor allem eine bestimmte Art und

Weise, andere zu schädigen. Man kann straffrei Autos verkaufen und fahren, die unserer Umwelt und unserer Gesundheit massiv schaden, aber sich durch eine Ohrfeige strafbar machen. Man darf in der Politik oder im Management fast alles riskieren und straffrei Fehler machen, die viele Tausende Menschen den Arbeitsplatz kosten, macht sich aber strafbar, wenn man Briefmarken seines Arbeitgebers für private Zwecke verwendet. Man kann völlig legal falsche Fakten über Migranten verbreiten, um Aggressionen zu schüren und politisch Karriere zu machen, und sich strafbar machen, wenn man die Person als »Arschloch« bezeichnet.

Das Gefängnis täuscht uns in dem Glauben, das Mögliche und Sinnvolle im Kampf gegen Kriminalität zu tun. Wir spüren die Wut über den Regelbruch, wir spüren ein Vergeltungsbedürfnis und setzen die so entstehende Energie in eine Bestrafung um. Das fühlt sich zunächst richtig an, lenkt aber von einem wirklich wirksamen Umgang mit Straftaten ab. Es setzt einen Schlusspunkt.

Der Preis für diese Symbolhaftigkeit ist hoch – zu hoch – und das nicht nur in finanzieller Hinsicht. Sie existiert auf Kosten der Menschlichkeit, der Gerechtigkeit und letztlich auch auf Kosten unserer tatsächlichen Sicherheit.

Erst wenn wir auf die Symbolwirkung des Gefängnisses zunehmend verzichten, wird unser Blick freier und können wir auf schädigendes Verhalten Einzelner sinnvoller und gerecht reagieren.

Hindernisse und strukturelle Bedingungen

Das Gefängnis wird so lange nicht ersetzt werden, solange es gesellschaftlich mächtige Interessen befriedigt, die nicht auf andere Weise ebenso bedient werden können. Das Gefängnis und seine Abschaffung stehen zudem Pate für die Frage, was unsere soziale Wirklichkeit bestimmt, ob und inwieweit sich Fakten und Vernunft durchsetzen können, staatliche Strukturen und Institutionen veränderungsfähig sind und sie sich neuen Erkenntnissen anpassen lassen.

Man muss kein Verschwörungstheoretiker sein, um festzustellen, dass vieles, was wir für die Wahrheit halten, tatsächlich Interessen sind, die sich im Laufe der Zeit gegen andere durchgesetzt haben. Ebenso verhält es sich mit dem, was wir für gerecht oder richtig halten.

Wir tun uns selbst sicher nicht unrecht, wenn wir annehmen, dass in aller Regel nicht hehre Moralvorstellungen unser Handeln leiten, sondern das Bedürfnis, unser eigenes Wohlbefinden zu steigern und negative Gefühle zu vermeiden. Anders ausgedrückt tendieren wir zu einem Verhalten, das zu unserem eigenen Vorteil ist. Eine Neigung, die durch altruistisches und solidarisches Handeln zwar immer wieder abgemildert wird, aber nie ganz verschwindet.

Das wäre weiter nicht der Rede wert, wenn die Vor- und Nachteile für alle Menschen mehr oder weniger die gleichen wären. Bekanntermaßen ist jedoch oft das Gegenteil der Fall. Was für den einen vorteilhaft ist, führt bei einem anderen zumindest teilweise zu einem Nachteil. Dieser Gedanke gilt nicht nur dann, wenn sich zwei um das Gleiche streiten.

Wenn jeder permanent gesund wäre, wäre das schlecht für die Ärzte, die ihren Lebensunterhalt mit der Bekämpfung von Krankheiten verdienen. Gäbe es keine Menschen mit sozialen Problemen, hätten Sozialarbeiter keine Arbeit. Und wenn – sehr überspitzt formuliert, da es nicht um die Abschaffung von Strafe generell, sondern nur um ihre Form als Freiheitsstrafe geht – es keine Straftäter und Strafen mehr gäbe, wären allein in Deutschland Hunderttausende arbeitslos, die auf legale Art und Weise mit der Kriminalität oder deren Bekämpfung ihr Geld verdienen oder darin ihre Selbstverwirklichung sehen: Richter, Staatsanwälte, Strafverteidiger, Polizisten, Justizmitarbeiter, Gefängniskritiker, Krimiautoren etc.

Ein System ist umso schwerer zu verändern, je mehr Menschen in ihm Geld verdienen. In der Energiewirtschaft oder der Automobilindustrie, in denen mit dem Fortschritt, wie zum Beispiel umweltfreundlichen Entwicklungen, oft der Verlust von Arbeitsplätzen verbunden ist, leuchtet das unmittelbarer ein. Es gilt jedoch auch für unser Strafsystem.

Von den 4 Milliarden Euro, die unsere Gefängnisse jedes Jahr kosten, leben neben den Justizbediensteten viele andere: psychiatrische Ärzte, Psychologinnen, Gutachter und Handwerksbetriebe und viele mehr. Zwar sind wir von US-amerikanischen Verhältnissen weit entfernt, in denen Gefängnisse durch private Träger betrieben werden, die gewinnmaximierend darauf bedacht sind, immer genügend Menschen einzusperren, damit sich der Betrieb lohnt und die Gefangenen als billige Arbeitskräfte eingesetzt werden können. Aber auch in Deutschland lassen Unternehmen ihre Produkte in den Anstalten günstig herstellen, auch weil sie den Inhaftierten einen lächerlich geringen Lohn zahlen müssen.

Das ist ein zentraler Aspekt in der Diskussion, inwieweit Alternativen zu unserem derzeitigen Strafrecht nicht nur sinnvoll, sondern auch realistisch umzusetzen sind. Wer durch eine Alternative zum jetzigen System arbeitslos würde, ist mit großer Wahrscheinlichkeit und nachvollziehbarerweise wohl gegen eine Veränderung, wird dies aber in der Regel anders begründen.

Sehr deutlich wurde mir das bei einem Vortrag vor einer Vereinigung von Strafverteidigern. Ich war davon ausgegangen, dass ich bei diesen mit meinen Thesen zur Reform des Strafvollzuges auf offene Ohren stoßen würde. Weit gefehlt. Selten zuvor habe ich so viel Widerspruch erlebt. Jede Alternative zum Status quo wurde abgeschmettert. Auf meinen Vorschlag: »Anstelle von kurzen Freiheitsstrafen könnte man einen elektronisch überwachten Hausarrest vollziehen, wie es ihn in anderen Ländern längst gibt«, entgegnete man mir: »Das ist doch nicht ausreichend sicher! Der Betreffende könnte ja dennoch das Haus verlassen und, bis die Polizei ihn wiedergefunden hat, erneut straffällig werden.« »Aber die Wahrscheinlichkeit ist doch verschwindend gering. Die Abschreckungswirkung einer Fußfessel ist hoch, da ihr Träger weiß, dass ihm eine Straftat fast immer nachgewiesen werden kann. Außerdem geht es doch um Menschen, die ohnehin nach einigen Monaten wieder in Freiheit wären. Da wäre es doch sinnvoller, Lösungen zu finden, die die Schäden der Haft auch für die Allgemeinheit reduzieren. Die Kosten würden reduziert, und ich bin überzeugt, dass auch die Rückfallquote geringer wäre.« »Aber die Technik ist noch nicht ausgereift und im Gefängnis werden die Inhaftierten ja auch resozialisiert.« »Natürlich sollen die Straffälligen auch im elektronisch überwachten Hausarrest nicht sich selbst überlassen werden.« »Trotzdem …«

Ich konnte es mir zunächst nicht erklären, warum sich Strafverteidiger so vehement gegen Veränderungen im Strafvollzug aussprachen. Bis nach meinem Vortrag einer der Teilnehmer beim Bier zu mir sagte: »Sie müssen das schon verstehen. Je höher der Leidensdruck der Mandanten ist, desto höher ist ihre Zahlungsmoral.« Eine solche Haltung ist nicht repräsentativ für Strafverteidigerinnen und Strafverteidiger, ganz im Gegenteil. Die meisten sind vermutlich der Meinung, dass zu viel und falsch gestraft wird. Und es spricht natürlich nichts dagegen, mit dem Einsatz für etwas, das man für richtig hält, Geld zu verdienen.

Indem uns Bürgerinnen und Bürgern suggeriert wird, Gefängnisse erhielten die staatliche Ordnung und Kontrolle, profitiert auch die Politik. Das mit den Gefängnissen verbundene Versprechen größtmöglicher Kontrolle spielt wiederum jenen Medien in die Hände, die von einer Skandalisierung und oberflächlichen Berichterstattung leben. Ein entflohener Häftling ist ein ebenso dankbares Thema wie ein »Wärter«, der Drogen in den Knast geschmuggelt oder Sex mit einer Gefangenen gehabt hat.

Die Beispiele zeigen, welch vielfältige finanziellen Interessen mit unserem derzeitigen Strafvollzug verbunden sein können. Bei den Justizbediensteten liegt es ohnehin auf der Hand, dass es auch um Arbeitsplätze geht.

Schon wenige Minuten nachdem ich meinen Vortrag begonnen hatte, standen die ersten Zuhörer auf und verließen den Saal. Zunächst dachte ich noch, sie wollten vielleicht zur Toilette. Aber als eine Dame in der Mitte der zweiten Reihe aufstand und eine Menge anderer Gäste aufstehen musste, um sie herauszulassen, merkte ich, dass das einen anderen Grund haben musste.

Da der Veranstalter der Tagung ein privater Verband war, hatte ich nur mit Zuhörern gerechnet, die nicht vom Fach waren, aber sich für unsere Gefängnisse interessierten. Diejenigen, die den Vortrag vorzeitig verließen, und das waren nicht wenige, waren allerdings Beschäftigte im Strafvollzug. Sie haben das Ende meiner Rede nicht gehört, in der ich die hervorragende Arbeit der Mitarbeiterinnen und Mitarbeiter in den Gefängnissen betonte und argumentierte, dass die Rahmenbedingungen geändert werden müssten und man beim Auf- und Ausbau von Alternativen sehr wohl auf ihre Hilfe angewiesen sei. Stattdessen entstand der Eindruck, ich kritisiere ihre Arbeit oder stelle ihre Arbeitsplätze in Frage. Dass ich beides nicht beabsichtige, betone ich seitdem immer zu Beginn der Vorträge, die ich vor Justizmitarbeitern halte.

Gesellschaftliche Subsysteme

Ein System wie die Gesellschaft bildet funktional differenzierte Subsysteme aus. Welche Interessen wir als Individuen verfolgen, was wir als richtig oder falsch, was wir als Vor- oder Nachteil ansehen und was wir als erstrebens- oder ablehnenswert betrachten, richtet sich stark danach, in welchem gesellschaftlichen Subsystem bzw. in welchem beruflichen Umfeld wir uns bewegen.

Als wichtige Subsysteme heutiger Gesellschaften gelten Medien, Politik, Wissenschaft und Justiz. Jedes für sich versucht, die eigenen Interessen gegen die der anderen durchzusetzen, oder, wenn das nicht gelingt, seine Interessen inhaltlich an die anderer Subsysteme anzupassen. Da Medien Wirtschaftsunternehmen sind, geht es bei ihrer Arbeit (auch) um den Verkauf bzw. die Einschaltquote, in der Politik geht es ganz grundsätzlich um Macht und in der Wissenschaft um die Wahrheit. In der Justiz geht es darum, Arbeitsplätze zu erhalten und zu schaffen, wobei diese nicht erwirtschaftet, sondern von Interessenverbänden und politischen Vertretern begründet werden müssen. Ein Hauptinteresse der (Justiz-)Verwaltung ist es, möglichst reibungslose Abläufe zu gewährleisten.

Und schließlich müssen wir (fast) alle Geld verdienen. Wenn man so will, ist diese Notwendigkeit der kleinste gemeinsame soziale Nenner aller Subsysteme.

Politik

Manche Strafgesetze werden als politische Reaktion auf gesellschaftliche Probleme oder vermeintliche Probleme erlassen[175], wie der nach den Vorfällen der Kölner Silvesternacht 2015/2016 reflexartig neu geschaffene Straftatbestand § 184j StGB, »Straftaten aus Gruppen«, deutlich macht.[176] Dieser Tatbestand lautet: »Wer eine Straftat dadurch fördert, dass er sich an einer Personengruppe beteiligt, die eine andere Person zur Begehung einer Straftat an ihr bedrängt, wird mit Freiheitsstrafe bis zu zwei Jahren oder mit Geldstrafe bestraft, wenn von einem Beteiligten der Gruppe eine Straftat nach den §§ 177 oder 184i begangen wird und die Tat nicht in anderen Vorschriften mit schwererer Strafe bedroht ist.« Es gibt so gut wie keine Verurteilungen auf dieser Grundlage.[177] 2017 waren es beispielsweise deutschlandweit lediglich zwei.[178] Der Paragraf hat also fast keine praktische Bedeutung, zumal die abschreckende Wirkung von Strafen bei Sexualdelikten gerade aus einer Gruppendynamik heraus sehr gering ist.

Das Beispiel des Betäubungsmittelstrafrechts wiederum

zeigt, dass sich auch zahllose Strafverfahren gegen Konsumenten und Händler nicht dazu eignen, das Drogenproblem wirksam einzudämmen. So wurden etwa 2017 insgesamt 330 580 Rauschgiftdelikte polizeilich erfasst. 2013 waren es noch 253 525.[179] Die Zahl der Drogentoten ist von 1002 im Jahr 2013 auf 1272 im Jahr 2017 gestiegen.[180] Derzeit wird die Anzahl der Konsumenten illegaler Drogen in Deutschland auf 600 000 geschätzt.[181]

Aufschlussreich waren für mich mehrere öffentliche Diskussionen mit amtierenden Justizministern. Meiner Erfahrung nach kann man mit ihnen nur bis zu einem gewissen Punkt diskutieren; dann wird deutlich, worum es dem Politiker vor allem geht: darum, seine Wähler nicht zu verprellen, das Justizpersonal nicht zu verunsichern und keinen Konflikt mit Parteifreunden zu riskieren. Einer differenzierten inhaltlichen Diskussion sind so enge Grenzen gesetzt.

Der Strafvollzug ist ein sehr emotional besetztes Thema. Kollektive Gefühle von Angst und Wut spielen eine große Rolle. Man gewinnt daher mit kernigen Aussagen über harte und konsequente Strafen sehr leicht Wählerstimmen. Es gibt aber natürlich in allen Parteien auch Politiker, die sich für die Sache einsetzen und nicht vordergründig nur an einem persönlichen Erfolg interessiert sind. Das fortschrittlichste Justizvollzugsgesetz hat, sicher gegen viele Widerstände, der damalige Justizminister Volkmar Schöneburg von der Linkspartei in Brandenburg auf den Weg gebracht. Er ist nicht nur Politiker, sondern auch Strafrechtsexperte und Wissenschaftler. Auch in Sachsen wurde nach meiner Erfahrung zunächst unter einem FDP-, dann unter einem CDU-Minister ein sehr fortschrittlicher Strafvollzug eingeführt, der eine bestmögliche Resozialisierung der Inhaftierten zum Ziel hatte. Hier ging es nicht allein um deren möglichst sichere Verwahrung oder gar um eine besonders repressive Behandlung zur Befriedigung kollektiver Strafgelüste.

Ich erlebe aber auch Anfeindungen von Politikern. Der parlamentarische Geschäftsführer der AfD-Fraktion im sächsischen Landtag veröffentlichte unter der Überschrift »Opferschutz statt Täterschutz« folgende Stellungnahme: »Bei Herrn Galli frage ich mich, ob sein Name Programm ist und er sich ›Halli Galli‹ auf Deutschlands Straßen wünscht. Wie weltfremd und unverantwortlich muss man sein, um derartige Thesen in die Welt zu setzen? Resozialisierung von Straftätern ist nicht die vorrangige Aufgabe der Gesellschaft. In erster Linie müssen Kriminelle bestraft und weggesperrt werden, um die Bürger vor weiteren Wohnungseinbrüchen, Raubüberfällen oder sexuellen Belästigungen zu schützen.«[182]

Und nachdem ich auf Einladung der Fraktion der Grünen im bayerischen Landtag aus meinen Büchern gelesen und anschließend in einem Podiumsgespräch mit der Landtagsvizepräsidentin diskutiert hatte, veröffentlichte die CSU-Fraktion eine Presseerklärung, in der von meinen »kruden« Thesen und einem Schlag ins Gesicht aller Opfer von Kriminalität die Rede war.[183]

Das war ein Jahr vor der Landtagswahl in Bayern, bei der die CSU insbesondere durch die Grünen stark unter Druck geraten war. Es leuchtet mir durchaus ein, dass im Vorfeld eines Wahlkampfs viel getan wird, um Stimmung gegen den politischen Gegner zu machen. Ob in dem Statement auch die persönliche Meinung der Justizpolitiker der CSU-Fraktion wiedergegeben wurde, kann ich nicht mit Sicherheit sagen. In jedem Falle werden damit aber viele Bürgerinnen und Bürger in der falschen Ansicht bestärkt, ein weniger repressiver Umgang mit den Tätern richte sich gegen die Bedürfnisse der Opfer.

Verheerend ist es in jedem Fall, wenn Politiker aus der Angst der Menschen vor Kriminalität Kapital schlagen, indem sie Gefahren überbetonen, um sich schließlich selbst als Garant für Sicherheit, Recht und Ordnung zu stilisieren sowie harte und konsequente Strafen zu fordern. Kriminalität, Strafen und Gefängnisse werden so zum Gegenstand von Angebot und Nachfrage, zu Gütern auf einem grundsätzlich freien politischen Markt.

Sicherlich ist die Änderung des Strafrechts kein erklärtes Anliegen konservativer Politik. Und selbst bei liberalen und linken Politikern stößt sie schnell an – manchmal sogar überraschende – Grenzen. So spüre ich immer wieder starke Widerstände bei der Frage, ob man die Gefängnisstrafe auch für rechtsradikale Straftäter oder gierige Manager abschaffen sollte. Auch technologiebasierten Neuerungen wie der »elektronischen Fußfessel« oder der gemeinnützigen Arbeit als Hauptstrafe steht man bei den eher linken Parteien meiner Erfahrung nach vielfach skeptisch gegenüber. In konservativen Kreisen fällt dagegen der Gedanke, Straftäter durch gemeinnützige Arbeit stärker in die Pflicht zu nehmen und Ressourcen für den Strafvollzug einzusparen, auf fruchtbaren Boden.

In der Politik treffen die verschiedenen gesellschaftlichen Interessen aufeinander, die sich nicht immer miteinander vereinbaren lassen. Kompromisse müssen ausgehandelt werden. Dennoch bin ich überzeugt, dass mit einem zunehmenden Bewusstsein über unseren Strafvollzug auch parteiübergreifend eine grundsätzliche Reform möglich werden wird. Irgendwann wird sich die Erkenntnis durchsetzen, dass härtere Strafen keine Straftat verhindern und Gefängnisse nicht resozialisieren, so dass es auch für politische Kräfte zunehmend schwerer wird, aus entsprechenden Forderungen populistischen Gewinn zu ziehen.

Medien

Eine Boulevardzeitung, die mein erstes Buch »Die Schwere der Schuld« vorstellen wollte, hatte mich zu einem Interview eingeladen. Der Redakteur nahm einzelne Sätze oder Passagen aus dem Buch, ohne den Zusammenhang zu berücksichtigen, in dem sie geschrieben waren, und formulierte daraus fast ausschließlich provokante Fragen: »Sie wollen also die Gefängnismitarbeiter alle arbeitslos machen, weil das alles Unsinn ist, was die tun?« »Nein, in den Anstalten sind sehr engagierte und kompetente Leute tätig. Ich halte es allerdings grundsätzlich nicht für sinnvoll, Menschen zur Strafe einzusperren. Es geht gerade um die Frage, ob die Arbeit der Justizbediensteten in einem anderen Kontext nicht bessere Wirkung erzielen würde.« »Die Wärter schmuggeln alle Handys und Drogen in den Knast?« »Nein, das sind absolute Ausnahmen. Ich will mit dieser Geschichte zeigen, wie die Strukturen des Strafvollzuges auch die Mitarbeiter demotivieren können.« »Sex zwischen Gefangenen und Schließern ist also an der Tagesordnung?« »Nein, auch das ist die Ausnahme. An diesem Beispiel möchte ich aufzeigen, wie schwierig es für beide Seiten ist, das Verhältnis zwischen professioneller Distanz und menschlicher Nähe auszutarieren.« In diesem Stil ging es noch eine Weile weiter, bis es dem Reporter offensichtlich zu bunt wurde: »Wir verdienen unser Geld mit Scheiße. Und sehr viel von dieser Scheiße verdanken wir der Eitelkeit und Gier der Leute, die wollen, dass wir über sie berichten. Wenn Sie wollen, dass wir für Ihr Buch Werbung machen, müssen Sie das Spiel schon mitspielen.« Selbstkritisch betrachtet waren es wohl genau die von ihm so treffend erwähnten Eigenschaften Gier und Eitelkeit, die mich veranlasst hatten, das Interview nicht abzubrechen, sondern zu Ende zu führen.

Das Ergebnis war ein Artikel, der kolportierte, ich hätte eine Kritik an der sächsischen Justiz verfasst, was sinnentstellter kaum sein konnte. In einer Geschichte des Buches erwähnte ich, dass die Hauptdroge bei den Gefangenen Crystal Meth und die bei uns Beamten Alkohol ist. Damit wollte ich zum Ausdruck bringen, dass jede »Welt« ihre eigenen Abhängigkeiten hat. Daraus machte der Journalist ein Alkoholproblem der sächsischen Justiz. Wie man sich denken kann, wurde ich dafür von den Kollegen verständlicherweise scharf kritisiert.

Eine ähnliche Erfahrung machte ich als Live-Gast im Frühstücksfernsehen eines Privatsenders. Die Sendung dauert mehrere Stunden, wobei ungefähr jede halbe Stunde mehr oder weniger das Gleiche gesendet wird, um möglichst viele Zuschauer erreichen zu können. Wochentags läuft dieses mehrstündige Format täglich. Diese Stunden wollen erst einmal gefüllt sein, mit Themen, die die Zuschauer eher nebenher konsumieren können.

Ich war im Abstand von 30 oder 40 Minuten jeweils für drei oder vier Minuten live auf Sendung. Ein anderer Gast war ein junger Mann, der als Sohn eines Prominenten anscheinend auch als bedeutend galt. Ich kannte ihn nicht, genau so wenig die Frau, die kurz darauf in Begleitung eines

Mannes, der sich als ihr Manager herausstellte, auftauchte. Sie ist, wie ich später erfahren habe, eine sogenannte Influencerin, und die ungemein spannende Frage, zu der sie und der junge Mann in die Sendung eingeladen waren, lautete nun, ob sie immer noch liiert seien. Die beiden und ich gingen immer abwechselnd ins Studio, während des Nachrichtenblocks saßen wir zusammen. In ihrem ersten Durchgang outeten sich die beiden live: Sie seien immer noch ein Paar!

In den kurzen Phasen, die ich auf Sendung war, liefen Einspieler, in denen Menschen auf der Straße befragt wurden, was sie davon hielten, Gefängnisse abzuschaffen. Viele fanden, das sei Unfug, und es war sehr schwer, meine Argumente in der kurzen mir zur Verfügung stehenden Zeit überzeugend zu vermitteln. Am Ende hatte ich das Gefühl, das Ganze diente eher zur Belustigung der Zuschauer. Auf jeden Fall war die positive Einstellung zu Gefängnissen gestärkt worden.

Ähnlich erging es mir bei einer abendlichen Livesendung. Erst kurz vor der Sendung teilte man mir mit, man habe auch noch einen entlassenen Gefangenen eingeladen. Dieser erzählte dann in der kurzen Zeit, die uns zur Verfügung stand, wie wichtig die Haft für ihn gewesen sei, um wieder auf den richtigen Weg zu kommen. Es sei ihm eine eindringliche Warnung gewesen, er habe nun eine Frau usw. Dagegen war ich nahezu chancenlos. Nach der Sendung erzählte er mir allerdings, dass er gerade wieder auf Bewährung verurteilt worden sei. Dem Publikum hatte man das verschwiegen, offenbar sollte es nicht zu sehr irritiert werden.

Alle Medien haben ihre eigenen, wohlgemerkt grundsätzlich berechtigten, Interessen und ihr Publikum, das sie ansprechen wollen. Komplexe Anliegen, wie eine Reform des

Strafrechts, benötigen Formate, im Fernsehen wie auch in den Printmedien, die es ermöglichen, eine grundlegende und seriöse Diskussion zu führen. 95 Prozent meiner Erfahrungen mit Medien aller Art waren jedoch viel positiver, als ich es erhofft hatte, bevor ich mit meinen Thesen an die Öffentlichkeit ging. Ich hatte befürchtet, dass die allermeisten Menschen sie als Spinnerei, unverantwortlich und oberflächlich ablehnen würden. Doch das Gegenteil war der Fall. Ich selbst beschäftige mich beruflich seit vielen Jahren mit Fragen des Strafvollzuges und war sehr beeindruckt, wie gründlich sich die allermeisten Journalisten und Redakteure in die Thematik eingearbeitet hatten. Die Forderung, unsere Gefängnisse grundlegend zu überdenken, wurde beispielsweise von der Sendung Galileo aufgegriffen, die unter dem Titel »Smarte Konzepte für Gefängnisse« u.a. den offeneren und erfolgreicheren Strafvollzug in Skandinavien dargestellt hat. Häufig wird in Berichten hinterfragt, ob wir zu viele Menschen einsperren.[184] In fast allen Medienbeiträgen wurden die hohen Rückfallquoten der Inhaftierten[185] und die immensen Kosten unserer Gefängnisse thematisiert.[186] Viele Journalisten und Redakteure teilen meine Überzeugung, dass unser Strafrecht grundlegend reformiert und die Gefängnisstrafe hinterfragt werden muss.

Wissenschaft

In der Wissenschaft ist mir niemand bekannt, der sich für unseren Strafvollzug in seiner derzeitigen Form aussprechen würde. Es gibt allerdings eine große Bandbreite wissenschaftlich begründeter Ansichten dazu, inwiefern und inwieweit er verändert werden sollte.

Wer für die Justiz wissenschaftlich tätig ist, etwa in einem Justizministerium oder einem ihm untergeordneten kriminologischen Dienst, ist in ein hierarchisches System eingebunden und darf das Justizsystem nicht grundsätzlich in Frage stellen. In diesen Institutionen werden daher vor allem einzelne Therapiemaßnahmen oder Unterbringungsformen hinterfragt und fortentwickelt.

In von der Justiz unabhängigen wissenschaftlichen Kreisen herrscht dagegen weitgehend Einigkeit darüber, dass ein Resozialisierungserfolg im derzeitigen Strafvollzug nicht belegt werden kann. Sehr viele sprechen sich dafür aus, zumindest niemanden mehr wegen Bagatelldelikten, wie zum Beispiel Beförderungserschleichung, in Haft zu nehmen. Vielfach wird die Abschaffung der Ersatzfreiheitsstrafe gefordert, zum Teil sogar die Strafe überhaupt in Frage gestellt.[187] Der Kriminologe Sebastian Scheerer etwa stellt fest: »Als Demonstration machtvoller Vergeltung ist die Kriminalstrafe zugleich ein Offenbarungseid. Wie hilflos ist es doch, auf die heiße Grausamkeit eines schweren Verbrechens nicht klüger, nicht humaner und nicht effektiver zu reagieren, als mit der kalten Grausamkeit der Wiedervergeltung.«[188] Und auch die Gruppe der sogenannten Abolitionisten wird immer größer, also derer, die die Abschaffung der Freiheitsstrafe in Gefängnissen fordern.[189]

Johannes Feest und andere Kriminologen haben in Deutschland seit Jahrzehnten dargelegt, warum Gefängnisse unmenschlich sind und die an sie gestellten Erwartungen nicht erfüllen. Alternative Ansätze zum derzeitigen Strafvollzug lassen sich vor allem unter dem Begriff der »Restorative Justice«[190] zusammenfassen. Damit sind vor allem integrative Verfahren mit einer verstärkten aktiven Einbeziehung der Beteiligten – also der Täter, der Opfer und der Gemeinschaft – in den Prozess der Tataufarbeitung gemeint, um eine möglichst weitgehende Wiederherstellung der Integrität aller Beteiligten zu erreichen.[191] Kriminalität wird weniger als eine Verletzung von Gesetzen betrachtet denn als eine Verletzung von Menschen und Beziehungen.[192]

Die Autorin und Restorative-Justice-Aktivistin Rehzi Malzahn fasst diesen alternativen Ansatz so zusammen: »Die Strafjustiz fragt: Kann der Staat beweisen, dass Person X Gesetz Y gebrochen hat, und welche Strafe ist dafür angemessen? Restorative Justice fragt: Wer wurde verletzt? Was brauchen die Betroffenen? In wessen Verantwortung liegt es, sich darum zu kümmern?«[193]

Auch die Ideen einer »Transformative Justice« werden hierzulande immer häufiger vertreten. Dieses Konzept betrachtet die Verantwortung für Gewalt nicht als eine individuelle, sondern als eine kollektive Aufgabe.[194] Einer gewaltausübenden Person sollen Möglichkeiten zur Verhaltensänderung angeboten werden, anstatt sie zu bestrafen und aus der Gesellschaft auszustoßen. Gleichzeitig soll das Umfeld des Opfers mobilisiert werden, um die von Gewalt betroffene Person zu unterstützen.[195] Straftaten sollen als Ausdruck sozialen Wandels verstanden werden, weshalb es nicht nur um die (gerade bei schwersten Straftaten) kaum mögliche Wiederherstellung dysfunktionaler Verhältnisse gehen kann, sondern im Sinne einer Transformation um einen Anstoß zur Schaffung einer inklusiveren, gerechteren Gemeinschaft.[196] Wenn eine Frau von ihrem gewalttätigen Partner immer wieder geschlagen wird, kann es bei der Aufarbeitung einer Körperverletzung nicht das Ziel sein, den Stand vor dieser Gewalttat wiederherzustellen. Diese Frau wäre dann immer noch in dieser für sie gefährlichen und belastenden Beziehung. Sie muss also darin unterstützt werden, sich von ihrem Partner zu lösen und gesündere Beziehungen einzugehen. Wenn ein drogensüchtiger Sozialhilfeempfänger aus seiner Not heraus einen Diebstahl begeht, macht die Wiederherstellung des Zustandes vor dem Diebstahl wenig Sinn. Die Situation des Täters wäre nach wie vor prekär und die Wahrscheinlichkeit weiterer Straftaten groß.

Es ist bemerkenswert, wie viele bessere Ideen als das Gefängnis es gibt und wie wenig sich unser derzeitiger Strafvollzug in der Realität bewährt, so dass er aller wissenschaftlichen Erkenntnis widerspricht. Vielleicht ist dies auch ein Grund dafür, warum sich die Justiz kaum aktiv in den gesellschaftlichen Diskurs über Sinn und Unsinn der Freiheitsstrafe einbringt und sich stattdessen gebetsmühlenartig auf Resozialisierung und den (angeblichen) Willen des Volkes beruft.

Insgesamt bin ich dennoch sehr zuversichtlich. Bei zahlreichen Lesungen, Vorträgen und Diskussionsveranstaltungen habe ich die Erfahrung gemacht, dass die allermeisten Menschen sehr aufgeschlossen sind, neue Wege für den Umgang mit zumindest einem großen Teil von Straffälligen außerhalb des Gefängnisses zu suchen. Das geht nicht ohne die zahlreichen Angestellten in der Justiz, im Vollzug und in den Behörden. Es würde also niemand arbeitslos. Die Vollzugsbeamten sind nicht nur für die Sicherung von Gefangenen, sondern auch für die Arbeit und den Umgang mit Straffälligen hervorragend ausgebildet. Sie sind psychologisch und juristisch geschult. Viele verfügen über therapeutische Zusatzqualifikationen. Diese Fähigkeiten würden bei einem Ausbau von Alternativen zum Gefängnis dringend gebraucht werden. Lediglich langfristig kann Personal eingespart werden, indem strafende Interventionen zunehmend auf schwere Kriminalität beschränkt werden.

Über die Art und den Umfang möglicher Alternativen zum Gefängnis kann und muss diskutiert, vielleicht auch gestritten werden. Die Infragestellung des Gefängnisses scheint mir medial, politisch und gesellschaftlich vor allem dann mehrheitsfähig zu sein, wenn es uns gelingt, die Energie, die Straftaten und Kriminalität in uns allen auslösen, in eine Richtung zu lenken, mit der wir uns am Ende nicht mehr selbst schaden.

Das Gefängnis in der Logik unseres Gesellschaftssystems

Oft wird behauptet, das Gefängnis könne nicht überwunden und unser Strafrecht nicht grundlegend reformiert werden, solange sich unsere Gesellschaft an kapitalistischen Grundsätzen orientiert. Aus meiner Sicht stimmt das nur zum Teil. Gefängnisse gibt es auch in nicht kapitalistisch organisierten Gesellschaften wie etwa in Kuba oder Nordkorea, wobei es sich in Letzterem wohl eher um Straflager handelt.

Richtig ist allerdings, dass man das Gefängnis in unserer Gesellschaft nur unter Berücksichtigung der Grundsätze unseres kapitalistischen Gesellschaftssystems (positiver formuliert eines Systems der freien Marktwirtschaft) verstehen, erklären und durch Alternativen ersetzen kann.

Leistung und Kapital sind ganz wesentliche Prinzipien, die unser gesellschaftliches Zusammenleben leiten und prägen. Leistung ist eine investierte Energie. Sie wird in der Regel belohnt, wenn sie höher ist und zu größeren Effekten führt als die durchschnittlich investierte Energie. Das bedeutet, es gibt immer Gewinner und Verlierer. Am deutlichsten ist das beim Sport zu sehen. Wer am schnellsten laufen kann, wer am höchsten oder am weitesten springen kann, gewinnt den Wettbewerb. Alle anderen verlieren. Wer mehr Energie in seine Ausbildung gesteckt hat, setzt sich gegen den Mitbewerber um einen Arbeitsplatz durch. Wer sich intensiver auf eine Prüfung vorbereitet hat, bekommt eine gute Note, während der Mitbewerber vielleicht sogar durchfällt. Die Belohnung für Leistung erfolgt in Form von Macht und Anerkennung, besteht aber vor allem in Geld, das wiederum in Waren oder Dienstleistungen getauscht werden kann.

Wie fügt sich unser Strafrecht in diese Logik ein? Mehrere Aspekte gilt es dabei zu beleuchten. Zunächst schützt ein großer Teil der Straftatbestände in unserem Strafgesetzbuch Eigentum und Vermögen, d.h. wichtige Faktoren unserer Gesellschaft. Unser Strafrecht schützt also letztlich vor allem diejenigen, die über Eigentum und Vermögen verfügen oder zumindest die Möglichkeit haben, dieses innerhalb der Regeln, d.h. auf legalem Wege, zu erarbeiten. Wer diese Möglichkeit nicht hat, wird mit höherer Wahrscheinlichkeit gegen Strafgesetze zum Schutz des Vermögens verstoßen. Nur besonders gierige Manager haben es nötig, die Gesetze zu brechen, um noch mehr Vermögen anzuhäufen. Unser Strafrecht dient also auch dazu, unser kapitalistisches Wirtschaftssystem möglichst reibungslos am Laufen zu halten.

Dennoch halte ich unsere Gesellschaftsform für sinnvoller als etwa den Sozialismus. Im Versuch, die Ausbeutung der abhängig Beschäftigten zu beenden, besteht im Sozialismus die Ungerechtigkeit darin, dass Können und Leistung nicht belohnt werden. Die Ungerechtigkeit im Kapitalismus besteht darin, dass Kapital einerseits ohne jede Leistung oder gesellschaftsfördernde Weise erworben und eingesetzt werden kann und andererseits Ungleichheit fördert, die nicht selten von Generation zu Generation wächst. Sehr vereinfacht ausgedrückt: Wer heute etwa ohne jede eigene Leistung ein Vermögen erbt, kann dieses in Immobilien investieren und von der Wertsteigerung dieser Anlagen, ebenfalls ohne eigene Leistung, profitieren. Er kann die Mieten erhöhen, die ein anderer, der über kein Erbe verfügt, irgendwann nicht mehr bezahlen kann. So können Frustration, Wut und das Gefühl entstehen, sich selbst an Regeln halten zu müssen, die vor allem anderen dienen. Auch das schafft mögliche Gründe, gegen strafrechtliche Normen zu verstoßen. An dem Satz, die beste Kriminalpolitik ist eine gerechte und gute Sozialpolitik, ist daher viel Wahres, wobei natürlich nicht jede Straftat mit ungerechten sozialen Verhältnissen erklärt werden kann.

Ein weiteres Merkmal unseres Gesellschaftssystems ist, dass soziale Probleme tendenziell eher oberflächlich behandelt als tiefgreifend analysiert und bearbeitet werden. Es ist eben gerade die Logik des Kapitalismus, dass es nur Gewinner geben kann, wenn es auch Verlierer gibt. Soziale Ungleichgewichte sind also Voraussetzung dafür, dass das System überhaupt funktioniert. Belohnt wird daher vor allem kurzfristiges Handeln. Wer sich zum Beispiel als Politiker heute dafür einsetzt, dass soziale Ungleichgewichte ausgeglichen werden, wird die erst viele Jahre später zu erwartenden Früchte selbst nicht mehr ernten können. Sein einziger Lohn kommt (wenn überhaupt) von denen, die heute auf der Verliererseite stehen, und dieser Lohn ist viel geringer als der, der bei den Gewinnern einzufahren ist. Diese Tendenz zu einem kurzfristigen und oberflächlichen Handeln anstelle einer tiefgreifenderen Problemlösung spiegelt sich auch in unserem Strafrecht wider.

Wir können diese Tendenz jedoch deutlich mindern und irgendwann sogar umdrehen, ohne gleich unser gesamtes Gesellschaftssystem ändern zu müssen. Den Leistungskampf, die bestimmende Rolle des Kapitals und die Existenz von Gewinnern und Verlierern werden wir nicht überwinden. Aber es gibt einen großen Spielraum, den wir dazu nutzen sollten, uns gesellschaftlichen Ungerechtigkeiten entgegenzustellen, anstatt sie noch zu verstärken. Auf unser Thema angewandt würde das bedeuten, einen Straffälligen, der aus sozial desolaten Verhältnissen stammt, nicht wegzusperren und seine Situation somit noch auswegloser zu machen, sondern seine Straftat als das zu begreifen, was sie eben auch ist: ein Symptom sozialer Ungerechtigkeit. Und es würde bedeuten, mehr Augenmerk auf diejenigen zu richten, die deutlich mehr Schaden anrichten als viele der Vermögenstäter und Kleinkriminellen in Haft.

Der Strafrichter Lorenz Leitmeier bringt es auf den Punkt: »Die Justiz funktioniert dort gut, wo das Delikt einfach ist. Wird sie plump herausgefordert, kann sie ohne weiteres reagieren. Aber wer stiehlt denn Schnaps und H-Milch für 10 Euro? Nähert man sich dieser Frage rechtssoziologisch, dürften das in den allerwenigsten Fällen Ärzte, Hedgefonds-Manager oder Rechtsanwälte sein. In sechs Jahren Strafrecht habe ich jedenfalls keinen solchen, dafür sehr viele Hartz-IV-Empfänger, Alkoholiker und Überschuldete in diesen Fällen gesehen.«[197]

13. Die Strafe der Zukunft

Wenn wir darüber nachdenken, wie die Strafe der Zukunft anders aussehen könnte, sollten vorab einige grundsätzliche Fragen geklärt sein. Zuallererst muss klar sein, dass das Gefängnis nicht ohne Alternative abgeschafft werden sollte. Das wäre nicht nur völlig unrealistisch, es wäre auch keine gute Idee. Einige Ziele des Strafvollzuges, wie die Sicherheit vor oder die Resozialisierung von Straftätern, sind grundsätzlich sinnvoll, die Frage ist nur, ob wir diese mit unseren Gefängnissen wirklich erreichen.

Es wäre auch keine gute Idee, alle Anstrengungen, die derzeit in den Gefängnissen geleistet werden, zu beenden. Die dort durchgeführten schulischen und beruflichen Aus- und Weiterbildungsmaßnahmen sind ebenso wichtig und sinnvoll wie einige der therapeutischen Behandlungsangebote.

Viele Mitarbeiterinnen und Mitarbeiter des Strafvollzuges sind kompetent und sehr engagiert. Ihre Arbeit ist alles andere als sinnlos, würde aber außerhalb eines so geschlossenen Rahmens auf deutlich fruchtbareren Boden fallen. Erfolg motiviert jeden Menschen und könnte für die Angestellten im Strafvollzug deutlich höher ausfallen.

Dafür spricht auch die erschreckend hohe Zahl der Krankmeldungen unter Justizbediensteten. In Sachsen waren es 2018 beispielsweise 35 Tage pro Kopf und Jahr[198], wogegen der bundesweite Durchschnitt der 14 Millionen AOK-Versicherten bei nur 19,5 Tagen pro Jahr lag.[199] Dies dürfte auch damit zusammenhängen, dass die spürbaren Erfolge der täglichen höchst anspruchsvollen Arbeit mit den Inhaftierten gering sind.

Die Behauptung, in Gefängnissen werden die Menschen erfolgreich resozialisiert, bleibt für die Beschäftigten abstrakt und kaum spürbar. Sie widerspricht nicht selten ihrer unmittelbaren Wahrnehmung und den Zielen von Sicherheit und Ordnung, die stets Vorrang haben und ihre Arbeit ganz grundsätzlich prägen. Nach der Erfahrung beispielsweise von Jörg Boller, einem Beamten der Justizvollzugsanstalt Kiel, würden nur fünf bis zehn Prozent der von ihm betreuten Gefangenen nicht wieder inhaftiert.[200]

Hinzu kommen die gerade in geschlossenen Anstalten verstärkt auftretenden Aggressionen der Inhaftierten, die sich zum Teil auch gegen die Beamten richten. So berichtet René Selle, Vizechef des Bundes der Strafvollzugsbediensteten Deutschlands (BSBD), von mehr als 600 Vorfällen psychischer und physischer Gewalt im ersten Halbjahr 2018. Selle kritisiert: »Unsere Beamten fühlen sich nicht nur wie die Fußabtreter von Kriminellen, sondern zunehmend auch als Verlierer in unserem Rechtsstaat.«[201]

Leider haben die Mitarbeiterinnen und Mitarbeiter, die am meisten mit den Inhaftierten zu tun haben und sie am besten kennen, auch den geringsten Einfluss darauf, welche Maßnahmen für eine Resozialisierung am sinnvollsten sein könnten. Insofern ist der Strafvollzug als hierarchisches System mit dem Militär vergleichbar. Die Soldaten an der Front haben am wenigsten zu sagen. In den Gefängnissen werden die Mitarbeiter vor Ort zwar regelmäßig befragt, wie sie die Gefangenen, für die sie zuständig sind, einschätzen. Ihr eigener Entscheidungsspielraum ist jedoch sehr gering. Die grundlegenden Fragen der Unterbringung und Behandlung Gefangener werden auf anderen Ebenen getroffen. Von Alternativen zum derzeitigen Strafvollzug, die ein individuelleres Eingehen auf Straffällige und eine stärkere Einbindung des Personals auch in Fragen der Resozialisierung ermöglichen, würden daher auch nicht wenige Justizangestellte profitieren.

Bei der Frage nach Alternativen muss man sich klarmachen, dass es keine Patentlösung im Umgang mit Kriminalität gibt. Kriminalität wird es immer, absolute Sicherheit dagegen nie geben.

Kein Gesetzeswerk kann jeden Einzelfall so regeln, dass alle Betroffenen zufrieden sind. Der Kriminalität und den Strafen sind widerstreitende Interessen immanent, die nicht ohne Weiteres in Einklang gebracht werden können. Das Fehlen einer Patentlösung kann uns jedoch nicht als Argumentation dienen, an der jetzigen Situation festzuhalten – im Bewusstsein darum, dass diese nicht länger haltbar ist. Wir können uns durchaus für sinnvollere Wege entscheiden, die den Interessen aller deutlich mehr nützen als bisher.

Der Mensch ist nicht grundsätzlich schlecht

Ein wichtiger Schritt zu einer Strafe der Zukunft ist die Änderung des unserem Strafsystem zugrunde liegenden Menschenbilds. Der Mensch ist nicht grundsätzlich schlecht, er ist vielmehr grundsätzlich gut. Daher sollte es uns allen darum gehen, die in jedem Menschen vorhandenen positiven Ressourcen, wie zum Beispiel die Fähigkeit zum Mitgefühl, zu stärken, wenn man schädigendes Verhalten reduzieren will.

Justizpolitisch müssen wir uns von dem derzeit kurzfristig orientierten Denken und Handeln lösen. Wir sollten unsere Ressourcen verstärkt für frühzeitig stützende Interventionen bei Kindern und Jugendlichen einsetzen und die Justiz stärker zum Beispiel mit Bildung und Familie verzahnen. In diesen Feldern müssen Erkenntnisse über die Ursachen von Kriminalität und die Gemeinsamkeiten in den Biografien von Straffälligen umgesetzt werden. Wenn sich beispielsweise herausstellen würde, dass ein signifikant hoher Anteil der Inhaftierten ohne Vater aufgewachsen ist, wäre dies ein familienpolitischer Anlass, spezielle Angebote für alleinerziehende Mütter und ihre Kinder zu entwickeln.

Entscheidend für den Erfolg anderer Wege im Strafvollzug wird es auch sein, auf die sozialen und emotionalen Kompetenzen bei Juristinnen und Juristen zu achten. Bei der Beurteilung der Eignung für den Staatsdienst spielt dies derzeit kaum eine Rolle. Es zählt fast allein die Note in den juristischen Staatsexamina. Im Jurastudium sollten zudem die Fragen, warum Menschen kriminell werden, was mit Strafen erreicht wird und wo ihre Grenzen liegen, einen deutlich höheren Stellenwert einnehmen.

Verlagerung der Schwerpunkte

Für die Strafe der Zukunft kommt es darauf an, die Schwerpunkte in mehrfacher Hinsicht zu verlagern:

a. im Umgang mit Kriminalität von einer Bestrafung auf eine langfristig orientierte Prävention;
b. hinsichtlich strafender Interventionen ausschließlich auf schwerere Kriminalität;
c. von der rückwärtsorientierten Vergeltung von Schuld auf die zukunftsorientierten Ziele von Strafe wie Resozialisierung und Erhöhung der langfristigen Sicherheit;
d. vom passiven Erdulden einer Strafe auf die Pflicht zur aktiven Wiedergutmachung und damit von einer Zufügung von Leid weg und hin zur Möglichkeit einer Heilung;
e. von der Bestrafung der Täter auf die Bedürfnisse der Opfer.

Der Strafvollzug muss transparenter werden

In meiner jetzigen Tätigkeit als Rechtsanwalt werde ich hin und wieder von Medienvertretern gefragt, ob ich ihnen den Kontakt zu einem Inhaftierten vermitteln kann. Meist wollen sie allgemein über unsere Gefängnisse berichten und dazu auch ein Gespräch mit einem Inhaftierten vor laufender Kamera führen. Nach meiner Erfahrung werden solche Interviews von den Anstalten oft nicht zugelassen. Begründet wird dies in der Regel damit, dass so ein Interview für die Resozialisierung eines Gefangenen schädlich sei, da ihn nach der Haft einige Menschen wiedererkennen könnten. Ich denke, dass dies in vielen Fällen ein vorgeschobenes Argument ist. Die Justiz möchte das Bild, das die Allgemeinheit von den Gefängnissen haben soll, selbst zeichnen. Sie möchte nicht, dass irgendein Gefangener erzählt, was tatsächlich hinter Gittern passiert. Erst recht dürfen Justizbedienstete nicht öffentlich sagen, was sie denken. Bei Gefangenen könnte man sich offiziell immer darauf beziehen, dass diesen ohnehin nicht zu trauen sei. Bei Beamten wäre das schwieriger.

Ein aktuelles Beispiel: Ein Inhaftierter, über dessen Fall die Medien ausführlich berichtet hatten, bat mich, für ihn ein Interview mit einem Fernsehsender zu vermitteln. Er wollte sich öffentlich zu seinem Fall äußern, nachdem ohnehin schon so viel über ihn berichtet worden war. Er ist bereits seit einigen Jahren inhaftiert, was ihm zunehmend Probleme bereitet. Die Anstalt ließ zwar ein Gespräch mit den Journalisten zu, untersagte es jedoch, dieses Gespräch zu filmen. Begründet wurde diese Ablehnung u. a. damit, dass der Kontrollaufwand zu hoch sei. Die Fernsehkamera und das Team müssten ja auf Drogen usw. untersucht werden. Gegen diese Ablehnung zogen wir vor Gericht und gewannen. Das Gericht verpflichtete die Anstalt, neu über unseren Antrag auf Zulassung des Fernsehinterviews zu entscheiden. Die Anstalt lehnte wieder ab. Dieses Mal u. a. mit der Begründung, der Gefangene habe eine narzisstische Persönlichkeitsstörung, die durch ein Fernsehinterview verstärkt werden könne. Dort werde ihm eine Plattform geboten, die ihn in seiner Selbstbezogenheit bestärken könne. Das wiederum könne seine Resozialisierung gefährden, da er sich auf die therapeutischen Behandlungsangebote in Haft nicht einlassen würde, wenn er glaube, jemand Besonderes zu sein. Und schließlich habe der gerichtliche Gutachter anlässlich der

Verurteilung ebenfalls eine solche Persönlichkeitsstörung beim Gefangenen festgestellt. Ich war überzeugt, dass mein Mandant keine solche Störung hat und dass ein einziges Fernsehinterview keine bleibenden Auswirkungen auf seine Persönlichkeit haben würde. Wir zogen erneut vor Gericht. Dieses ließ das Gutachten eines psychologischen Sachverständigen einholen, der wie erwartet feststellte, dass der Gefangene keinesfalls an einer Persönlichkeitsstörung leide. Ich ging davon aus, dass das Gericht nun zu unseren Gunsten entscheiden würde – wir freuten uns aber zu früh. Es gab ein neues Gutachten bei einem anderen Sachverständigen in Auftrag. Zum Zeitpunkt der Drucklegung dieses Buches lag das Ergebnis dieses Gutachtens noch nicht vor.

In anderen Fällen ermöglichen die Anstalten zwar Gespräche mit Inhaftierten, die sie oft selbst auswählen und von denen sie ungefähr wissen, was sie sagen werden. Damit ist der Allgemeinheit und der Fortentwicklung unserer Strafen nicht gedient. Jeder Bürger muss sich ein möglichst unverfälschtes Bild unserer Gefängnisse, aber auch von Straffälligen machen können. Dazu gehört auch die Bereitschaft von Medien und Öffentlichkeit, tatsächlich »hinter den Vorhang« zu schauen und unsere Haftanstalten nicht vor allem bei »Skandalen« wahrzunehmen.

Das kann am Beispiel des mutmaßlichen Terroristen Dschaber al-Bakr gezeigt werden. Er stand im Verdacht, einen Terroranschlag auf den Flughafen Berlin-Tegel geplant zu haben. Kurz nach seiner Inhaftierung im Oktober 2016 hat er sich in der JVA Leipzig das Leben genommen. Man fand ihn am zweiten Tag nach seiner Einlieferung in die Anstalt erhängt an seinem Zellengitter. Die Hoffnung, Informationen über das Terrornetzwerk Islamischer Staat und mögliche andere Gefährder zu erhalten, wurde damit zerschlagen. Die Empörung der Öffentlichkeit war groß, wochenlang stand die sächsische Justiz in der Kritik.

In diesem Zusammenhang hatte man mich als »Gefängniskritiker« in das Fernsehstudio eines Nachrichtensenders eingeladen. Ich sollte in drei oder vier kurzen Interviews zwischen längeren Film- und Werbebeiträgen erklären, wie es zu dem Suizid kommen konnte. Und vor allem, wer die Schuld dafür trug.

»Wir brauchen einen Schuldigen! Was glauben Sie eigentlich, warum wir Sie eingeladen haben?«, erhöhte der leitende Redakteur während einer Werbepause den Druck, da ihm meine bisherigen Antworten offensichtlich nicht gefallen hatten.

»Hätte dieser Selbstmord nicht verhindert werden müssen?«, wurde ich dann in der Sendung gefragt. »Im Nachhinein betrachtet hätte man natürlich einiges anders machen und bestimmte Signale anders interpretieren können. Offenbar wurde die Suizidgefahr nicht als so hoch eingeschätzt. Keiner kann allerdings in einen anderen Menschen hineinsehen. Insofern wüsste ich nicht …« »Aber ich bitte Sie!«, entgegnete mir der Redakteur, »bei einem Terrorverdächtigen wie Dschaber al-Bakr, nach dem monatelang gefahndet worden ist! Da muss es doch Möglichkeiten geben, dafür zu sorgen, dass sich so jemand in Haft nicht umbringt und sich damit einem Strafverfahren entzieht!« »Sicher gibt es Möglichkeiten. Dauerhafte Kameraüberwachung, Gummizellen usw., aber wenn Sie das konsequent weiterdenken und auf alle Verdächtigen anwenden, haben wir Verhältnisse wie in Guantánamo. Er hat sich mit seinem T-Shirt an einem Gitter erhängt. Man kann nicht jeden Terrorverdächtigen nur mit einer Papierunterhose bekleidet monatelang in einem kameraüberwachten Haftraum unterbringen, in dem sich nur eine Matratze und ein Waschbecken befinden.«

Mit all meinen Antworten waren die Verantwortlichen der Sendung nicht zufrieden, vor allem, weil ich mich weigerte, einen Schuldigen für den Suizid zu benennen. »Dann stellen Sie wenigstens irgendwelche Forderungen!« Ich wies darauf hin, dass die Suizidprävention nach meiner Erfahrung gerade im sächsischen Strafvollzug sehr ernst genommen wird. Alle Mitarbeiter werden regelmäßig darin geschult, Anzeichen einer Suizidgefahr zu erkennen und entsprechend zu handeln. Ob jemand einen Fehler gemacht hat und wie man gegebenenfalls die Suizidprävention künftig noch verbessern könnte, kann von außen und so kurz nach einem Vorfall niemand seriös beurteilen. Die einzige spontane Forderung, zu der ich mich durchringen konnte, war der verstärkte Einsatz von Dolmetschern im Strafvollzug. Die Kommunikation mit dem Gefangenen war offenbar nur schwer möglich gewesen. – Seitdem hat man mich nie wieder in diese Sendung eingeladen.

Mit diesem Beispiel will ich nicht sagen, dass Medien nicht das Recht und die Pflicht haben, solche Vorfälle aufzugreifen und Fehler der Justiz anzuprangern. Das macht aber gesellschaftlich betrachtet nur Sinn, wenn nicht zu leichtfertig »Skandal« gerufen, ein Schuldiger identifiziert und eine strafende Reaktion gefordert wird, um sich sodann neuen Themen zuzuwenden. Eine von der sächsischen Justiz zur Aufarbeitung des Vorfalls eingesetzte Expertenkommission hat Monate später festgestellt, dass tatsächlich Fehler gemacht worden sind. Das waren aber ganz andere Fehler als die, die viele Medien in der aufgeheizten Berichterstattung kurz nach dem Vorfall vermutet hatten. So sei nach der Einschätzung der Kommission die psychologische Einschätzung der Selbstmordgefahr des Inhaftierten nicht zu beanstanden. Auch dessen Kontrolle sei ausreichend gewesen. Nicht ausreichend sei allerdings die Betreuung des Gefangenen gewesen, unter anderem habe man ihm keinen Hofgang gewährt.[202]

Die Presse berichtet über negative Ereignisse auch deshalb so gern und ausführlich, weil diese unsere Aufmerksamkeit wecken. Der angebliche Skandal sichert den Medien hohe Verkaufszahlen, Einschaltquoten und Klicks. Danach müssen allerdings die aufgewühlten Gemüter wieder besänftigt und Angst und Ärger kanalisiert werden. So ist es in erster Linie zu erklären, dass nach Skandalen oft personelle Konsequenzen gezogen werden, auch wenn diese in der Sache gar keine Lösung des zugrunde liegenden Problems darstellen. Ein deutlich entspannterer Umgang mit solchen Vorfällen würde bei den Verantwortlichen vor Ort dagegen die Wahrscheinlichkeit erhöhen, Fehler zu sehen und anzuerkennen, um sie künftig zu vermeiden. Eine positive Fehlerkultur kann bei einem Fokus auf Skandale erst gar nicht entstehen. Stattdessen wird man beim nächsten Terrorverdächtigen mit aller Gewalt versuchen, einen Suizid zu verhindern. Das wiederum wird zu einer Verletzung der Menschenrechte führen und weitere Aggressionen bei den Inhaftierten schüren – so entsteht ein Kreislauf, der sich nicht mehr beenden lässt. Das schadet uns letztlich allen.

Welche Folgen die Angst vor dem Skandal haben kann, macht das prominente Beispiel des ehemaligen Vorstandsvorsitzenden der Bertelsmann AG und der Arcandor AG deutlich. Der wegen Untreue und Steuerhinterziehung verurteilte Spitzenmanager Thomas Middelhoff wurde in den ersten Wochen seiner Haft nachts mehrmals in der Stunde geweckt, um zu überprüfen, ob er noch lebt. So sollte ein Suizid verhindert werden. Er selbst sagt, er sei nie suizidal gewesen und habe durch diesen faktischen Schlafentzug eine chronische Autoimmunerkrankung entwickelt.[203] Aus Furcht davor, dass sich ein prominenter Gefangener das Leben nimmt, ist für diesen ein anderer Schaden entstanden, den man hätte vermeiden können.

Der Gefängnispfarrer und Autor Rainer Dabrowski schildert ein Beispiel aus seiner Praxis für das stereotype Bild von Straftätern: »Ich habe ganze Gemeindekreise zu mir in den Gottesdienst eingeladen. Doch kaum jemand wollte sich ein Bild von der Wirklichkeit machen. Und die, die tatsächlich kamen, waren völlig angstbesetzt. Meine Gefangenen hatten aus Spaß Gesten und Grimassen von Monstern eingeübt, um ins Bild zu passen.«[204]

Und auch der ehemalige Vorsitzende Richter am Bundesgerichtshof und Autor Thomas Fischer bemängelt zu Recht: »Gelegentlich erfasst eine Unruhe die Bürger, wenn einmal wieder etwas Unerhörtes geschieht: eine Flucht, eine sexuelle Beziehung mit einer Vollzugsbeamtin oder ein Freigang, bevor die pressemäßig opportune Rachefrist abgelaufen ist. Ansonsten ist das Wichtigste am Strafvollzug, dass er nichts kosten darf und nicht auffällt. Das ist sehr deprimierend für diejenigen, die die Aufgaben erfüllen; noch mehr oft für diejenigen, die dem System ausgeliefert sind.«[205]

Der Strafvollzug muss kreativ werden

Es muss im Strafvollzug darum gehen, Straftäter bestmöglich zu erreichen und Räume, Möglichkeiten und Strukturen zu schaffen, in denen die Betroffenen ihre positiven Ressourcen auf- und ausbauen können, um ein verantwortungsbewusstes Leben in Freiheit führen zu können und nicht lediglich ein mehr oder weniger oberflächlich angepasstes in Haft.[206]

Ganz konkret kann das ein Ausbau der vor allem in Sachsen etablierten kreativtherapeutischen Ansätze sein. Sie haben zum Ziel, den Teilnehmern einen Zugang zu den eigenen, oft verschütteten Emotionen zu eröffnen und damit vor allem ihre Bindungsfähigkeit zu anderen Menschen zu stärken. Ein Beispiel wären Theatergruppen für inhaftierte Väter, die gemeinsam ein Theaterstück entwickeln, das sie dann ihren Kindern und anderen Angehörigen vorführen. Auf diese Weise können sie zum einen ihre eigenen Befindlichkeiten zum Ausdruck bringen und zum anderen auch lernen, sich damit zu beschäftigen, was ihren Kindern und Angehörigen gefallen könnte. Andere Gefangene malen anhand von Fotos Bilder ihrer Angehörigen oder schreiben Musikstücke, in denen sie Emotionen und auch Aggressionen zum Ausdruck bringen, ohne anderen zu schaden.[207] Bei Inhaftierten, die sich aufgrund ihres langjährigen Drogenmissbrauchs oft nicht mehr konzentrieren können und große Koordinationsschwierigkeiten haben, können handwerkliche Arbeiten sinnvoll sein. So schlicht das klingen mag, so real und erfolgreich ist es jedoch.

Neue und kreative Wege sind auch bei der Vorbereitung der Inhaftierten auf den Arbeitsmarkt gefordert. Vorbildlich ist etwa das Projekt »Leonhard« (benannt nach dem Schutzpatron der Gefangenen) des Unternehmers Bernward Jopen, der geeignete und interessierte Inhaftierte zu Unternehmern ausbildet und damit einigen von ihnen eine realistische berufliche Perspektive für ihr Leben nach der Haft eröffnet.[208]

Dezentrale und offenere Formen des Freiheitsentzuges

Das Gefängnis als totale und geschlossene Institution sollte und kann durch dezentrale und offenere Formen des Freiheitsentzuges ersetzt werden. Eine solche Forderung ist nicht gänzlich neu. In Baden-Württemberg und Sachsen gibt es bereits einen sogenannten »Strafvollzug in freier Form« für junge männliche Straftäter. Jeweils fünf bis sieben strafgefangene junge Männer verbüßen ihre Freiheitsstrafe nicht in einem Gefängnis, sondern auf einem hofartigen Gelände in Wohngruppen. Es gibt keine Mauern, keinen Stacheldraht und keine uniformierten oder gar bewaffneten Wachleute. Sie leben mit ihren Hauseltern und deren Kindern unter einem Dach. Der Grund ist so simpel wie bedeutend: Die allermeisten jungen Straftäter kennen kein funktionierendes Familienleben ohne Gewalt und Abhängigkeit.

Die Straffälligen haben die Möglichkeit, eine Ausbildung zum Beispiel als Schreiner oder Landschaftsgärtner zu absolvieren.[209] Weitere Mitarbeiter und ihre Angehörigen wohnen ebenfalls auf dem Gelände. Das Leben und Arbeiten in einer Gemeinschaft soll es den jungen Männern ermöglichen, soziales Verhalten zu erlernen, Verantwortung für sich und andere zu übernehmen und durch konstruktives Handeln persönliche Erfolge zu verbuchen.[210]

Der 18-jährige Ralf berichtet von seiner Zeit in der Wohngruppe: »Ich denke halt irgendwie reifer jetzt, nicht mehr so jugendlich und blöd (…) und dass ich auch gelernt habe, mit Menschen zusammenzuleben, also mit einer größeren Gruppe.«[211]

Negative gruppendynamische Prozesse und die im geschlossenen Strafvollzug unvermeidbare Bildung von Subkulturen, Cliquen und Abhängigkeiten können in einem Vollzug in freien Formen entweder gar nicht erst entstehen oder wenn doch, kann ihnen aufgrund der kleinen, eng betreuten Gruppen wirksamer begegnet werden. Die schädliche Sozialisierung, die viele Straftäter in Familie, Schule oder Peergroup erfahren haben, muss durchbrochen werden. In Haft dagegen wird sie oft verfestigt.[212]

Während zum Beispiel die Mahlzeiten gemeinsam mit den Hauseltern eingenommen werden, die über diesen regelmäßigen und intensiven Kontakt die Entwicklung der Straftäter besser beobachten und steuern können, sind die Gefangenen in Haft oft sich selbst überlassen. Kein Beamter kann genau sagen, mit welchen anderen Gefangenen ein Inhaftierter Kontakt hat und wie er sich außerhalb von Schul- oder Ausbildungsmaßnahmen verhält. Auch soziale Kontakte mit Menschen außerhalb des Strafvollzuges können so nicht nur öfter und besser ermöglicht werden, sie können vor allem auch besser begleitet werden. Wenn ein junger Inhaftierter zum Beispiel Besuch von seinem alkoholkranken Vater hatte, ist er nach diesem Treffen meist auf sich allein gestellt.

So berichtet ein 18-jähriger Jugendstrafgefangener: »Wenn man zum Beispiel in einer Einzelzelle hier drin sitzt, das ist wirklich die Hölle. Man sitzt praktisch dreiundzwanzig oder vierundzwanzig Stunden am Tag auf der Zelle, alleine. Da dreht man wirklich durch. Als ich in der Einzelzelle ungefähr drei Wochen saß, da habe ich schon angefangen, mit dem Fernseher zu schwätzen; ich bin fast völlig verrückt geworden, wirklich!«[213]

Im freien Vollzug dagegen werden die Kontakte zu den Angehörigen intensiv in der Gruppe thematisiert. Der Betreffende wird darin unterstützt, mit den oft zwiespältigen Gefühlen von Unsicherheit, Angst und Wut, die solche Begegnungen bei ihm auslösen, anders umzugehen, als Drogen zu konsumieren oder seine Aggressionen an anderen auszulassen. Auch werden die Teilnehmer des freien Vollzuges intensiv motiviert, sich mit den Opfern ihrer Straftaten auseinanderzusetzen und sich einem Gespräch mit den Opfern zu stellen, wenn diese sich das wünschen.[214]

Und alles, was in den heutigen Justizvollzugsanstalten von den Mitarbeitern in den Bereichen Ausbildung, Fortbildung und Therapie geleistet wird, kann von diesen in dem lebensnäheren Umfeld des freien Vollzuges mit größerer Aussicht auf Erfolg angewendet werden.

Die Quote der Rückfälle ist zwar nicht eins zu eins mit der allgemeinen Rückfallquote Haftentlassener zu vergleichen, da nur ausgewählte Gefangene ihre Haft in freier Form verbüßen. Sie ist mit 25 Prozent jedoch sehr deutlich unter dem Durchschnitt und spricht für eine signifikant höhere Erfolgsquote dieser Vollzugsform.[215]

Dass sich die individuelle Arbeit mit Straffälligen außerhalb von Gefängnissen lohnt, hat auch das Projekt »Resozialisierung und Soziale Integration« in Köln gezeigt. Hier erfolgte eine Eins-zu-eins-Intensivbetreuung von jugendlichen Strafgefangenen, insbesondere in Krisensituationen, durch streetworkerfahrene Sozialarbeiter oder Sozialpädagogen.

Die Straffälligen wurden vor, aber vor allem auch nach ihrer Haftentlassung betreut. Und dies bei Bedarf zu jeder Tages- und Nachtzeit, also nicht während der regulären Dienstzeiten einer Justizvollzugsanstalt.[216]

Durch diese intensive Einzelbetreuung konnten die Rückfallquoten von 50 auf 13 Prozent abgesenkt werden.[217] Die Betreuungskosten lagen pro Jugendlichem jährlich bei 8300 Euro, während ein Haftplatz im Jugendvollzug 40 000 Euro verursacht hätte.[218]

Vollzug in freier Form hat jedoch seine Grenzen. Täter, die sich für schwere oder sexuelle Gewalt zu verantworten haben, müssen in aller Regel weiterhin stärker bewacht untergebracht werden. Die Sicherheit der Opfer oder möglicher neuer Opfer muss gewährleistet werden; zu beachten ist letztlich auch die erhöhte Fluchtgefahr angesichts der Dauer der zu verbüßenden Strafe. Doch ich plädiere dafür, dass auch diese Täter nicht mehr zu Hunderten in geschlossenen Anstalten untergebracht werden, sondern in dezentralen, gesicherten Wohngruppen. Auch diese Täter werden alle früher oder später wieder in die Freiheit entlassen. Wir müssen daher dafür Sorge tragen, subkulturelle Einflüsse während der Haft und die totale Entfremdung von der freien Gesellschaft zu reduzieren.

Daher sollte der Vollzug in freien Formen ausgebaut werden und auch für Erwachsene zunehmend den derzeitigen Strafvollzug ersetzen, wobei die »Hauseltern« in diesem Fall beispielsweise durch Sozialpädagogen ersetzt werden müssten. In Sachsen wurde das Justizvollzugsgesetz bereits entsprechend geändert, um einen Vollzug in freien Formen künftig auch für Erwachsene zu ermöglichen.[219]

Dass derzeit kaum Lockerungen gewährt werden, schadet nicht nur den Inhaftierten, sondern am Ende uns allen. Welchen Sinn macht es, einen Gefangenen bis zum letzten Tag seiner Haft keine Stunde aus der Anstalt zu lassen, um ihn dann von einem Tag auf den anderen in die Freiheit zu entlassen? Hier wäre eine verbindliche gesetzliche Regelung vorstellbar und auch sinnvoll, nach der spätestens sechs Monate vor Haftende jeder Inhaftierte Anspruch auf Lockerungen hat. Haftstrafen bis zu einem Jahr, die fast die Hälfte aller Freiheitsstrafen ausmachen, sollten von Gesetzes wegen ausschließlich im offenen Vollzug bzw. in freien Vollzugsformen vollzogen werden.

Für alle anderen Inhaftierten sollten die heute schon möglichen Lockerungen und der offene Vollzug deutlich ausgebaut werden. In diesem Fall müssen die Landesgesetzgeber mehr Verantwortung übernehmen. Denn die derzeitigen Regelungen, wonach die jeweiligen Anstalten solche Lockerungen grundsätzlich nur gewähren dürfen, wenn keine Flucht- oder Missbrauchsgefahr besteht, dienen in erster Linie dem Schutz der Landesjustizministerien zu ihrer Rechtfertigung.

Und schließlich muss der freie Vollzug wissenschaftlich begleitet und ausgewertet werden, um ihn einerseits weiter zu erproben und stetig zu verbessern und andererseits Erfahrungen zu sammeln, um die Öffentlichkeit von seiner Wirksamkeit zu überzeugen.

Elektronisch überwachter Hausarrest

Als Alternative zum offenen und insbesondere zum geschlossenen Vollzug wären ein elektronisch überwachter Hausarrest oder elektronisch überwachte Wohngruppen sinnvoll. Mittels eines am Fußgelenk befestigten Gerätes, das in ständigem Funkkontakt mit einer Überwachungsstation steht (»elektronische Fußfessel«), kann der Aufenthaltsort des Trägers jederzeit ermittelt werden. Wenn er den ihm zugewiesenen Bereich verlässt oder sich Bereichen nähert, die er nicht betreten darf (z. B. den Wohnort des Opfers), kann er umgehend festgenommen werden. Hier könnten wir auf die Erfahrungswerte aus Norwegen, Finnland oder Österreich zurückgreifen, die schon vor Jahren entsprechende Alternativen zur Haft eingeführt haben.[220] In Deutschland begann zuerst Hessen[221] im Jahr 2000 im Rahmen eines Modellprojektes damit, die elektronische Aufenthaltsüberwachung als Auflage für die Aussetzung einer Freiheitsstrafe zur Bewährung einzusetzen.[222] Die Kosten eines Tages mit der »Fußfessel« betragen nur etwa ein Drittel der eines Hafttages.[223]

Insgesamt dürften die positiven Effekte des Einsatzes der elektronischen Überwachung zur Vermeidung einer Inhaftierung und der damit verbundenen Folgen die möglichen Nachteile deutlich überwiegen.[224] Ein Nachteil liegt insbesondere in der Gefahr, dass die technischen Überwachungsmittel nicht als Alternative zur Inhaftierung, sondern zunehmend als zusätzliches staatliches Mittel zur Kontrolle und Repression eingesetzt werden.

Der Kritik, dass diese elektronische Aufenthaltsüberwachung keine humane und im Hinblick auf eine Resozialisierung erfolgreichere Alternative zur Haft sein könne, begegnet der Kriminologe und langjährige Gefängnisseelsorger Tobias Müller-Monning wie folgt: »Der Kern der Fußfessel besteht nicht nur in der technischen Apparatur, mit welcher der Straftäter ausgerüstet wird. Wichtiger ist das Kooperationsnetzwerk, das um den Gefangenen herum gebildet wird. Es soll dem ehemaligen Strafgefangenen Hilfestellung geben, damit er seinen Tag neu strukturiert (...). Sie sperren jemanden nicht mehr in einen Container, sondern nur noch in einen durch Relationen zwischen Mensch und Maschine geschaffenen virtuellen Raum.«[225]

Bisher kommt die elektronische Fußfessel allerdings nur in sehr wenigen Fällen als Alternative zur Haft zum Einsatz. In Hessen wurden sie in den ersten zehn Jahren seit ihrer Einführung bei lediglich knapp 500 Personen als Auflage einer Bewährung angeordnet.[226] Es gibt noch keine ausreichenden Erkenntnisse über die Wirkungen und den Erfolg dieser Maßnahme. In den ersten Jahren nach ihrer Einführung kam es jedoch nur in etwa zehn Prozent der »Fußfessel-Fälle« zu einer späteren Inhaftierung, weil zum Beispiel die Bewährung widerrufen wurde.[227]

Teilweise wird die elektronische Aufenthaltsüberwachung auch bei sogenannten Gefährdern oder Straftätern eingesetzt, die aus der Haft entlassen worden sind, aber weiterhin als gefährlich gelten. Hier gab es beispielsweise 88 Fälle im Jahr 2016[228] und 2018 bundesweit 107 Fälle.[229] Schließlich könnte in vielen Fällen auch die Untersuchungshaft durch einen elektronisch überwachten Hausarrest ersetzt werden.

Elektronisch gestützte Maßnahmen machen allerdings vor allem dann Sinn, wenn begleitend die oftmals vielfältigen Problemfelder der Betroffenen bearbeitet werden. Solche Probleme können in Suchtkrankheiten oder darin bestehen, einen Arbeitsplatz zu finden, einer geregelten Arbeit nachzugehen oder mit finanziellen Schulden umzugehen. Auch bei ambulanten Maßnahmen muss die Gefahr einer Desozialisierung im Auge behalten werden.[230] Menschen, die ohnehin am Rande der Gesellschaft leben, können durch einen Hausarrest noch weiter aus ihr gedrängt werden.

Die zunehmende Ersetzung des geschlossenen Strafvollzuges durch dezentrale Unterbringung in Wohngruppen oder im elektronisch überwachten Hausarrest sollte zunächst vor allem mit Inhaftierten erfolgen, deren Straftaten wenig Potenzial zur Skandalisierung besitzen, wie etwa Vermögensstraftäter. Sollten Gewalttäter im offenen Vollzug rückfällig werden oder könnten sie fliehen, würden diese Ansätze dem entstehenden öffentlichen Druck nicht standhalten können.

Gemeinnützige Arbeit als Hauptstrafe

Unser Recht kennt wie bereits erwähnt die Möglichkeit, eine Ersatzfreiheitsstrafe durch das Ableisten einer gemeinnützigen Arbeit abzuwenden. Auch können Freiheitsstrafen zur Bewährung mit der Auflage ausgesetzt werden, Leistungen für die Allgemeinheit zu erbringen. So kann zum Beispiel eine Freiheitsstrafe von einigen Monaten mit der Auflage zur Bewährung ausgesetzt werden, dass der Betreffende einige Hundert Stunden unbezahlte Reinigungs- oder Hilfsarbeiten in einer Sozialstation leistet. Sollte er sich weigern, wird die Bewährung widerrufen und er muss in Haft. Es gibt jedoch derzeit noch keine Möglichkeit, einen erwachsenen Straftäter zur Leistung einer gemeinnützigen Arbeit zu verurteilen. Im März 2018 verbüßten fast 23 000 Gefangene Freiheitsstrafen von längstens einem Jahr.[231] Hätte allein in diesen Fällen die Leistung gemeinnütziger Arbeit Vorrang und müssten nur jene in Haft, die sich ihr beharrlich verweigern, hätten wir schätzungsweise jeden Tag etwa 20 000 Menschen weniger in Haft. Hochgerechnet auf ein Jahr würden bei durchschnittlichen Haftkosten von 130 Euro am Tag so Haftkosten in Höhe von fast 950 Millionen Euro entfallen. Auch die gemeinnützige Arbeit muss organisiert und überwacht werden, jedoch würde der Steuerzahler im Vergleich zur Haft mindestens 800 Millionen Euro jedes Jahr einsparen.

Von dieser Strafe können durchaus Mehrheiten überzeugt werden. Bevölkerungsbefragungen zum Sanktionsverlangen ergeben in ganz Europa eine deutliche Präferenz der Menschen für die gemeinnützige Arbeit gegenüber der Gefängnisstrafe.[232] Sie gibt es aktuell u. a. in Belgien, Litauen, Spanien und in Finnland (dort bereits seit 1991).[233] Am Beispiel der Niederlande, die die gemeinnützige Arbeit 1981 eingeführt haben, um die Inhaftierungsraten zu verringern, zeigt sich allerdings, dass sie oft nicht als Alternative zum geschlossenen Strafvollzug verhängt wird, sondern in Fällen, in denen man ohne die Möglichkeit der gemeinnützigen Arbeit eine Strafe zur Bewährung ausgesetzt hätte.[234] Sinnvoll wäre sie aber auch und gerade als Alternative für eine Inhaftierung. Man könnte gemeinnützige Arbeit sogar in Staatsbetrieben in Erwägung ziehen, deren Gewinn Opfern von Straftaten zugutekäme.

Die Aussicht, einige Jahre lang zwei Tage in der Woche gemeinnützig arbeiten zu müssen, dürfte die gleiche ohnehin nur geringe abschreckende Wirkung haben wie die Aussicht auf ein Jahr Freiheitsentzug, dessen schädliche Folgen für den Betroffenen und die Gesellschaft jedoch entfallen würden. Die Verweigerung der gemeinnützigen Arbeit könnte mit der Kürzung sozialer Leistungen oder mit Einschränkungen der freien Lebensgestaltung, wie zum Beispiel Führerscheinentzug, Bewegungseinschränkung durch elektronische Aufenthaltsüberwachung o. Ä., geahndet werden.

Die zu erbringenden gemeinnützigen Leistungen sollten im besten Fall einen Bezug zu den Straftaten haben. Wer betrunken an einem illegalen Autowettrennen teilgenommen hat, sollte in einer Klinik für Unfallopfer arbeiten. Wer Steuern in großem Stil hinterzogen hat, sollte in einem staatlichen Kindergarten aushelfen, um ein Verständnis dafür zu bekommen, wofür Steuern dringend benötigt und eingesetzt werden.

Natürlich kann bei weitem nicht jeder Straffällige für jede gemeinnützige Arbeit eingesetzt werden. Ein Drogensüchtiger sollte beispielsweise nicht unbedingt in einem Kindergarten aushelfen, ein notorischer Dieb nicht in einem Seniorenheim. Auch der Bedarf an Beaufsichtigung und die von den Straffälligen leistbaren Stunden pro Woche sind unterschiedlich hoch und müssen individuell angepasst werden.

Abschaffung der Ersatzfreiheitsstrafe

Straffällige, die eine Geldstrafe nicht bezahlen können, dürfen dafür nicht länger in Haft genommen werden. Solche Ersatzfreiheitsstrafen, die geschätzt etwa 40 Prozent der jährlichen Neuinhaftierungen ausmachen[235], betreffen fast ausschließlich Menschen in sozial prekärer Lage. Ein Fünftel bis ein Drittel ist ohne festen Wohnsitz, über zwei Drittel sind arbeitslos.[236] Die Gesundheitssituation der Betroffenen ist ebenfalls höchst problematisch. Studien zufolge haben etwa 20 Prozent der Gefangenen größere gesundheitliche Probleme, 11 Prozent haben schon mindestens einen Suizidversuch hinter sich. Der Anteil der Drogenabhängigen wird auf bis zu zwei Drittel geschätzt.[237]

Das zeigt, dass vor allem die Ersatzfreiheitsstrafe eine besonders ungerechte Bestrafung ist. Wer genügend Geld oder Einkommen hat, wird nie von ihr betroffen sein. Sie ist darüber hinaus eine besonders unsinnige Strafe.[238] Die vielfältigen Probleme der Betroffenen können in den wenigen Wochen oder Monaten Haft nicht bearbeitet werden. Stattdessen droht ihnen ein Abgleiten in die Subkultur der Anstalten und ein noch weiterer sozialer Abstieg nach der Haft durch das Etikett als Ex-Gefangene.

Die Betroffenen sind oft nicht in der Lage, den organisatorischen und kommunikativen Aufwand zu leisten, der derzeit mit der Ableistung von gemeinnütziger Arbeit zur Vermeidung einer Ersatzfreiheitsstrafe verbunden ist. Aufgrund ihrer Lebensumstände oder psychischer Störungen reagieren sie häufig nicht auf schriftliche Aufforderungen und bemühen sich nicht aktiv darum, eine geeignete Stelle zur Ableistung der gemeinnützigen Arbeit zu finden.[239]

Menschen, die eine Geldstrafe auch in sehr kleinen Raten von zum Beispiel 20 Euro im Monat nicht bezahlen können, müssen daher individuell zu einer bestmöglichen Schadenswiedergutmachung und zu einer gemeinnützigen Leistung motiviert werden. Wer immer wieder schwarzfährt, könnte beispielsweise dazu angehalten werden, einige Stunden im Monat bei der Reinigung der städtischen Busse zu helfen. Begleitend müssen die Betroffenen jedoch bei der Bewältigung ihrer sozialen und gesundheitlichen Probleme unterstützt werden. Anders lässt sich die Abwärtsspirale, in der sie sich befinden, meist nicht aufhalten.

Entkriminalisierung von Drogen- und Bagatelldelikten

In einem weiteren Schritt könnte recht mühelos eine Entrümpelung unseres Strafrechts erfolgen.[240] In unserem Strafgesetzbuch und weiteren Gesetzen findet sich eine erhebliche Anzahl von zu ahnenden Bagatelldelikten, für die sogar eine Freiheitsstrafe verhängt werden kann. Diese sollten unbedingt entkriminalisiert werden. Zumindest sollte ein Verstoß nicht mehr mit einer Gefängnisstrafe geahndet werden können.

Das gilt vor allem für viele Straftatbestände des Betäubungsmittelgesetzes (BtMG) – 19,7 Prozent der am 31. März 2016 in Bayern einsitzenden Gefangenen waren ausschließlich wegen Delikten nach dem BtMG verurteilt.[241] Der Kriminologe Sebastian Scheerer meint dazu: »Gesundheitsrisiken sind keine Frage des Strafrechts, sondern der Gesundheitspolitik, der Erziehung und der Aufklärung. Nötig sind ehrliche Aufklärung und Therapieangebote unter Wahrung der Würde der Betroffenen.«[242]

Bei geringwertigen Sachen sollten auch Delikte wie Diebstahl, Unterschlagung, Hehlerei oder Sachbeschädigung entkriminalisiert werden. Dasselbe gilt für Beförderungserschleichung (»Schwarzfahren«), Unfallflucht, Beleidigung, Inverkehrbringen von Falschgeld in geringem Wert, Störung der Totenruhe, Beteiligung am unerlaubten Glücksspiel, Fischwilderei oder das Herunterladen von Musikstücken oder Videos für den privaten Gebrauch nach dem Urheberrechtsgesetz.[243] Derzeit sind deutschlandweit etwa 1000 Menschen allein wegen Schwarzfahrens in Haft[244], pro Jahr werden bis zu 7000 Menschen deshalb inhaftiert.[245] All diese Fälle sollten über das Ordnungswidrigkeiten- (Bußgeld) oder Zivilrecht (Schadensersatz) gelöst werden, um vor allem bei jungen Menschen ein Abgleiten in eine kriminelle Karriere nicht zu befeuern. Zumindest aber sollte bei ihnen keine Haftstrafe verhängt werden können.

In den Niederlanden haben neue Wege (Verwarnungen, Geldbußen, Arbeitsstrafen, elektronische Fußfessel) im Umgang mit leichterer Kriminalität dazu geführt, dass sogar Haftanstalten geschlossen werden mussten, weil es nicht mehr genügend Gefangene gibt. Dazu erklärt der Strafrechtswissenschaftler Peter Tak aus Nimwegen: »Dahinter steckt die Überzeugung, dass Gefängnisaufenthalte nicht unbedingt sinnvoll sind. Dass es sehr oft nicht nötig ist, jemanden hinter Gitter zu bringen, eben weil es Alternativen gibt, mit denen sich sein Verhalten sehr viel besser korrigieren und beeinflussen lässt.«[246]

Negative Konsequenzen dieser Alternativen zur Haft sind nicht bekannt. Im Gegenteil. Die Kriminalität in den Niederlanden nimmt ab und das Sicherheitsgefühl der Bevölkerung nimmt zu.[247]

Wie schnell und leicht es geht, unsere Strafgesetze zu ändern, zeigt sich, wenn neue Straftatbestände entstehen und kodifiziert werden. Der umgekehrte Weg ist ebenso möglich. So wurde etwa der Tatbestand der Beleidigung von Organen und Vertretern ausländischer Staaten (§ 103 StGB) mit Wirkung zum 1. Januar 2018 aufgehoben. Dieser Paragraf ist aufgrund einer Strafanzeige des türkischen Präsidenten Recep Tayyip Erdoğan wegen eines Schmähgedichts des Satirikers Jan Böhmermann öffentlich und politisch diskutiert worden.[248] Das Gedicht war im März 2016 in einer Fernsehsendung vorgetragen worden. Bereits am 1. Juni 2017 beschloss der Bundestag einstimmig die Annahme eines Gesetzesentwurfes der Bundesregierung zur Abschaffung des § 103 StGB.[249]

Ausbau der Bewährungsmöglichkeiten

Sinnvoll wäre zudem eine Ausweitung der Bewährungsmöglichkeiten. So könnte, wie etwa in Belgien, eine Strafaussetzung zur Bewährung bei Freiheitsstrafen von bis zu fünf Jahren ermöglicht werden, statt wie bisher nur bei Freiheitsstrafen bis zu einem Jahr (bzw. in Ausnahmen bis zu zwei Jahren).[250] So ist etwa bei Diebstahl oder Körperverletzung die Verhängung einer Freiheitsstrafe bis zu fünf Jahren möglich. Eine frühestmögliche Strafaussetzung zur Bewährung könnte bereits nach Verbüßung von einem Drittel der Freiheitsstrafe, wie es unter bestimmten Voraussetzungen etwa in Belgien und Litauen möglich ist, erfolgen, statt wie hierzulande bisher erst nach zwei Dritteln (bzw. in Ausnahmen nach der Hälfte) der verbüßten Freiheitsstrafe.[251]

Der Gefangene Boris – heute und morgen

Die Geschichte des Gefangenen Boris soll exemplarisch zeigen, was mit den aufgezeigten neuen Wegen erreicht werden könnte.

» Boris war, soweit man das sagen kann, ein typischer Gefangener. Aufgepumpte Muskeln, stark tätowiert, kaputte Zähne, und aufgrund seines jahrelangen Drogenkonsums wirkte er deutlich älter, als er tatsächlich war.

Er war mir nicht sympathisch, weil er sehr großspurig und fordernd auftrat und ich immer befürchtete, er könnte körperlich aggressiv werden, wenn wir einen seiner Anträge ablehnen mussten. Ein unangenehmer Macho, der seinen Selbstwert fast ausschließlich daraus zu schöpfen schien, sich über Frauen zu erheben.

Am Anfang versuchten wir noch, ihn mit seinem Verhalten zu konfrontieren, ihm zu widersprechen, ihm teilweise auch zu zeigen, wer hier das Sagen hat. Wir hatten damit wenig Erfolg und oft drohte die Situation zu eskalieren. Wir mussten erkennen, dass es noch sehr lange dauern würde, bis er selbstbewusst und ohne Aggressionen seine Interessen vertreten konnte, ohne sich auf Kosten von anderen, insbesondere Frauen, selbst aufzuwerten.

Um eine Person zu einer grundsätzlichen Verhaltensänderung zu bewegen, so meine Erfahrung im Strafvollzug, muss deren Persönlichkeit einigermaßen stabil sein. Menschen wie Boris haben jedoch ein sehr schwaches Selbstwertgefühl, und ihre aggressiven Verhaltensweisen stellen für sie die einzige Möglichkeit dar, sich selbst nicht schlecht und minderwertig zu fühlen. Kritisiert man dieses Verhalten, kommt das einem Angriff auf den Selbstwert der Person gleich, die sich dann oft nicht anders zu helfen weiß, als noch aggressiver zu werden.

Also musste man bei Boris vorsichtig, mit viel Geduld und gerade nicht so vorgehen, wie man es instinktiv tun würde. Wir begannen ihn zu loben und zu bestätigen, soweit es eben ging. Wir waren erleichtert, als das – zumindest einigermaßen – funktionierte. Wenn er sich wertgeschätzt und respektiert fühlte, konnte er auch eine Ablehnung seiner Anträge hinnehmen, ohne uns zu beschimpfen oder aggressiv zu werden.

Er verbüßte wegen kleinerer Körperverletzungs- und Betäubungsmitteldelikte eine Haftstrafe von zwei Jahren. In Freiheit hatte er als Kfz-Mechaniker gearbeitet, aber zusätzlich mit Drogen gehandelt, um seinen Eigenkonsum zu finanzieren. Bei den

Körperverletzungen hatte er jeweils aus Wut oder Kränkung zugeschlagen. Einmal schlug er zum Beispiel dem Türsteher einer Disco, der ihn nicht einlassen wollte, mit der flachen Hand ins Gesicht. In Haft hielt er sich jedoch offenbar von Drogen fern. Sämtliche seiner Urinkontrollen verliefen negativ.

Boris hatte zusammen mit seiner Lebensgefährtin einen einjährigen Sohn. Sie lebte von Hartz IV und wohnte etwa zweieinhalb Stunden Fahrtzeit von der Anstalt entfernt. Ein Besuch war für sie sehr teuer und aufwendig, so dass sie Boris nur alle paar Wochen besuchen kam. Den gemeinsamen Sohn brachte sie nur gelegentlich mit. Boris zeigte es nicht, aber wir hatten den Eindruck, dass ihn das sehr belastete.

Seiner Lebensgefährtin fehlte an allen Ecken und Enden Geld. Irgendwann teilte sie ihm mit, dass sie ihn nur noch besuchen kommen könne, wenn er die Fahrtkosten übernehme. Das war ihm jedoch kaum möglich. Er verdiente als Helfer im Schreinereibetrieb der Anstalt nur knapp 160 Euro im Monat. Davon durfte er weniger als die Hälfte zum Einkauf von Kaffee, Tabak, Sportsachen oder Büchern verwenden oder auch seiner Lebensgefährtin für einen Besuch überweisen. Die andere Hälfte musste er als sogenanntes Überbrückungsgeld für die Zeit nach seiner Entlassung ansparen. Er verzichtete also weitgehend auf seinen Einkauf und überwies seiner Lebensgefährtin das Geld, das jedoch nur für einen Besuch im Monat reichte. Sie klagte weiter über ihre finanziellen Probleme.

Es musste für ihn eine große Kränkung sein, ihr und dem gemeinsamen Sohn nicht mehr Geld geben zu können. Darüber hinaus konnte er für sich selbst nichts mehr kaufen.

Eines Tages wurde er von einem Mitgefangenen verraten. Dieser war positiv auf Cannabis getestet worden und hatte, um selbst eine geringere Strafe zu bekommen, angegeben, es von Boris gekauft zu haben. Boris hatte also offenbar auch in Haft begonnen, mit Drogen zu handeln, um sich etwas leisten zu können. Der Mitgefangene gab zudem freimütig zu Protokoll, von wem Boris das Cannabis bekommen hatte: von seiner Lebensgefährtin. Bei ihrem nächsten Besuch wurde diese besonders gründlich kontrolliert und sie hatte tatsächlich ein kleines Päckchen Cannabis dabei.

Wir mussten sie anzeigen und für Boris anordnen, dass er Besuch künftig nur noch hinter der Trennscheibe empfangen durfte. Zu groß war die Gefahr, dass er weiterhin versuchen könnte, Drogen in die Anstalt zu schmuggeln.

Für Besuche seiner Lebensgefährtin war diese Maßnahme unnötig, denn sie erschien nie wieder. Sie beendete die Beziehung per Brief und beklagte sich, dass sie nun auch noch eine Geldstrafe wegen Verstoßes gegen das Betäubungsmittelgesetz abzahlen müsse. Sie teilte ihm mit, dass er den Kontakt mit seinem Sohn einklagen müsse, es sei einem Kleinkind nicht zuzumuten, den Vater im Gefängnis zu besuchen. Tatsächlich sah Boris seinen Sohn während seiner fast zweijährigen Haftzeit nie wieder.

In der Anstalt rutschte er nun völlig in die Subkultur ab. Er konsumierte wieder Drogen und musste deshalb nach einiger Zeit von seinem Arbeitsplatz abgelöst werden. Auch in einige Schlägereien mit Mitgefangenen war er verwickelt. Bei jedem Verstoß gegen die Anstaltsordnung musste ein Disziplinarverfahren gegen ihn durchgeführt werden. Manchmal steckten wir ihn in isolierte Einzelhaft. Dass es dadurch nicht besser wurde, war uns klar, sein Verhalten zog jedoch immer strengere Disziplinarmaßnahmen nach sich. Er steigerte sich immer mehr in seine Situation hinein und war immer schwerer zu disziplinieren. Wir konnten kaum noch vernünftig mit ihm reden, auch alles Loben und Wertschätzen half nun nichts mehr. Ganz zu schweigen davon, dass es kaum noch etwas zu loben gab. Wir mussten irgendwie dafür sorgen, dass seine Haftzeit ohne weitere Eskalation vorüberging. Das ist uns auch gelungen. Wie es ihm nach seiner Entlassung erging, weiß ich nicht.

Er hatte jedenfalls einen großen Berg Schulden, unter anderem aufgrund der Kosten seines Gerichtsverfahrens. Eine Arbeit zu finden würde sehr schwer für ihn werden und den Großteil seines Lohnes musste er zur Schuldentilgung und für Unterhaltszahlungen verwenden. Es würde mich sehr wundern, wenn er in Freiheit nicht weiter mit dem Handel von Betäubungsmitteln und anderen illegalen Geschäften versuchte, seinen Drogenkonsum zu finanzieren. Und es dürfte wohl auch nicht sehr lange dauern, bis er wieder die Kontrolle verlieren und gewalttätig werden würde.

Den Steuerzahler hat Boris' Haft insgesamt etwa 100 000 Euro gekostet. Zumindest für eine erhebliche Zeit wird er nun auf Sozialleistungen angewiesen sein. Sein Sohn hat die ersten Lebensjahre ohne den inhaftierten Vater und mit einer stark belasteten Mutter verbracht. Die statistische Wahrscheinlichkeit, dass er selbst irgendwann straffällig werden wird, ist höher als bei einem Kind, das in geordneten familiären Verhältnissen groß wird.

So weit die Realität. Aber wie könnte Boris' Geschichte zukünftig verlaufen?

» Boris kann seine »Haftzeit« im elektronisch überwachten Hausarrest verbüßen. Seine Lebensgefährtin, mit der er eine Wohnung teilt, hat dem zugestimmt. Verlassen darf Boris die Wohnung nur, um seiner Arbeit als Kfz-Mechaniker nachzugehen. Dreimal wöchentlich darf er zudem mit seinem kleinen Sohn zwei Stunden spazieren gehen.

Er muss zwei Jahre lang zehn Stunden pro Woche gemeinnützige Leistungen in einer Klinik für schwer suchtkranke Menschen leisten und monatlich zehn Prozent seines Verdienstes in der Kfz-Werkstatt als Schmerzensgeld an die Geschädigten seiner Körperverletzungen zahlen. Er ist verpflichtet, an einem ambulanten Anti-Gewalt-Training und einer suchttherapeutischen Maßnahme teilzunehmen.

Boris bekommt nicht nur für die knapp zweijährige Zeit seiner Strafe, sondern für insgesamt vier Jahre einen Justizvollzugsbediensteten als sogenannten Fallmanager an die Seite gestellt. Dieser überwacht die Einhaltung aller Vorgaben, unterstützt Boris aber auch bei Problemen und im Umgang mit Konflikten. Bei mehrfachen oder gravierenden Verstößen hat der Justizvollzug die Möglichkeit, diese zu sanktionieren oder Boris in seiner Freiheit weiter einzuschränken. Die schärfste Form des Freiheitsentzuges ist in solchen Fällen die Unterbringung in einer gesicherten Wohngruppe, verbunden mit einer elektronischen Aufenthaltsüberwachung. Diese Maßnahmen dürfen nur während des Zeitraumes von zwei Jahren erfolgen, zu denen Boris verurteilt worden ist. Darüber hinaus wird er nur mit seinem Einverständnis bis längstens vier Jahre von seinem Fallmanager begleitet. Die Kosten für all diese Maßnahmen liegen deutlich unter den 100 000 Euro, die der Strafvollzug kosten würde. Es muss keine Unterbringung bereitgestellt werden, keine Bewachung, kein Essen, kein Arzt usw.

Ein Fallmanager betreut zwischen fünf und zehn Klienten. Ein signifikanter Anteil seines Gehalts ist davon abhängig, ob er mit diesen die zuvor festgelegten Zielvorgaben erreicht. Das können der erfolgreiche Abschluss einer therapeutischen Maßnahme oder die Aufnahme einer regelmäßigen Beschäftigung sein. Vor allem aber profitiert der Fallmanager, wenn sein Klient nicht mehr straffällig wird. Zum einen sieht er den Erfolg seiner Arbeit, zum anderen verdient er mehr Geld.

Boris aber erfüllt seine Verpflichtungen weitgehend. Seine Lebensgefährtin trennt sich von ihm, er kann seinen Sohn jedoch häufig sehen. Seinen Arbeitsplatz behält er. Er zahlt daher weiterhin Steuern und Sozialabgaben. Er konsumiert noch gelegentlich Cannabis, besorgt es sich aber nur noch zum Eigenbedarf. Die Bindung zu seinem Sohn ist im Laufe der Monate immer stärker geworden. Boris möchte nicht riskieren, ihn nicht mehr so häufig sehen zu können.

Eine Garantie, dass es funktioniert, wie in diesem Beispiel geschildert, gibt es natürlich nicht. Aber die Chancen, dass es gelingt, sind für alle Beteiligten ungleich höher als die Risiken: für die Opfer von Boris' Gewalt, für den Steuerzahler und die Allgemeinheit, für seine Familie und sich selbst und zuletzt sogar für die Justizangestellten.

Womöglich wird einer von hundert trotz Fußfessel fliehen oder sogar eine Straftat begehen. Da man aber davon ausgehen kann, dass solche Maßnahmen zu einer insgesamt deutlichen Reduzierung der Rückfallgefahr führen, wird man Ausnahmen nicht mehr als so gravierend ansehen wie bisher.

Trennung von Urteil und strafenden Interventionen

Als letzter, schwierigster und gleichwohl wichtigster Schritt sollte künftig bei einer strafrechtlichen Verurteilung vor Gericht eine Trennung von Unrechtsausspruch und den verhängten Strafen erfolgen.

Das Grundproblem besteht darin, dass wir derzeit juristisch in der Regel keine Möglichkeit haben, die Höhe des

Unrechts einer Tat anders als in der Länge der Freiheitsstrafe auszudrücken. Diese kaum trennbare Verknüpfung versperrt sinnvollere Wege des Strafens.

Für das Opfer einer Straftat wird es sehr wahrscheinlich immer wichtig sein, dass in einem öffentlichen gerichtlichen Verfahren zuerst das Unrecht, dann dessen Höhe festgestellt wird. Auch für unser kollektives Bewusstsein ist es von Bedeutung, die Grenzen von Recht und Unrecht möglichst deutlich zum Ausdruck zu bringen. Dieser symbolische Teil strafrechtlicher Urteile ist sinnvoll und wichtig.[252] Es ist dagegen nicht im bisherigen Umfang zwingend notwendig, dem Täter unsererseits Schmerz zuzufügen, um unserer ernsthaften Empörung, unserer Missbilligung und unserem Vorwurf, bei schweren Taten auch unserem Entsetzen, Ausdruck zu verleihen.

Die Ernsthaftigkeit unseres Anliegens erfordert jedoch mehr als nur einen rein symbolischen Schuldspruch. Sie kann auch durch Solidarität mit dem Opfer und durch ein System klügerer, individuellerer und differenzierterer Reaktionen als die doch recht schlichte Freiheitsstrafe zum Ausdruck gebracht werden.

Zur Übernahme von Verantwortung durch den Täter gehört es zwar auch, eine Bestrafung zur Abschreckung, Normvalidierung und Befriedigung von unbedingten Vergeltungsbedürfnissen erdulden zu müssen. Diese ist dann aber nicht mehr Kern der staatlichen Interventionen und das Maß aller Dinge.

Kategorien von Unrecht

Sinnvoll könnte eine Unterteilung in zehn Unrechtskategorien sein, wobei Kategorie A für das größte, Kategorie J für das geringste Unrecht steht. In Kategorie A könnte beispielsweise der Sexualmord an einem Kind fallen, in Kategorie J der Diebstahl eines Fahrrads. Das Gericht sollte anhand der Tatbestände und anderer Umstände über die Kategorie entscheiden. Solche Umstände können etwa die Motivation des Täters und die Folgen der Tat für das Opfer sein. Es muss sich um ein dem Täter zurechenbares Unrecht handeln. Diese sogenannte Zurechnung würde nur in den Fällen entfallen, in denen auch derzeit die Schuld und damit die Strafbarkeit entfallen, wie zum Beispiel bei Kindern.

Für jede Unrechtskategorie sollte das Strafgesetzbuch einen Rahmen mit einer Mindeststrafe (zum Beispiel einer Geldstrafe oder gemeinnützige Leistungen) und in jedem Falle einer Höchststrafe (zum Beispiel die Dauer eines Freiheitsentzuges) festlegen. Das ist vergleichbar mit den jetzigen Strafrahmen.

Darüber hinaus würde ein Gesetzeskatalog mögliche Auflagen und Weisungen vorgeben. Hier sind die Leistung von Wiedergutmachung[253] oder gemeinnütziger Arbeit, die Teilnahme an Behandlungsmaßnahmen, wie einem Anti-Gewalt-Training oder einer Suchttherapie, Beschränkungen der Freiheit durch elektronische Aufenthaltsüberwachung (Fußfessel) und Ähnliches geregelt. Ein solcher Katalog ist vergleichbar mit den Auflagen und Weisungen, die derzeit gelten, wenn Freiheitsstrafen zur Bewährung ausgesetzt werden.

Gremium aus Fachleuten, Opfer, Täter und Gemeindemitgliedern

Ein weiterer wesentlicher Unterschied zur bisherigen Praxis bestünde darin, dass nicht mehr das Gericht allein über die konkret aufzuerlegenden Maßnahmen entscheidet, sondern ein Gremium aus Fachleuten des öffentlichen Dienstes, wie zum Beispiel Sozialarbeiter, Pädagogen, Kriminologen usw. In diesem wären aber auch das oder die Opfer vertreten. Bei Tötungsdelikten könnten die Angehörigen ihre Mitwirkung am Gremium beantragen. Alle Gremienmitglieder erhalten ein gleichberechtigtes Stimmrecht für alle Entscheidungen. Bisher treten die Geschädigten vor Gericht in der Regel nur als Zeugen auf und können sich in bestimmten Fällen der Anklage als Nebenkläger anschließen.

Dieses Recht würde all jene Geschädigten, die ein Interesse an einer Mitwirkung haben, in die Lage versetzen, mitzuentscheiden, welche Maßnahmen gegenüber dem Täter getroffen werden. So können sie sich ein Gefühl der Selbstbestimmtheit zurückholen, wenn es vom Täter verletzt worden ist. Schließlich muss auch der Täter an den Sitzungen des Gremiums teilnehmen. Er bekommt kein Stimmrecht, wird aber dazu ermutigt, selber Vorschläge einzubringen, wie er den Schaden wiedergutmachen und die Heilung des Opfers unterstützen kann.

Als Mitglieder des Gremiums sollten auch Bewohner der Gemeinde benannt werden, in der die Tat begangen worden ist. Die Rolle von nicht bei der Justiz angestellten Bürgerinnen und Bürgern würde so über die Beteiligung ehrenamtlicher Schöffen bei Gericht hinaus noch verstärkt werden. Zudem sollten ehemalige Straftäter, die den Weg in ein rechtstreues Leben geschafft haben, als Resozialisierungshelfer in die Arbeit des Gremiums eingebunden werden. Ihr Einverständnis vorausgesetzt, wäre es sogar sinnvoll, Personen des sozialen Umfelds von Tätern und Opfern in den Prozess einzubinden, wie zum Beispiel Familienangehörige und Verwandte.[254]

Auch eine deutlich stärkere Einbindung der freien, d. h. nicht staatlichen Straffälligenhilfe[255] wäre notwendig, um für jeden Einzelfall die bestmöglichen Wege finden zu können.[256] In diesen Vereinen, die sich zum Teil durch Spenden, zum Teil auch durch staatliche Förderungen finanzieren, sind einige hauptamtliche, vor allem aber ehrenamtliche Mitarbeiterinnen und Mitarbeiter tätig.

Gerade langjährige Inhaftierte haben oft nur noch zu einem dieser Betreuer Kontakt, der regelmäßig zu Besuch kommt. Auch bieten solche Vereine Gesprächs- und Literaturgruppen und Ähnliches für Inhaftierte an. Vor allem aber kümmern sich die Mitarbeiter des Vereins nach der Haft um Straffällige, zu denen sie im besten Fall schon während ihrer Inhaftierung einen Kontakt aufgebaut haben. Sie sind so ein wichtiges, oft das entscheidende Bindeglied zwischen »drinnen« und »draußen«.

Freie Vereine können in den oft verkrusteten Strukturen des Strafvollzuges neue Akzente setzen und kreative Ideen und Konzepte aus der ganzen Welt einbringen. Ein Beispiel dafür ist der Verein Set-Free e. V., der sich an der APAC orientiert, einer christlich motivierten Organisation in Brasilien, die als Alternative zu den dortigen Gefängnissen staatlich anerkannte Reintegrationszentren mit aufgebaut hat.[257] Dort werden die Inhaftierten nicht fremdverwaltet, sondern viel stärker für die Gestaltung ihres Alltages und die Verwaltung ihres Gefängnisses in die Verantwortung genommen. Auch die Öffentlichkeit wird in den Strafvollzug eingebunden, u.a. durch einen stärkeren Einsatz ehrenamtlicher Betreuer. Inhaltlich geht es in den APAC-Gefängnissen darum, das Selbstbewusstsein, den Teamgeist und den Charakter der Gefangenen zu stärken und ihnen Zeit zu geben für einen Prozess der Schuldeinsicht und der Übernahme von Verantwortung. Set-Free e.V. bietet in deutschen Gefängnissen seine Hilfe an, um vor allem den Prozess der Verantwortungsübernahme zu fördern.

Die ehrenamtlichen Betreuerinnen und Betreuer der freien Straffälligenhilfe engagieren sich aus religiöser oder sozialer Motivation. Barbara Westphal, eine für die Resohilfe Lübeck e.V. tätige ehrenamtliche Betreuerin, fasst den Grundgedanken ihres Vereins so zusammen: »Die Resozialisierungshilfe ist kein Vollzugsorgan, sondern eine solidarische Unterstützung von außen für straffällig gewordene Menschen. Insofern leistet sie auch Opferschutz, indem sie den Übergang in ein straffreies Leben fördert.«[258]

Die Kenntnisse und Erfahrungen solcher Vereine sollten genutzt werden. Es sollte ein ausreichendes Budget für die Hinzuziehung weiterer Fachleute, wie zum Beispiel von Therapeuten geben, insbesondere, wenn Täter oder Opfer noch minderjährig sind, sowie Mittel für solidarische Leistungen an das Opfer, zum Beispiel als Schmerzensgeld.

Schadenswiedergutmachung an erster Stelle

Der Täter-Opfer-Ausgleich, der beispielsweise in der Zahlung eines Schmerzensgeldes bestehen kann, und die Schadenswiedergutmachung im Sinne einer »Restorative Justice«[259] müssten das primäre Ziel dieses Gremiums sein. Das entspräche auch dem Bedürfnis vieler Opfer nach Wiedergutmachungsleistungen, dem unser aktuelles Strafsystem nicht gerecht wird.[260]

Zwar ist der Täter-Opfer-Ausgleich bereits heute grundsätzlich in jedem Verfahrensabschnitt möglich, er wird jedoch fast immer nur im Vorverfahren und nur bei einfacher und mittlerer Kriminalität angewandt.[261] Bei Erwachsenen ist der Täter-Opfer-Ausgleich insgesamt nur sehr selten Bestandteil des strafrechtlichen Verfahrens, letztlich vor allem, weil er nicht zwingend gesetzlich vorgeschrieben ist.[262]

Eine direkte Begegnung von Täter und Opfer kann die gegenseitige Wahrnehmung, das mögliche Nachfragen und das Verhandeln über die Wiederherstellung der Gerechtigkeit fördern.[263] Das kann für das Opfer heilende und für den Täter resozialisierende Wirkung haben.[264]

Gerade bei schweren Straftaten zeigen Studien, dass restorative Ansätze einen deutlich positiveren Einfluss auf die Wahrscheinlichkeit künftiger Straffälligkeit als die derzeitigen formellen Sanktionen haben.[265] Auch profitieren davon gerade Opfer von schweren Delikten, zum Beispiel durch eine Verringerung ihrer posttraumatischen Stresssymptome wie Angst, Gefühle der Schutzlosigkeit oder Schlafstörungen.[266]

Wiedergutmachung kann nicht nur durch finanzielle Entschädigung, sondern auch durch Gespräche oder dadurch erfolgen, dass der Täter für das Opfer Arbeiten oder andere Tätigkeiten übernimmt. Von dieser Art von Verpflichtungen, die ihn immer wieder mit seiner Tat und ihren Folgen konfrontiert, bleibt der Täter in unserem derzeitigen System verschont.

» Justin hatte sich immer wieder von Frauen Geld geliehen und nie vor, es ihnen zurückzuzahlen. So hatte ihm eine ältere Dame aus seiner Nachbarschaft einen größeren Betrag gegeben, da sie ihm glaubte, er müsse seiner bettlägerigen Mutter kurzfristig unter die Arme greifen. Sie vertraute ihm auch, dass er das Geld nach der nächsten Gehaltsauszahlung am Monatsende unverzüglich zurückzahlen würde. In Wirklichkeit war seine Mutter bereits verstorben und er schon seit längerem arbeitslos.

Darüber hinaus bestellte er regelmäßig in größerem Umfang Waren über das Internet, in dem Wissen, dass er nicht in der Lage sein würde, diese jemals zu bezahlen.

Nachdem Justin in der Vergangenheit bereits mehrmals vergleichbarer Delikte überführt worden war und alle verhängten Strafen nichts genutzt hatten, wurde er zu einer Freiheitsstrafe von 15 Monaten ohne Bewährung verurteilt.

Allein der Vollzug dieser Strafe kostete den Steuerzahler 600 000 Euro. Alle Geschädigten blieben auf ihrem Schaden sitzen, und Justin achtete nach der Haft nur besser darauf, bei seinen Betrügereien nicht mehr erwischt zu werden.

Ein Täter-Opfer-Ausgleich sähe folgendes Szenario vor:

» Im Rahmen einer mehrwöchigen Mediation wird unter Beteiligung aller Geschädigten ein Programm erarbeitet, wie Justin den Schaden bestmöglich wiedergutmachen muss. Die ältere Dame braucht jemanden, der regelmäßig für sie einkauft und sie auch ab und zu zum Arzt fährt. Der Berechnung der Anzahl der Stunden, die Justin abzuleisten hat, werden der gesetzliche Mindestlohn und die Summe, um die Justin die Dame betrogen hat, zugrunde gelegt. Hinzu kommt ein 30-prozentiger Aufschlag als Wiedergutmachung.

Die Firma, bei der Justin Waren bestellt und diese nicht bezahlt hat, unterstützt einen Verein, der spendenfinanzierte Pakete an Familien aus Entwicklungsländern verschickt. In dieser Stiftung muss Justin Pakete packen, wobei auch hier die abzuleistenden Stunden um einen 30-prozentigen Zuschlag erhöht werden.

Den Steuerzahler kostet dieses Verfahren insgesamt ca. 10 000 Euro.

Sollte Justin die Abmachungen, denen er ausdrücklich zustimmen musste, verweigern oder von diesen abweichen, würde er mit einem zweijährigen elektronisch überwachten Hausarrest belegt.

Die heilende Kraft der Wahrheit

Für eine Wiedergutmachung ist es nicht unerheblich, dass der Täter die Wahrheit offenbart und sich zu seiner Tat bekennt. Da die meisten Menschen versuchen, ihre Handlungen zu rechtfertigen oder zu leugnen, ist es wichtig, in künftigen Strafverfahren Mechanismen und Regeln einzurichten, die die Wahrheit (bei aller Unschärfe des Begriffs) über die Tat und ihre Beweggründe fördern und belohnen. Reue auf Seiten des Täters und Vergebung durch die Opfer setzen voraus, dass die Wahrheit ans Tageslicht kommt. Nicht nur ein klares Bekenntnis zur Tat, sondern auch das Eingeständnis über die Motivation und die Beweggründe sind dabei unerlässlich. Die Wahrheiten auszusprechen und sie zu hören, kann für die Opfer, aber auch für die Täter und sogar für die Gesellschaft schmerzhaft sein. Doch aus vielen Gesprächen mit Opfern wissen wir, wie groß deren Bedürfnis ist, das Bekenntnis[267] und auch die Motive[268] des Täters zu hören.

Zwar kann sich ein Geständnis auch heute schon strafmildernd auf das Urteil auswirken. Oftmals sind Angeklagte jedoch besser beraten, zu schweigen oder die Tat zu leugnen. Der juristische Nachteil, der für sie entstünde, wenn sie die Wahrheit sagten, wäre zu groß. Dagegen kann eine geleugnete und verschwiegene Wahrheit großen Schaden anrichten. Bei uns allen. Wir Menschen wollen alles, was passiert, verstehen und einordnen können, und das gilt umso mehr, wenn uns selbst etwas sehr Belastendes zugestoßen ist. Erst danach können wir mit dem Geschehenen abschließen oder unseren Frieden machen.

Das gilt auch für die Gesellschaft. Wenn wir die Realität von Straftaten leugnen oder ins kollektive Unbewusstsein verdrängen, können grundsätzliche Probleme und Konflikte nicht erkannt und bearbeitet werden. Dies wird besonders bei den wenigen Gerichtsverfahren gegen noch lebende ehemalige SS-Mitglieder oder Wachleute in einem Konzentrationslager des Naziregimes deutlich. Die vorsätzlichen Tötungsdelikte während der NS-Zeit gelten gesellschaftlich als so verwerflich, dass man sie seit 1979 nicht mehr verjähren lässt. Oft erwecken über 90-jährige Angeklagte, die im Rollstuhl in den Gerichtssaal geschoben werden und nur wenige Stunden am Stück verhandlungsfähig sind, jedoch nicht den Eindruck, dass die Verhandlung den noch lebenden Opfern oder ihren Hinterbliebenen Genugtuung verschaffen könnte. Denn selbst im Angesicht des eigenen Todes sind diese Männer nicht in der Lage oder bereit, über ihre Taten, die sie jahrzehntelang geleugnet und verschwiegen haben, Bericht abzulegen.

Dabei wäre es nicht nur für die Opfer, sondern auch für die Gesellschaft wichtig zu erfahren, wie es zu solchen Taten kommen konnte. Erst wenn alle Fakten bekannt sind, kann das Geschehene aufgearbeitet und können Konsequenzen für die Zukunft gezogen werden.

Eine Wiedergutmachung ist in Fällen wie den nationalsozialistischen Verbrechen nicht möglich. Allerdings werden die Wahrheitsfindung und der Einsatz wirksamer Maßnahmen, damit sich das Geschehene nicht wiederholt, durch unser derzeitiges Schuldstrafrecht erschwert. Dieser Aspekt bei politisch motivierten Verbrechen ist auch bei schweren Gewalt- oder Sexualstraftaten von großer Relevanz.

Selbstverständlich gibt es für einen Angeklagten viele Motive, die Wahrheit zu verschweigen. Und leider gibt es auch keine Garantie dafür, dass er die Wahrheit offenbart, wenn sie für ihn juristische oder andere Vorteile hätte. Ganz zu schweigen von der Tatsache, dass es sich dabei um die subjektive Wahrheit des Täters handelt und »Wahrheit« ohnehin ein komplexer Begriff ist. Um die Chance zu erhöhen, die Beweggründe des Täters und den genauen Tathergang zu erfahren, lohnt ein Blick nach Südafrika. Nach dem Ende des Apartheidregimes installierte man dort sogenannte Wahrheits- und Versöhnungskommissionen. Ihnen gelang es, eine Vielzahl politisch motivierter und legalisierter Verbrechen überhaupt erst aufzuklären. Dies war nur möglich, weil die Täter bei einer Aussage vor der Kommission auf Straffreiheit hoffen konnten. In drei getrennten Ausschüssen versuchte man die Verbrechen aufzuklären, Opfer zu entschädigen und Amnestie für die Täter zu gewähren.

Wenn dies in einer konflikt- und gewaltgeladenen Situation wie der im damaligen Südafrika sogar bei Tötungsdelikten möglich war, ist kein Grund ersichtlich, warum es in unserer demokratischen Situation nicht auch bei Körperverletzungen und anderen Delikten möglich sein sollte.

Das Bedürfnis, sich an den weißen Unterdrückern für ihr jahrzehntelanges und brutales Regime zu rächen, muss für die schwarze Bevölkerung besonders stark gewesen sein. Sie haben es dennoch geschafft, dieses Bedürfnis nicht auszuleben. Wir schaffen es daher erst recht.

Mit einem gravierenden Unterschied: Eine völlige Straflosigkeit ist in den wenigsten Fällen sinnvoll. Für die Opfer des Apartheidregimes in Südafrika etwa muss es oft sehr belastend und manchmal kaum auszuhalten gewesen sein, wenn ihre Täter straffrei davongekommen sind.

Allerdings wäre eine deutlich höhere Motivation für den Täter, die Wahrheit zu sagen, hilfreich. Vor allem dann, wenn das auch im Sinne der Opfer oder ihrer Angehörigen ist. Im Beispiel des ehemaligen KZ-Wachmanns könnte dies bedeuten, er fiele nicht in die Unrechtskategorie A und müsste sein restliches Leben nicht hinter Gittern, sondern zum Beispiel im elektronisch überwachten Hausarrest verbringen. Die verpflichtende Teilnahme an einer Historikerkommission zur Aufarbeitung von Verbrechen wäre eine weitere Möglichkeit.

Förderung von Bindung

Jedes Gremium muss über ein Netzwerk von ausgewählten Resozialisierungshelfern verfügen und aus diesem eine geeignete Person für die individuelle Begleitung der Straftäter auswählen. Ziel ist es, eine positive, stützende und langfristig wirksame Bindung aufzubauen, um den Straffälligen generell zu stärken.

So kann künftig der Tatsache besser Rechnung getragen werden, dass ein wesentlicher Zusammenhang zwischen

Beziehungserfahrungen und kriminellem Verhalten besteht. Eine Studie zu rechtsextremistischen Jugendgefangenen etwa hat ergeben, dass ein Großteil von ihnen aufgrund früher elterlicher Trennung ohne leiblichen Vater aufgewachsen ist.[269] Die Abwesenheit einer männlichen Bezugsperson stellte für die Entwicklung der jungen Männer offenbar eine wichtige Größe dar, die grundlegende Probleme der biografischen Selbstverortung und Identitätsbildung berührte.[270] Durch den derzeitigen (Jugend-)Strafvollzug werden rechtsextremistische Orientierungen schwerlich abgebaut[271], zu vermuten ist eher das Gegenteil.[272]

Die Kriminologin Figen Özsöz führt dies ganz wesentlich auf die in den Gefängnissen herrschende Subkultur zurück, deren wesentliches Merkmal feindliche und aggressive Einstellungen gegenüber dem Staat und seinen Rechtspflegeorganen sind: »Rechtsextremistische Gefangene unterscheiden sich von anderen Gefangenen u. a. darin, dass sie bereits vor der Inhaftierung eine ausgeprägt feindliche Einstellung gegenüber der Staatsmacht und ihren Repräsentanten aufweisen. Die Ablehnung des Staates und seiner freiheitlichen demokratischen Grundordnung ist schließlich ein Kernelement rechtsextremistischer Ideologie. Damit sind den Resozialisierungsbemühungen der Anstalt bei rechtsextremen Jugendgefangenen von vorneherein sehr enge Grenzen gesetzt.«[273]

Der Ausschnitt eines Interviews, das im Rahmen eines Forschungsprojektes mit rechtsextremistisch motivierten Gewalttätern durchgeführt worden ist, bestätigt dieses pessimistische Urteil: »Ja glauben die, dass ich, dass ich dann rauskomme hier und dann ›ach, die lieben, lieben Ausländer‹, oder was? Das steigert doch meinen Hass noch mehr (…). Im

Endeffekt komme ich raus und irgendwann, der mich jetzt wieder reingebracht hat oder was, dem haue ich wieder auf die Schnauze, wenn ich ihn treffe. Ich schwöre es.«[274]

»Gesetz zur Heilung der Schäden aus und zur Vermeidung künftiger Straftaten«

Das Gremium wird auf Grundlage des noch hypothetischen HeilG (Gesetz zur Heilung der Schäden aus und zur Vermeidung künftiger Straftaten) bis zum Ablauf der gerichtlich festgesetzten Frist für den Fall zuständig bleiben. Es regelt das Verfahren und die möglichen Auflagen für den Täter. Als letztes Druckmittel kann der Vollzug, entsprechend der jeweiligen Unrechtskategorie, angeordnet werden. Dies kommt aber nur in Betracht, wenn der Täter sich weigert, irgendeine Art der Wiedergutmachung zu leisten, oder aus anderen Gründen die ihm auf Grundlage des HeilG auferlegten Auflagen und Weisungen beharrlich missachtet. Täter und Opfer haben die Möglichkeit, sich zur psychologischen Unterstützung einen Beistand zuordnen zu lassen, dessen Kosten die Staatskasse übernimmt. Eine zusätzliche Vertretung durch Rechtsanwälte ist nicht zulässig, da finanzielle Interessen in diesem Fall gerade keine Rolle spielen sollen.

Berücksichtigung langfristiger Zusammenhänge

Zusätzlich sollte ein an das Bundesjustizministerium angegliederter kriminalpräventiver Dienst gegründet werden, an den die Kommissionen aller Gerichtsbezirke berichten, der über die so gesammelten Informationen Kriminalitätsursachen ermitteln und Strategien zu ihrer Vermeidung erarbeiten kann.[275] Diese sollten stärker in den Fokus der Justizpolitik genommen werden, um auch die justizpolitischen Ressourcen langfristig sinnvoller einsetzen zu können.

Welchen Einfluss selbst kurzzeitige Interventionen haben können, wenn sie früh genug erfolgen, zeigt das Beispiel des empirischen Forschungsprojekts »Perry Preschool Project« aus Michigan, USA. Dort wird seit 1962 der Einfluss vorschulischer Erziehung auf die Entwicklung von Menschen untersucht. Dazu teilte man u. a. Kinder im Alter von vier bis fünf Jahren aus prekären Verhältnissen (z. B. drogensüchtige Eltern ohne Arbeit) in zwei Gruppen. Die Kinder in der einen Gruppe bekamen für einen Zeitraum von sechs Monaten für vier Stunden am Tag einen Erzieher oder eine Erzieherin, die Kinder der anderen Gruppe nicht. Im Alter von 40 Jahren wurden 55 Prozent der Mitglieder der Gruppe ohne erzieherische Interventionen mehr als fünfmal inhaftiert, jedoch nur 36 Prozent der Gruppe, die Unterstützung hatte.[276]

Spätestens ab der Geburt wirken soziale Umstände verschiedenster Art auf die Entwicklung des Individuums. Ein monokausaler Rückschluss auf die Ursachen individueller Straffälligkeit wird zwar fast nie möglich sein. Es ist aber durchaus realistisch, aus der unendlichen Komplexität der menschlichen und sozialen Existenz verschiedene Faktoren zu identifizieren, die dann in ihrem Zusammenwirken zur Straffälligkeit beigetragen haben.

In einer dänischen Studie beispielsweise wurde eine große Gruppe von Probanden von ihrer Geburt bis zu ihrem 18. Lebensjahr erfasst. Es wurde untersucht, ob es Geburtskomplikationen wie etwa eine Zangengeburt oder einen Nabelschnurvorfall gegeben hatte. Zudem wurden die Mütter ein Jahr nach der Geburt interviewt, um herauszufinden, ob sie ihr Kind ablehnten.

Als die Testpersonen 18 Jahre alt waren, überprüfte man, welche bis dahin wegen eines Gewaltdeliktes verhaftet worden waren. Hierbei hat sich herausgestellt, dass eine Geburtskomplikation *oder* die mütterliche Ablehnung allein keinen großen Einfluss auf die Gewaltraten hatte. Die Gruppe derer, die sowohl eine Geburtskomplikation hatten als auch von ihren Müttern nach der Geburt abgelehnt worden sind, wurde im Durchschnitt jedoch dreimal häufiger wegen eines Gewaltdeliktes verhaftet als die übrigen Testpersonen.[277]

Sinnvoll, kriminalitätsreduzierend und langfristig gesehen kostensparend wäre es also, gerade mit Blick auf Geburtskomplikationen und/oder mütterliche Ablehnung zusätzliche Stellen (zum Beispiel für Sozialarbeiterinnen und Sozialarbeiter) für die Betreuung junger Mütter und ihrer Kinder zu schaffen, anstatt diese Kinder 18 Jahre später, wenn sie anderen womöglich geschadet haben, mit großem Aufwand und sehr ungewissen Erfolgsaussichten zu bestrafen.

Ein weiteres eindrucksvolles Beispiel für mögliche soziale Zusammenhänge von Kriminalität liefert eine Studie, nach der eine Verringerung des Anteils der Jugendlichen ohne Hauptschulabschluss die Zahl der begangenen Raub- und Erpressungsdelikte um fast 7 Prozent reduzieren würde.[278]

Herr Romer – heute und morgen

» Herr Romer ging nur noch selten aus dem Haus. Seinen 75. Geburtstag im vergangenen Jahr hatten nur noch seine beiden Söhne mit ihm gefeiert. Freunde hatte er keine mehr. Die meisten waren schon verstorben oder hatten den Kontakt nach dem Krebstod seiner Frau vor einigen Jahren abgebrochen. Ihre gemeinsamen Söhne, Zwillinge Mitte dreißig, waren beide noch alleinstehend. Während sie seiner Frau viel bedeuteten, hatten sich Herr Romer und seine Söhne kaum etwas zu sagen und trafen sich nur zwei- oder dreimal im Jahr. Die wenigen Bekannten aus seiner Gymnastikgruppe für Senioren wollte er nicht zu sich nach Hause einladen.

Er hatte sich daher sehr über die Anfrage der Caritas gefreut, ob er als ehemaliger Sachbearbeiter im Finanzamt bereit wäre, einmal wöchentlich eine Gruppe von Flüchtlingen ehrenamtlich in den Grundlagen des deutschen Steuersystems zu unterrichten. So fand er wieder eine Aufgabe, konnte sein Wissen weitergeben und kam unter Menschen.

Als er an einem schon dunklen Herbstabend nach Hause kam, hatte Herr Romer keine Zeit mehr, sich darüber zu wundern, dass die Türe seines Reihenmittelhauses einige Zentimeter weit offenstand. Er konnte sich auch, als er im Krankenhaus wieder zu sich kam, nicht mehr daran erinnern, wie ein maskierter Mann aus der Haustür gestürmt war und ihn dabei so brutal zu Boden gestoßen hatte, dass er das Bewusstsein verlor und mit einer schweren Gehirnerschütterung in die Klinik gebracht werden musste.

Der Täter konnte zunächst nicht ermittelt werden. Nur ein Nachbar hatte der Polizei einen Hinweis geben können. Er gab an, gesehen zu haben, wie ein Mann mit dunkler Hautfarbe weggerannt sei. Er sei sicher, dass es sich um einen Ausländer gehandelt haben muss.

Daraufhin nahm die Polizei unter anderem die Flüchtlinge, die Herr Romer ehrenamtlich unterrichtete, unter Verdacht, der sich aber nicht erhärten ließ. Doch auch Herr Romer wurde die Befürchtung nicht los, es könnte einer seiner Schüler gewesen sein, und gab den Unterricht auf. Ein Ersatz für ihn konnte sehr lange nicht gefunden werden, und auch Herr Romer fand keine andere Tätigkeit, die ihn wieder mit so viel Freude erfüllte.

Seine Situation verschlechterte sich weiter, da er nach dem Überfall zunehmend an Angstzuständen litt und sich nun überhaupt nicht mehr aus dem Haus traute. Das Essen ließ er sich liefern und auch zur Seniorengymnastik ging er nicht mehr. Zweimal wurde er von der Polizei als Zeuge zu dem Vorfall befragt, ansonsten kümmerte sich niemand um ihn.

Nach einigen Monaten ging er davon aus, dass der Täter wohl nie gefunden werde. Herr Romer hatte einige Tausend Euro Bargeld zu Hause aufbewahrt, die der Einbrecher gefunden und gestohlen hatte. Schlimmer als dieser Verlust war für ihn aber die zunehmende Angst im eigenen Zuhause. Wie sollte er sich dort noch sicher fühlen, wo es doch schon einmal einem Fremden gelungen war, die Tür aufzubrechen?

Nach etwa einem Jahr konnte der Täter doch noch ermittelt werden. Er wurde bei einem weiteren Wohnungseinbruch ertappt. Eine DNA-Probe ergab, dass es sich um denselben Täter handelte.

Es war der 19-jährige Frank, Deutscher aus einer wohlsituierten Familie. In der Hauptverhandlung vor Gericht stellte sich heraus, dass er drogensüchtig war, die Schule abgebrochen hatte und sich das Geld für seine Drogen unter anderem durch Wohnungseinbrüche beschaffte.

Er besaß keinerlei Vermögen, so dass Herr Romer auf seinem finanziellen Schaden sitzen blieb. Nachdem er vor Gericht noch einmal als Zeuge aussagen musste, ging es ihm noch schlechter als zuvor. Die Verurteilung zu drei Jahren Haft beruhigte ihn nur kurzfristig. Seine allgemeine Angst aber wurde immer schlimmer.

Frank absolvierte in der Haft eine Ausbildung zum Bürokaufmann. Eine Therapie seiner Sucht fand in der Anstalt nicht statt, aber er schaffte es nach einem harten kalten Entzug, sich von Drogen weitgehend fernzuhalten. Aufgrund seiner noch nicht behandelten Sucht bekam er keinen Ausgang oder Hafturlaub, da die Anstalt befürchtete, er könnte solche Lockerungen dazu missbrauchen, wieder Drogen zu konsumieren. Allerdings wurde er ein Jahr früher zur Bewährung mit der Auflage entlassen, eine stationäre Suchttherapie zu absolvieren. Dies gelang ihm zunächst, doch danach ging es schnell wieder bergab. Er fand keine Arbeitsstelle, da es unmöglich war, seine mehrjährige Haftzeit zu verschweigen. Er hatte nur noch Kontakte zu ehemaligen Mitinhaftierten bzw. Patienten aus der Suchttherapie und fing wieder an, zu dealen und auch selbst Drogen zu konsumieren. Aus Geldnot und im Drogenrausch überfiel er einen Taxifahrer, womit alles wieder von vorne begann. Dieses Mal musste er allerdings für acht Jahre in Haft.

Wie könnte diese Geschichte einen anderen Verlauf nehmen?

» In der Zeit nach dem Vorfall plagen Herrn Romer weiterhin Ängste und Sorgen um seine Sicherheit. Dass der Nachbar ausgesagt hatte, er habe einen dunkelhäutigen Mann wegrennen sehen, verunsichert ihn.

Die bei der Justiz angestellte Sozialarbeiterin erfährt durch etliche Gespräche von den Ängsten, die Herr Romer hat. Sie spricht mit dem Betreuer bei der Caritas, der ihn wegen des Unterrichts angefragt hatte.

Die Flüchtlinge sind bestürzt über das, was Herrn Romer widerfahren ist, und bitten ihren Betreuer, Herrn Romer zu überzeugen, mit dem Unterricht fortzufahren. Nach einigen Gesprächen erklärt sich Herr Romer dazu bereit, fürchtet sich aber vor allem, sein Haus in der Dunkelheit zu verlassen. Es wird vereinbart, dass einer der Flüchtlinge Herrn Romer abholt und nach dem Unterricht auch wieder nach Hause bringt. Dabei erledigen sie auch gleich ein paar Einkäufe.

Durch den persönlichen Kontakt zu dem jungen Mann erfährt Herr Romer, dass dieser einen Ausbildungsplatz erhalten hat, sich aber Sorgen macht, ob er in der Enge der Flüchtlingsunterkunft Ruhe findet, um sich auf den Unterricht vorzubereiten.

Herr Romer möchte den jungen Mann unterstützen und berät sich mit der Sozialarbeiterin und dem Betreuer der Caritas. Beide sind begeistert von seiner Idee, dem Geflüchteten anzubieten, zu ihm zu ziehen. Nach dem Tod seiner Frau und dem Auszug der Söhne ist ihm das Haus ohnehin zu groß und zu ruhig geworden.

Das Zusammenleben verläuft nicht ganz ohne Anfangsschwierigkeiten, aber der junge Mann respektiert Herrn Romer und schätzt dessen Unterstützung. Vor allem, dass er seine erlernten Deutschkenntnisse sofort anwenden kann, hilft ihm, sicherer in der neuen Sprache zu werden.

Gestärkt durch diese neue Aufgabe und das Zusammenleben, wird Herr Romer wieder kontaktfreudiger und meldet sich bei seinen Söhnen.

Im Gerichtsverfahren gegen Frank fällt das Gericht ein Urteil aufgrund der Straftatbestände, die Frank nachgewiesen werden konnten, und legt als Höhe des verwirkten Unrechts die Kategorie D fest. Der Rahmen möglicher Rechtsfolgen liegt hier zwischen mindestens einem halben Jahr und höchstens drei Jahren elektronisch überwachtem Hausarrest.

In dem Gremium, das sich des Falles annimmt, sind u. a. ein Sozialarbeiter, eine Psychologin, ein Kriminalbeamter, eine pensionierte Schuldirektorin, zwei Justizvollzugsbedienstete und eine Kriminologin vertreten. Die Allgemeinheit wird von je zwei Bürgerinnen und Bürgern aus der Wohngegend von Frank und von Herrn Romer vertreten. Obwohl er die Möglichkeit hatte, in dem Gremium nicht mitzuwirken, entschied Herr Romer sich für eine Teilnahme, weil er das Trauma des Überfalls verarbeiten möchte.

In der ersten Sitzung hat er das Recht vorzutragen, was für ihn persönlich zur Wiedergutmachung wichtig wäre, worauf Frank darlegen muss, was er als Entschädigung zu leisten bereit wäre. Herrn Romer ist es vor allem wichtig, dass Frank begreift, wie schlimm der Überfall für ihn war, und dass er ihm den materiellen Schaden ersetzt. Herr Romer hilft die Erkenntnis, dass Frank bei dem Einbruch selbst große Angst hatte. Es war ihm darum gegangen, seine Sucht zu befriedigen, nicht darum, jemanden zu verletzen.

Das Gremium legt fest, dass Frank drei Jahre lang zwei Tage in der Woche in einer staatlichen Einrichtung arbeiten muss. Mit seinem Lohn trägt er den finanziellen Schaden Romers ab. Als Zeichen der Solidarität erhält dieser eine Jahreskarte für den öffentlichen Nahverkehr geschenkt.

Ein Jahr lang wird Frank im elektronisch überwachten Hausarrest verbringen müssen, den er nur zu den festgelegten Anlässen verlassen darf. Auch wird er eine ambulante Drogentherapie absolvieren und jeweils einmal monatlich im Seniorenheim und in einer Wohngruppe für Asylbewerber aushelfen. Halbjährlich muss er vor Schulklassen auftreten und berichten, welche Folgen sein Drogenkonsum hatte.

Dem Gremium wird schnell klar, dass Frank ein großes Problem hat, vertrauensvolle Bindungen zu anderen Menschen aufzubauen. Seine Eltern haben gut verdient und ihn nie schlecht behandelt, sich aber nicht wirklich um ihn gekümmert. Die im Gremium vertretene pensionierte Schuldirektorin, die selbst keine Kinder hat, wird ihn in den nächsten Jahren bei allen Aufgaben begleiten. Nach anfänglichen Schwierigkeiten fasst er langsam Vertrauen zu seiner neuen Betreuerin. Sie berichtet dem Gremium ein paar Monate später von ersten Veränderungen. Frank wirkt deutlich selbstbewusster und trifft verantwortungsbewusste Entscheidungen für seine Zukunft.

14. Die schwersten Fälle

Eine andere Regelung sollte es nur für Unrechtsfälle geben, die in die Kategorie A fallen und das größte Unrecht bezeichnen. Wird diese Kategorie gerichtlich festgestellt, tritt das erwähnte Gremium aus Fachleuten, Opfer, Angehörigen und Nachbarn nicht in Aktion. Vielmehr ist in diesen Fällen die Rechtsfolge gesetzlich festgelegt. Dem Täter wird in diesen Fällen grundsätzlich lebenslang die Freiheit entzogen.

Es gibt keinen Tatbestand, der zwingend zur Unrechtskategorie A führt, aber verschiedene Tatbestände, bei denen das Gericht diese Kategorie feststellen kann. So wird zum Beispiel nicht jeder Mord automatisch und ohne Prüfung der Umstände, die zur Tat führten, in diese Kategorie fallen. Ein großer Anteil von Gewalt-, Tötungs- und Sexualdelikten passiert innerhalb von Partnerschaften. Dadurch werden diese Delikte nicht weniger schlimm, jedoch sind diese Täter nicht zwingend auch eine Gefahr für die Allgemeinheit. Laut der polizeilichen Kriminalstatistik lebte über die Hälfte der im Jahr 2018 in den Kategorien Mord und Totschlag, Körperverletzungen, sexueller Übergriff, sexuelle Nötigung, Vergewaltigung, Bedrohung, Stalking, Nötigung, Freiheitsberaubung, Zuhälterei und Zwangsprostitution erfassten

Opfer im gemeinsamen Haushalt mit der tatverdächtigen Person.[279]

Die Kategorie A betrifft das eigentlich »Unbestrafbare«, an dem der Mensch dennoch nicht einfach vorbeigehen kann[280], und sie betrifft Menschen, die sich mit ihren Taten ungeheuer weit von einem menschlichen Verhalten entfernt haben, indem sie zum Beispiel Frauen oder Kinder aus sexueller Motivation heraus missbraucht und getötet haben. In solchen Fällen hat der Schutz der Allgemeinheit Priorität, vor allem der unschuldiger und wehrloser Kinder.

Die derzeitige Sicherungsverwahrung für die gefährlichsten Straftäter fußt auf der nicht haltbaren Annahme, künftiges Verhalten und damit die Gefährlichkeit des Täters seien prognostizierbar und man könne mit Therapien wesentlich darauf Einfluss nehmen. Da beides kaum möglich ist, muss man Menschen, die besonders schreckliche Straftaten begangen haben, die Freiheit zum Schutz der Allgemeinheit bis zu ihrem Lebensende entziehen können. Wollen wir in einer möglichst gerechten und gewaltfreien Gesellschaft leben, sollte jedoch auch der Freiheitsentzug für jene Täter in einem menschenwürdigen Kontext erfolgen.

Ich habe über viele Jahre hinweg intensiven Kontakt auch mit Inhaftierten gehabt, die die schrecklichsten Straftaten begangen haben. Einer hatte mehrere Kinder beiderlei Geschlechts entführt und getötet, ein anderer kleine Mädchen in seinem Wohnwagen über Wochen sadistisch gequält und dann ermordet. Gut erinnern kann ich mich auch noch an den Gefangenen, der seine Mutter vergewaltigt und anschließend erwürgt hatte.

Manche dieser Täter wirkten kalt und herzlos, fast ohne jede Emotion. Andere traten vergleichsweise normal auf, verdrängten aber völlig, was sie getan hatten. Wenn man sie auf ihre Morde ansprach, wichen sie meistens aus (»Ich war betrunken«, »Ich habe irgendwie die Kontrolle verloren, heute wird mir so etwas nicht wieder passieren« etc.). Nicht wenige von ihnen wurden in ihrer Kindheit und Jugend missbraucht oder gequält. Es ist schwer zu sagen, ob sie überhaupt einen Zugang zu ihren Trieben, Aggressionen und Motiven hatten oder ob sie dies nur nach außen nicht offenbaren wollten. Auf jeden Fall verweigerten sie sich jedem Gespräch und jedem therapeutischen Ansatz – jahrzehntelang. Unsere Wut und Fassungslosigkeit über ihre abscheulichen Taten erreichten sie nicht. Wahrscheinlich würden sie nie verstehen oder fühlen können, was sie getan hatten. Sobald sie keine Macht mehr über jene Menschen besaßen, die sie so grausam getötet hatten, wirkten die meisten von ihnen eher armselig, man konnte sie fast bedauern. Nur einer war wirklich zum Fürchten. Wenn er lächelte, zeigte er nur seine Zähne, als hätte er sich von anderen abgeschaut, wie man grinst. Seine Augen blieben dabei eiskalt.

Als mir diese Täter direkt gegenübersaßen und ich mit ihnen sprach, konnte ich ihre Taten nicht vergessen oder ausblenden. Keiner von ihnen war mir auch nur ansatzweise sympathisch. Manche wirkten verhaltensauffällig oder schwer gestört, weil sie dauerhaft unter einer sichtbar starken und quälenden Anspannung und Unruhe standen. In Gesprächen waren sie für rationale Argumente kaum zugänglich.

Solche Menschen müssen mit allen Mitteln davon abgehalten werden, erneut Straftaten zu begehen und weiteres Leid über andere zu bringen.

Angesichts der Ungeheuerlichkeit dieser Taten werden nicht wenige unter uns spontan der Ansicht sein, diese Männer hätten keine menschenwürdige Behandlung, vielleicht sogar den Tod, verdient. Wenn man sich jedoch intensiver mit der Frage beschäftigt, wie man mit solchen Tätern umgehen sollte, wird man zu dem Ergebnis kommen, dass es weder gerecht noch sinnvoll ist, sie ebenso unmenschlich zu behandeln oder gar zu töten.

Wer zu solch unmenschlichen Taten überhaupt fähig ist und seine aggressiven oder sexuellen Triebe nicht unter Kontrolle hat, den schreckt auch keine noch so hohe Strafandrohung ab. Die meisten gehen zudem davon aus, dass sie nicht gefasst werden. Auch die Haltung der Opfer oder Angehörigen ist nicht – wie man vielleicht denken könnte – einheitlich oder eindeutig. Manche fordern in der Tat das größtmögliche Strafmaß und würden in solchen Fällen auch für die Todesstrafe plädieren. Wieder andere fühlen sich nicht in der Lage, darüber zu entscheiden, lehnen sogar jede Art der Gewaltanwendung in ihrem Namen ab oder wollen zumindest keine rein vergeltende Strafe. So sprechen sich einer Studie zum Jugendstrafrecht zufolge nur 43 Prozent der befragten Angehörigen getöteter Opfer gegen den zukunftsorientierten Erziehungsgedanken aus.[281] Manche wollen den Tätern verzeihen, um selbst Frieden zu finden. Eine übermäßig harte Bestrafung wäre also nicht in ihrem Sinne. Und dass es den Angehörigen von Opfern zum Beispiel in den USA tatsächlich besser geht, wenn der Täter 30 Jahre nach der Tat hingerichtet wird, muss zumindest bezweifelt werden.

Angehörige von Ermordeten, die letztlich ebenfalls Opfer dieser Taten geworden sind, bleibt bisher gar keine andere Möglichkeit als die Forderung nach einer möglichst hohen Strafe, da das Gericht nur dadurch die Höhe des Unrechts bezeichnen kann.[282]

Zudem steigt und fällt das Strafbedürfnis mit dem Grad an Solidarität, die ein Opfer erfährt. Die Gefühle von Wut, Trauer und Verzweiflung können stärker werden, wenn man mit ihnen allein ist. Letztlich sind die Bedürfnisse und Interessen der Opfer zwar angemessen zu berücksichtigen, können aber für das Strafmaß nicht ausschließlich maßgebend sein.

Der Staat ist den Menschenrechten verpflichtet, und er gäbe ein schlechtes Vorbild ab, wenn gerade er sich über diese hinwegsetzt und Menschen, auch Tätern schrecklicher Verbrechen, im Übermaß Gewalt antut. Das kann keine positiven, sondern wird unweigerlich negative Konsequenzen für unsere Einstellung zu Gewalt haben und der menschlichen Verrohung nicht entgegenwirken.

Vielmehr sollten diese Täter in dorf- oder inselartigen, in gegen Fluchtversuche gesicherten Wohnsiedlungen leben müssen. Orientieren könnten wir uns zum Teil an einer Longstay-Einrichtung in den Niederlanden.[283] Das ist eine Anstalt für psychisch kranke Straftäter, denen Ärzte eine schwere Persönlichkeitsstörung bescheinigt haben und bei denen eine hohe Wiederholungsgefahr besteht. Dort sind die Zimmerfenster nicht vergittert. Die Straftäter leben in zwei modernen runden Pavillons. Gesichert sind sie durch einen Zaun, Videokameras und einen Wassergraben. Die pastellfarbenen Innenräume und die schrittdämpfenden Teppiche sollen beruhigend wirken. Ein großer Gemeinschaftsraum und die offene Küche ermöglichen soziale Kontakte. Innerhalb des Klinikgeländes können sich die Bewohner relativ frei bewegen.[284]

Als weiteres Vorbild kann die Gefängnisinsel Bastøy in Norwegen dienen. Dort leben gut 100 Straftäter, die in kleineren Gruppen von etwa neun Mann in verschiedenen Häusern untergebracht sind.[285] Sie müssen deutlich mehr Verantwortung für sich selbst übernehmen, als es in unseren Haftanstalten der Fall ist. So müssen sie sich ihr Frühstück selbst zubereiten und um acht Uhr bei der Arbeit erscheinen. In der Küche, der Wäscherei, in den Ställen, im Wald oder auf dem Feld. Sie können Landwirtschafts- oder Computerkurse absolvieren und einige Freigänger dürfen auch tagsüber auf dem Festland arbeiten oder dort eine Fortbildung absolvieren.[286]

Bastøy soll die Straftäter auf ein Leben in Freiheit vorbereiten. Das Konzept ist daher nicht eins zu eins auf eine grundsätzlich lebenslange Unterbringung und Sicherung schwerster Straftäter übertragbar. So müssen die Bewohner auf Bastøy Therapiemaßnahmen absolvieren. Auch können diejenigen, die sich nicht an die Regeln halten, wieder in den geschlossenen Vollzug zurückverlegt werden.[287]

Angelehnt an diese Vorbilder, sollten sich die Straftäter der Kategorie A innerhalb eines bestimmten Bereichs frei und selbstbestimmt bewegen können. Justizpersonal würde die Sicherheit auch innerhalb der Siedlungen schützen. Eine weitgehende Isolierung Einzelner zum Schutz der anderen dort untergebrachten Straftäter wäre nur bei ganz wenigen notwendig. Was in den Arbeitsbetrieben der Einrichtungen erwirtschaftet wird, käme den Opfern von Verbrechen zugute. Die Opfer (bzw. deren Hinterbliebene) hätten darüber hinaus Anspruch auf lebenslange staatliche Solidarität, u.a. in Form von finanzieller und therapeutischer Unterstützung.

Diese Art der Unterbringung würde den Steuerzahler deutlich weniger kosten als derzeit der Strafvollzug oder die Sicherungsverwahrung. Die Kosten für ihre Therapie, oft über viele Jahre, im Einzelfall sogar Jahrzehnte, betragen aber im Durchschnitt sicher 300 Euro. Pro Tag, pro Person.

Am Beispiel des Inhaftierten Lutzer soll gezeigt werden, wie sich der Umgang mit den Tätern schwerster Verbrechen verändern sollte:

» Lutzer wurde mit Anfang 30 inhaftiert, weil er ein neunjähriges Mädchen sexuell missbraucht und ermordet hatte. Im Strafverfahren gegen ihn kam ans Licht, dass er bereits einige Jahre zuvor schon einen zwölfjährigen Jungen sexuell missbraucht und getötet hatte.

Lutzer wurde zu einer lebenslangen Freiheitsstrafe mit besonderer Schwere der Schuld und anschließender Sicherungsverwahrung verurteilt. Faktisch hieß das, dass er bis zu seinem 70. Lebensjahr in Haft bleiben musste. Das war nach der Rechtsprechung des Bundesverfassungsgerichts allerdings nur menschenwürdig, wenn Lutzer so therapiert wurde, dass er irgendwann als ungefährlich entlassen werden konnte, und wenn die Haft so gestaltet wurde, dass schädlichen Langzeitwirkungen entgegengewirkt wurde.

Lutzer wurde zehn Jahre lang deutlich intensiver therapiert als der Durchschnittsgefangene. Das bedeutet, für 30 Jahre sind für ihn bei einem mittleren Tagessatz von 130 Euro insgesamt 1 423 500 Euro Kosten angefallen. Für die mehr oder weniger intensive zehnjährige Therapie zum Ende seiner Haft kann ein mittlerer Tagessatz von 300 Euro angesetzt werden. Für diese zehn Jahre kamen weitere 1 095 000 Euro hinzu. Insgesamt kostete die Haft Lutzers also 2 518 500 Euro. Hinzu kamen die Kosten für zahlreiche gerichtliche Überprüfungen, ob die Haft oder Sicherungsverwahrung weiter vollzogen werden musste, mit ebenso zahlreichen und teuren Gutachten.

Viele Jahre lang verweigerte Lutzer die Therapie. Um sich abzusichern, musste die Anstalt mit ihm mindestens halbjährlich ein Motivationsgespräch führen und diese Gespräche ausführlich dokumentieren. Schließlich nahm Lutzer widerwillig an verschiedenen therapeutischen Maßnahmen teil. Niemand konnte so richtig sagen, ob und wie sie wirkten. Mit 70 Jahren wurde er schließlich entlassen. Er hatte über drei Jahrzehnte den größten Teil seiner Zeit in einem Haftraum von neun Quadratmetern verbracht. Lediglich für die Therapie in den letzten Jahren seiner Haft bekam er ein etwas größeres Zimmer.

Um die Angehörigen der getöteten Kinder hat sich der Staat nicht gekümmert.

Zukünftig könnte die Geschichte so verlaufen:

» Bei Herrn Lutzer wird die Unrechtskategorie A festgestellt. Er kommt in eine dorfartige Einrichtung, wo er einen kleinen Flachbau bewohnen kann. Die Bewohner dieser Einrichtung werden nicht intensiv, sondern nur nach individuellem Bedarf betreut. Ein Therapieerfolg findet nur statt, wenn der Betroffene leidet. Einige Beamte sorgen für die Sicherheit in dem Dorf.

Die Bewohner bekommen ausreichend Nahrungs- und Gebrauchsmittel. Wer in den einrichtungseigenen Betrieben arbeitet, kann sich einen etwas besseren Lebensstandard leisten. Der Gewinn, der in diesen Betrieben erarbeitet wird, fließt den Hinterbliebenen der Opfer zu.

Erwachsene dürfen Lutzer jederzeit ohne Beschränkung besuchen, und er kann dreimal jährlich unter Beaufsichtigung von zwei Beamten die Einrichtung verlassen, wenn er die Kosten für die Ausflüge selbst erarbeitet hat. Das grundgesetzlich garantierte Minimum an Freiheit, Selbstbestimmung und sozialer Teilhabe wird ihm bereits vom Anfang seiner Freiheitsentziehung an ermöglicht. Er kann so ein menschenwürdiges Leben führen.

Die Allgemeinheit ist vor Lutzer sicher, dessen Haft infolge des viel geringeren Betreuungs- und Verwaltungsaufwandes nur etwa 80 Euro pro Tag kostet. Wenn Lutzer 75 Jahre alt ist, wird seine Haftzeit insgesamt ca. 1 314 000 Euro gekostet haben.

Die Eltern der von Lutzer getöteten Kinder bekommen ihr Leben lang staatliche Unterstützung. Ihnen steht ein Sozialarbeiter als Ansprechpartner zur Verfügung, der bei Bedarf auch noch 20 Jahre nach der Tat therapeutische und psychologische Hilfe anbietet.

Fortschritt ohne Gefängnis

700 Teilnehmer hatten sich im Rahmen eines speziell für Seniorinnen und Senioren angebotenen Studienprogramms zu meinem Vortrag mit dem Titel »Das Gefängnis und die Strafe der Zukunft« angemeldet.[288] Der riesige Hörsaal an der Technischen Universität Chemnitz war bis auf den letzten Platz besetzt. Als der Veranstalter mich mit den Worten vorstellte: »Herr Dr. Galli will die Gefängnisse abschaffen«, reagierte ein großer Teil des Publikums mit Lachen oder Kopfschütteln. Als ich dann aber erläuterte, wie viele Menschen wegen Bagatelldelikten in Haft sind, wie hoch die Rückfallquote und die Kosten des Strafvollzuges sind, welchen sozialen Hintergrund viele Straffällige haben und welche Alternativen zur Haft ich für möglich und sinnvoll halte, änderte sich die Stimmung im Saal spürbar. Die Rechtsterroristin Beate Zschäpe, die in der JVA Chemnitz inhaftiert ist, sollte nach allgemeiner Auffassung der Zuhörer im Gefängnis bleiben, aber für viele andere Straftäter konnten sich die Teilnehmer nun Alternativen zur Haftstrafe gut vorstellen.

Auch meine Erfahrungen mit jüngeren Generationen stimmen mich sehr optimistisch. So haben Studenten der Fachbereiche Jura und Psychologie an der Universität Leipzig eine Veranstaltungsreihe mit dem Titel »Warum strafen wir? Eine interdisziplinäre Gefängniskritik« organisiert und mich zu einer Lesung mit anschließender Diskussion eingeladen.[289] An dieser nahmen einige Hundert Studierende teil, die mit mir aus juristischer und psychologischer Perspektive über den Sinn und Unsinn von Gefängnissen diskutierten. Dabei zeigten sie ein starkes Engagement für eine grundlegende Veränderung unseres Strafsystems.

In den letzten Jahren habe ich mit sehr vielen Menschen aus den unterschiedlichsten Bereichen über eine Abschaffung der Gefängnisse und ein alternatives Strafsystem debattiert. Mit Vertretern aus Medien, Politik, Justiz und Wissenschaft. Mit interessierten Bürgerinnen und Bürgern. Mit Tätern, Opfern und Inhaftierten. Mit Gefängnisbediensteten, Mitarbeitern in der freien Straffälligenhilfe und Vertretern von Opferhilfeverbänden. Meine Überzeugung, dass die Abschaffung der Gefängnisstrafe ein logischer, notwendiger und realistischer Schritt in der Fortentwicklung unserer Zivilisation ist, ist in dieser Zeit noch stärker geworden.

Im weltweiten Vergleich haben wir in Deutschland bereits ein fortschrittliches Niveau im Umgang mit Kriminalität erreicht und sind in der Lage, darauf aufzubauen. Einige Länder sind uns aber auch bereits voraus.

Es geht nicht darum, unsere Justiz schlechtzureden, sondern darum, uns als Menschen und als Gesellschaft fortzuentwickeln. Wir haben die blutige Rache überwunden und zu einer maßvolleren Vergeltung gefunden. Wir haben diese Vergeltung an individuelle Schuld geknüpft und Kinder und Geisteskranke von ihr ausgenommen. Wir haben dem Einzelnen das Recht und die Pflicht zur Vergeltung entzogen, um sie dem Staat zu übertragen. Wir haben die härteste

Strafe von der Todes- in eine Freiheitsstrafe geändert. Der Strafvollzug hat sich neben der reinen Übelzufügung und sicheren Verwahrung zunehmend die Resozialisierung der Inhaftierten zum Ziel gesetzt.

Nun aber ist es an der Zeit, einen Schritt weiter zu gehen. Das Gefängnis existierte nicht schon immer und es wird auch nicht für immer Bestand haben.

Wenn es überzeugende Argumente dafür gäbe, unsere Gefängnisse so zu lassen, wie sie sind, oder sie gar noch auszubauen, wären diese Argumente längst formuliert worden. Wenn es unüberwindbare menschliche und soziale Widerstände gegen eine Abschaffung der Gefängnisse geben würde, hätte ich diese ohne Zweifel wahrnehmen müssen. Wenn sich eine grundlegende Reform unseres Strafsystems gegen den Menschen richten würde, uns spalten und Gewalt und Leid vergrößern würde, dann müsste dies zu spuren sein.

So unrealistisch es sich zunächst für viele anhört: Gefängnisse, wie wir sie derzeit kennen, durch Alternativen zu ersetzen, ist keine ferne Utopie. Ihre Abschaffung folgt keiner Ideologie und ist weder Zeichen eines schwachen Staates noch naiven Gutmenschentums. Sie ist ein Gebot der Vernunft und in unserem eigenen Interesse. Wenn wir genauer hinsehen, können wir über unterschiedliche Interessenlagen und persönliche Betroffenheit hinweg erkennen, dass das Gefängnis gesellschaftlich niemandem nützt.

Alle Energie, die Straftaten in der Gesellschaft auslösen, können wir mühelos auf langfristig wirksame Interventionen und in die Schaffung von Strukturen legen, die die Wiedergutmachung des entstandenen Schadens fördern. Dazu müssen wir wenig neu erfinden. Einige fortschrittliche Ansätze gibt es bereits auch bei uns, auch können wir uns an weltweit bereits existierenden Ideen, Projekten und Strukturen orientieren.

Alternativen zum Gefängnis werden sich für uns alle nicht nur in finanzieller Hinsicht lohnen. Wir werden tatsächlich sicherer leben können, statt uns nur sicherer zu fühlen. Wir werden tatsächlich gerechter handeln, statt uns nur so zu fühlen. Die Übernahme von mehr sozialer Verantwortung wird uns Menschen wieder mehr zusammenführen und uns einen tieferen Sinn für Gerechtigkeit anstelle einer kurzfristigen und oberflächlichen Genugtuung vermitteln.

Nutzen wir also unsere Chancen, unsere Ressourcen, unsere Strukturen, die Kompetenz und Erfahrung unserer Justizmitarbeiterinnen und -mitarbeiter sowie unsere Freiheit sinnvoll, um uns für weniger Gewalt und mehr Gerechtigkeit einzusetzen.

Setzen wir ein deutliches Zeichen gegen den schädlichen globalen Trend, immer häufiger und immer längere Haftstrafen zu verhängen.[290] Wären humanere und sinnvollere Alternativen zum Gefängnis nicht auch Belege für ein fortschrittliches Land?

Zeigen wir, dass wir weiter sind, als es uns Michel Foucault[291] vor rund 50 Jahren attestiert hat: »Man kennt alle Nachteile des Gefängnisses: dass es gefährlich ist, dass es vielleicht sogar nutzlos ist. Und dennoch ›sieht‹ man nicht, wodurch es ersetzt werden könnte. Es ist die verabscheuungswürdige Lösung, um die man nicht herumkommt.« Fangen wir an hinzusehen und die Alternativen zu erkennen. Damit wir es hinter uns lassen: das Gefängnis.

Dank

Ohne die Unterstützung und das Verständnis meiner lieben Frau hätte ich dieses Buch nicht schreiben können. Wir beide sind unserem tollen Kanzleiteam sehr dankbar, das es mir immer wieder ermöglicht hat, mich zum Schreiben aus dem Tagesgeschäft zurückzuziehen.

Johannes Feest und Sebastian Scheerer gaben und geben mir durch ihr Vorbild Mut und Inspiration, das Gefängnis und das Strafen zu hinterfragen.

Allen, die mich zu Interviews, Lesungen oder Veranstaltungen über das Gefängnis und die Strafe der Zukunft eingeladen haben und mit mir nachgedacht und diskutiert haben, bin ich sehr zu Dank verpflichtet. Ich lerne bei jedem dieser Anlässe und bei jeder Begegnung viel dazu.

Vor allem möchte ich mich bei der Körber-Stiftung und ihrem Verlag, der Edition Körber, aufrichtig dafür bedanken, dass sie das Thema Strafvollzug aufgegriffen haben. Es berührt die Grundfesten unserer Gesellschaft und wird doch gerne verdrängt oder nur oberflächlich behandelt.

Ganz besonders gilt mein Dank dem Leiter der Edition Körber, Herrn Bernd Martin. Er hat dieses Buch mit außerordentlichem Engagement und großer Genauigkeit lektoriert. Wenn es sich, was ich zu hoffen wage, gut lesen lässt, wenn die Argumente nachvollziehbar sind und wenig Fragen offenbleiben, dann ist dies ganz wesentlich sein Verdienst. Herzlichen Dank!

Literatur

Abraham, Markus: *Sanktion, Norm, Vertrauen!* Duncker & Humblot, Berlin 2018.

Albrecht, Hans-Jörg: *Bestrafung der Armen? Zu Zusammenhängen zwischen Armut, Kriminalität und Strafrechtsstaat.* In: Dollinger/Schmidt-Semisch (Hrsg.): Gerechte Ausgrenzung? Springer, Wiesbaden 2011, S. 111–129.

Andris, Silvia: *Rechtliche und tatsächliche Rahmenbedingungen des Täter-Opfer-Ausgleichs in Haft.* DBH-Materialien, Nr. 72, Köln 2015.

Andrissek, Tobias R.: *Vergeltung als Strafzweck.* Mohr Siebeck, Tübingen 2017.

Arendt, Hannah: *Über das Böse.* 17. Auflage, Piper, München 2017.

Arloth, Frank/Geiger, Tobias: *Der deutsche Strafvollzug nach der Föderalismusreform.* In: Maelicke/Suhling (Hrsg.): Das Gefängnis auf dem Prüfstand. Springer Verlag, Wiesbaden 2018, S. 73–85.

Asprion, Peter: *Gefährliche Freiheit? Das Ende der Sicherungsverwahrung.* Herder, Freiburg 2012.

Barth, Thomas: *Liebe, Sexualität und Partnerschaft im Gefängnis.* In: Stöver, Heino (Hrsg.): Gesundheit von Männern in Haft. BIS-Verlag, Oldenburg 2016, S. 11–27.

Bauer, Fritz: *Die Rückkehr in die Freiheit – Probleme der Resozialisierung.* In: Freudenfeld, Burghard (Hrsg.): Schuld und Sühne. Dreizehn Vorträge über den deutschen Strafprozess. C. H. Beck, München 1960, S. 139–149.

Baurmann, Michael/Schädler, Wolfram: *Victims of Reported Crime – their expectations, needs, and perspectives.* In: Kaiser/Kury/Albrecht (Hrsg.): Victims and Criminal Justice. Band 3, Max-Planck-Institut, Freiburg i. Br. 1991, S. 3–27.

Becker, Hubertus: *Ritual Knast.* Forum Verlag, Leipzig 2008.

Bennefeld-Kersten, Katharina: *Ausgeschieden durch Suizid. Selbsttötungen im Gefängnis.* Pabst Verlag, Lengerich 2009.

Bergmann, Christine: *Ängste von Opfern sexuellen Missbrauchs.* In: Weißer Ring e.V. (Hrsg.): Ängste des Opfers nach der Straftat. Nomos Verlag, Baden-Baden 2012, S. 36–45.

Biendl, Christian: *Jugendstrafvollzug in freier Form am Beispiel des »Projekt Chance«.* Hartung-Gorre Verlag, Konstanz 2005.

Bock, Michael: *Kriminologie.* 4. Auflage, Verlag Franz Vahlen, München 2013.

Böhm, Tomas/Kaplan, Suzanne: *Rache – Zur Psychodynamik einer unheimlichen Lust und ihrer Zähmung.* 2. Auflage, Psychosozial-Verlag, Gießen 2012.

Brazzell, Melanie: *Was macht uns wirklich sicher?* Edition assemblage, Münster 2019.

Breitkopf, Lisa: *Restorative Justice – Wiederherstellung von »Gerechtigkeit« durch die Begegnung von Opfer und Täter?* Verlag für Polizeiwissenschaft, Frankfurt a. M. 2017.

Cornel, Heinz: *Resozialisierungsziel versus Rückfallrisiko Überschuldung.* BAG-S Informationsdienst Straffälligenhilfe, 24. Jg., Heft 1, 2016, S. 28–33.

Czerner, Frank: *»Schuld und Sühne« oder »Verbrechen und Strafen«? Der Schuldgedanke in Strafvollstreckung und Strafvollzug, insbesondere bei (lebens-)langen Freiheitsstrafen in der Justizvollzugsanstalt Waldheim.* In: Sächsisches Staatsministerium der Justiz (Hrsg.): Vollzug für das 21. Jahrhundert. Nomos Verlagsgesellschaft, Baden-Baden 2019, S. 49–88.

Dabrowski, Rainer: *verknackt, vergittert, vergessen. Ein Gefängnispfarrer erzählt.* Gütersloher Verlagshaus, München 2015.

Domenig, Claudio: *Restorative Justice.* In: Restorative Justice, DBH-Materialien, Nr. 71, Köln 2013, S. 8–23.

Drenkhahn, Kirstin: *Strafkultur, Punitivität und Kriminalpolitik.* In:

Straftat – Verurteilung – Und dann? Community Justice – Wiedereingliederung als gemeinschaftliche Aufgabe! DBH Materialien, Nr. 77, Köln 2019, S. 13–29.

Dübgen, Franziska/Mattutat, Liza: *Neoliberalisierung im Vollzug. Gibt es einen »Prison-Industrial Complex« in Deutschland?* In: Neue Zeitschrift für Sozialforschung, 02, 2017, S. 77–97.

Dünkel, Frieder/Geng, Bernd/Harrendorf, Stefan: *Gefangenenraten im internationalen und nationalen Vergleich.* BewHi, Heft 2, 2016, S. 178–200.

Dünkel, Frieder/Thiele, Christoph/Treig, Judith: *Elektronische Überwachung von Straffälligen und Beschuldigten in Europa – Zusammenfassender Vergleich und Perspektiven für die Kriminalpolitik.* In: Dünkel/Thiele/Treig (Hrsg.): Elektronische Überwachung von Straffälligen im europäischen Vergleich – Bestandsaufnahme und Perspektiven. Forum Verlag Godesberg, Mönchengladbach 2017, S. 475–540.

Durkheim, Emile: *Erziehung, Moral und Gesellschaft.* Suhrkamp Verlag, Frankfurt a.M. 1984.

Fassin, Didier: *Der Wille zum Strafen.* Suhrkamp, Berlin 2018.

Feest, Johannes: *Zur Symbolik der lebenslangen Freiheitsstrafe für die Opfer bzw. Hinterbliebenen.* In: Wider die lebenslange Freiheitsstrafe. Komitee für Grundrechte und Demokratie, Sensbachtal 1992.

Feest, Johannes: *Definitionsmacht, Renitenz und Abolitionismus.* Springer, Wiesbaden 2019.

Feest, Johannes/Galli, Thomas: *Vor § 55 LandesR.* In: Feest/Lesting/Lindemann (Hrsg.): Strafvollzugsgesetze Kommentar. 7. Auflage, Carl Heymanns Verlag, Köln 2017.

Feest, Johannes/Scheerer, Sebastian: *Against penitentiaries.* In: Pavarini/Ferrari (Hrsg.): No Prison. EG Press Limited, Wales 2018, S. 13–54.

Fischer, Thomas: *Über das Strafen.* Droemer, München 2018.

Fonagy, Peter: *Persönlichkeitsstörung und Gewalt – ein psychoanalytisch-bindungstheoretischer Ansatz.* In: Kernberg/Hartmann (Hrsg.): Narzissmus. Schattauer Verlag, Stuttgart 2019, S. 486–540.

Foucault, Michel: *Überwachen und Strafen.* 17. Auflage, Suhrkamp, Berlin 2019.

Gollwitzer, Mario / Wenzel, Michael: *Gerechtigkeitsaspekte sozialer Sanktionssysteme*. In: Gollwitzer / Lotz / Schlösser / Streicher (Hrsg.): Soziale Gerechtigkeit. Hogrefe Verlag, Göttingen u. a. 2013, S. 157–173.

Graebsch, Christine / Burkhardt, Sven-Uwe: *Vergleichsweise menschlich? Ambulante Sanktionen als Alternative zur Freiheitsentziehung aus europäischer Perspektive*. Springer, Wiesbaden 2015.

Hagenmaier, Martin: *Straftäter und ihre Opfer*. TBT Verlag, Sierksdorf 2016.

Hassemer, Winfried: *Warum Strafe sein muss*. Ullstein, Berlin 2009.

Hosser, Daniela: *Prisonisierungseffekte*. In: Volbert / Steller (Hrsg.): Handbuch der Rechtspsychologie. Hogrefe Verlag, Göttingen u. a. 2008, S. 172–179.

Jesse, Christiane / Jacob, Susanne / Prätor, Susann: *Opferorientierung im Justizvollzug*. In: Maelicke / Suhling (Hrsg.): Das Gefängnis auf dem Prüfstand. Springer, Wiesbaden 2018, S. 159–174.

Jodlbauer, Susanne / Streicher, Bernhard: *Interkulturelle Aspekte von Gerechtigkeit*. In: Gollwitzer / Lotz / Schlösser / Streicher (Hrsg.): Soziale Gerechtigkeit. Hogrefe Verlag, Göttingen u. a. 2013, S. 175–197.

Jonson, Cheryl Lero / Manchak, Sarah M.: *Corrections and Deterrence*. In: Nagin / Cullen / Jonson (Hrsg.): Deterrence, Choice, and Crime. Routledge, London / New York 2019, S. 319–337.

Kaiser, Michael: *Die Stellung des Verletzten im Strafverfahren*. Kriminologische Forschungsberichte aus dem Max-Planck-Institut für ausländisches und internationales Strafrecht, Band 53, Freiburg i. Br. 1992.

Kiefl, Walter / Lamnek, Siegried: *Soziologie des Opfers*. Wilhelm Fink Verlag, München 1986.

Kilchling, Michael: *Opferinteressen und Strafverfolgung*. Kriminologische Forschungsberichte, Max-Planck-Institut für ausländisches und internationales Strafrecht, Band 58, Freiburg i. Br. 1995.

KNAS [ ] Initiative: *Armut und Strafe. Über die Produktion von Delinquenz und das Gefängnis als Armenhaus*. In: Malzahn, Rehzi (Hrsg.): Strafe und Gefängnis. Schmetterling Verlag, Stuttgart 2019, S. 65–78.

Knauer, Florian: *§ 30 LandesR.* In: Feest/Lesting/Lindemann (Hrsg.): Strafvollzugsgesetze Kommentar. 7. Auflage, Carl Heymanns Verlag, Köln 2017.

Kohler, Judith/Zupke, Annett: *Begegnungen von Opfern und Tätern können viel bewegen.* BAG-S Informationsdienst Straffälligenhilfe, Heft 3/2019, S. 14–17

Krause, Thomas: *Geschichte des Strafvollzuges.* Wissenschaftliche Buchgesellschaft, Darmstadt 1999.

Kunz, Karl-Ludwig/Singelnstein, Tobias: *Kriminologie*, 7. Auflage, Haupt Verlag, Bern 2016.

Lappi-Seppälä, Tapio/Lähteenmäki, Noora: *Finnland.* In: Dünkel/Thiele/Treig (Hrsg.): Elektronische Überwachung von Straffälligen im europäischen Vergleich – Bestandsaufnahme und Perspektiven. Forum Verlag Godesberg, Mönchengladbach 2017, S. 325–342.

Laubenthal, Klaus: *Strafvollzug.* 8. Auflage, Springer, Wiesbaden 2018.

Lesting, Wolfgang: *§ 15 LandesR.* In: Feest/Lesting/Lindemann (Hrsg.): Strafvollzugsgesetze Kommentar. 7. Auflage, Carl Heymanns Verlag, Köln 2017.

Leutheusser-Schnarrenberger, Sabine: *Angst essen Freiheit auf.* wbg Theiss Verlag, Darmstadt 2019.

Lösel, Friedrich/Schmucker, Martin: *Evaluation der Straftäterbehandlung.* In: Volbert/Steller (Hrsg.): Handbuch der Rechtspsychologie. Hogrefe Verlag, Göttingen u. a. 2008, S. 160–171.

Lohner, Johannes/Pecher, Willi: *Folgen von Inhaftierung.* In: Dulz/Briken/Kernberg/Rauchfleisch (Hrsg.): Handbuch der Antisozialen Persönlichkeitsstörung. Schattauer Verlag, Stuttgart 2017, S. 381–390.

Maelicke, Bernd: *Das Knastdilemma.* 2. Auflage, Nomen Verlag, Frankfurt a. M. 2019.

Maelicke, Bernd/Plewig, Hans-Joachim: *Erfolgreich, aber gescheitert – der steinige Weg der Umsetzung von Innovationen in der Kriminalpolitik.* DBH-Materialien, Köln 2016.

Malzahn, Rehzi: *Restorative Justice – eine andere Unrechtsbewältigung ist möglich.* In: Malzahn, Rehzi (Hrsg.): Strafe und Gefängnis. Schmetterling Verlag, Stuttgart 2019, S. 194–221.

Mayer, Franziska: *Auf dem Pferderücken zurück in die Gesellschaft – Ein Bauernhofprojekt als alternative Sanktionsform für jugendliche Straftäter*. Neue Kriminalpolitik, 4, 2018, S. 436–451.

Middelhoff, Thomas: *A115 – Der Sturz*. LangenMüller, Stuttgart 2017.

Müller-Piepenkötter, Roswitha: *Grußwort*. In: Weißer Ring e.V. (Hrsg.): Ängste des Opfers nach der Straftat. Nomos Verlag, Baden-Baden 2012.

Muhl, Johanna/Willms, Christoph: *Community und Restorative Justice – nationale & internationale Modelle & Erfahrungen*. In: Straftat – Verurteilung – Und dann? Community Justice – Wiedereingliederung als gemeinschaftliche Aufgabe! DBH Materialien, Nr. 77, Köln 2019, S. 144–165.

Mushoff, Tobias: *Verwahrvollzug light? Zur Bewertung von Longstay-Einrichtungen als Ansatz zur Überwindung der Legitimationsprobleme der Sicherungsverwahrung*. Neue Kriminalpolitik, 2, 2008, S. 67–71.

Özsöz, Figen: *Rechtsextremistische Gewalttäter im Jugendstrafvollzug*. Duncker & Humblot, Berlin 2009.

Popitz, Heinrich: *Über die Präventivwirkung des Nichtwissens. Dunkelziffer, Norm und Strafe*. Mohr Siebeck, Tübingen 1968.

Preusker, Susanne: *Sieben Stunden im April*. 4. Auflage, Goldmann Verlag, München 2013.

Radbruch, Gustav/Gwinner, Heinrich: *Geschichte des Verbrechens*. Eichborn Verlag, Frankfurt a.M. 1991.

Raine, Adrian: *Als Mörder geboren*. Klett-Cotta Verlag, Stuttgart 2013.

Roggenthin, Klaus: *Das Gefängnis ist unverzichtbar! Wirklich?* BAG-S Informationsdienst Straffälligenhilfe, Heft 1/2018, S. 20–31.

Rüping, Hinrich/Jerouschek, Günter: *Grundriss der Strafrechtsgeschichte*. 6. Auflage, C.H. Beck, München 2011.

Sandmann, Johannes/Knapp, Nicole: *Mehr Familie wagen – die längst überfällige Familienorientierung im Strafvollzug*. In: Maelicke/Suhling (Hrsg.): Das Gefängnis auf dem Prüfstand. Springer, Wiesbaden 2018, S. 175–193

Sautner, Lyane: *Viktimologie*. Verlag Österreich, Wien 2014.

Schädler, Wolfram: *Opferschutz und Opferhilfe – eine kriminalpolitische*

Bestandsaufnahme. In: Kaiser/Jehle (Hrsg.), Kriminologische Opferforschung. Kriminalistik Verlag, Heidelberg 1994, S. 117–126.

Scheerer, Sebastian: *Entrümpelung und Entkriminalisierung*. Kritische Justiz, 52, Heft 2, 2019, S. 131–146.

Scheerer, Sebastian: *Kritik der strafenden Vernunft*. Ethik und Sozialwissenschaften, Jg. 12, 2001, S. 69–83.

Scheiber, Oliver: *Mut zum Recht*. Falter Verlag, Wien 2019.

Schlee, Günther/Turner, Bertram: *Rache, Wiedergutmachung und Strafe: Ein Überblick*. In: Schlee/Turner (Hrsg.): Vergeltung. Campus Verlag, Frankfurt a.M./New York 2008, S. 49–68.

Schlieter, Kai: *Knastreport*. Westend Verlag, Frankfurt a.M. 2011.

Schöneburg, Volkmar: *Der strafende Staat – Plädoyer gegen den Populismus in der Kriminalpolitik und eine Instrumentalisierung des Strafrechts*. junge Welt, 17.03.2018.

Schumann, Carsten: *Die Gesetze der Gewalt im Jugendstrafvollzug*. Verlag für Polizeiwissenschaft, Frankfurt a.M. 2018.

Schwind, Hans-Dieter: *Kriminologie und Kriminalpolitik*. 23. Auflage, C.F. Müller Verlag, Heidelberg 2016.

Silva Sánchez, Jesús-María: *Die Expansion des Strafrechts*. Verlag Vittorio Klostermann, Frankfurt a.M. 2003.

Simon, Jonathan: *Governing Through Crime*. Oxford University Press, Oxford 2007.

Sjöström, Arne/Braun, Judith/Gollwitzer, Mario: *Rache und ihre Beziehung zu Strafe und Vergeltung aus psychologischer Perspektive*. In: Moos/Engert (Hrsg.): Vom Umgang mit Schuld. Campus Verlag, Frankfurt a.M. 2016, S. 51–68.

Steinmetz, Sebald Rudolf: *Ethnologische Studien zur ersten Entwicklung der Strafe*. Zweiter Band, Leiden/Leipzig 1894.

Torgersen, Svenn: *Genetik*. In: Dulz/Briken/Kernberg/Rauchfleisch (Hrsg.): Handbuch der Antisozialen Persönlichkeitsstörung. Schattauer Verlag, Stuttgart 2017, S. 71–83.

Voss, Michael: *Victim Expectations, Diversion, Informal Settlement*. In: Kaiser/Kury/Albrecht (Hrsg.): Victims and Criminal Justice. Max Planck Institute for Foreign and International Penal Law, Volume 52/1, Freiburg i.Br. 1991, S. 67–94.

Walter, Tonio: *Vergeltung als Strafzweck – Prävention und Resozialisie-*

rung als Pflichten der Kriminalpolitik. Zeitschrift für internationale Strafrechtsdogmatik, 7, 2011, S. 636–647.

Weigand, Thomas: *Zukunftsperspektiven der Opferforschung.* In: Kaiser/Jehle (Hrsg.): Kriminologische Opferforschung. Kriminalistik Verlag, Heidelberg 1994, S. 43–64.

Weipert, Thomas: *Lebenswelt Gefängnis. Einblick in den Jugendstrafvollzug mit Berichten junger Gefangener.* Centaurus Verlag, Herbolzheim 2003.

Wensierski, Peter: *Schläge im Namen des Herrn.* Deutsche Verlags-Anstalt, München 2006.

Werth, Lioba/Seibt, Beate/Mayer, Jennifer: *Sozialpsychologie – Der Mensch in sozialen Beziehungen.* 2. Auflage, Springer, Wiesbaden 2020.

Westphal, Barbara: *Auch DAS bin ich: Briefe aus dem Gefängnis.* Maluda Verlag, Augsburg 2019.

Wilde, Frank: *Das Gefängnis als Armenhaus.* Neue Zeitschrift für Sozialforschung, 02, 2017, S. 111–123.

Wirth, Hans-Jürgen: *Kriminalität und antisoziales Verhalten der Mächtigen.* In: Dulz/Briken/Kernberg/Rauchfleisch (Hrsg.): Handbuch der Antisozialen Persönlichkeitsstörung. Schattauer Verlag, Stuttgart 2017, S. 42–51.

Wirth, Wolfgang: *3-Säulenstrategie zur beruflichen Reintegration von Gefangenen.* Forum Strafvollzug, Heft 2, März 2009, S. 75–84.

Wolf, Birgitta: *Ende der Vergeltung – Utopie?* In: Ortner, Helmut (Hrsg.): Freiheit statt Strafe. Fischer Verlag, Frankfurt a.M. 1981, S. 14–32.

Wolff, Hans: *Menschenrechte in Haft – Anspruch und Wirklichkeit.* In: 9. Europäische Konferenz zur Gesundheitsförderung in Haft, Dokumentation, Wien 2017, S. 17–33.

Anmerkungen

1 Die Begriffe »Gefängnis«, »Justizvollzugsanstalt« (JVA) und »Strafvollzug« werden in diesem Buch synonym verwendet.

2 Die Sicherungsverwahrung ist keine Strafe, sondern eine Maßregel der Besserung und Sicherung. Sie kann bei Gewalt- oder Sexualstraftätern angeordnet werden, die ihre Strafe bereits verbüßt haben, aber weiterhin als gefährlich gelten. Die Sicherungsverwahrung wird in Gefängnissen vollzogen, aber getrennt von der Strafhaft. Die Sicherungsverwahrten haben größere Hafträume und mehr Vergünstigungen als die Strafgefangenen. Auch haben sie einen Anspruch darauf, die Anstalt regelmäßig unter Aufsicht verlassen zu dürfen.

3 Eine Erzwingungshaft kann bei der Verweigerung der Zahlung eines Bußgeldes wegen einer Ordnungswidrigkeit angeordnet werden.

4 https://rsw.beck.de/aktuell/meldung/strafverfolgungsstatistik-geldstrafen-bei-gericht-viel-haeufiger-als-gefaengnis, letzter Aufruf am 28. Februar 2020.

5 Der Begriff »Opfer« ist negativ konnotiert (zumindest etwas besser wäre »Geschädigte«), wird aber aus Gründen einer leichteren Lesbarkeit verwendet.

6 https://de.statista.com/statistik/daten/studie/3461/umfrage/opfer-von-straftaten-nach-straftatengruppen/, zuletzt abgerufen am 20. Dezember 2019.

7 https://de.statista.com/statistik/daten/studie/2229/umfrage/mord-

opfer-in-deutschland-entwicklung-seit-1987/, letzter Aufruf am 20. Dezember 2019.

8 https://de.statista.com/themen/800/sexual-und-drogendelikte/, letzter Aufruf am 20. Dezember 2019.

9 Deutscher Viktimisierungssurvey 2017, veröffentlicht unter: https://pure.mpg.de/rest/items/item_3039765/component/file_3039766/content, letzter Aufruf am 26. Februar 2020.

10 https://de.statista.com/statistik/daten/studie/156950/umfrage/anzahl-der-privathaushalte-in-deutschland-seit-1991/, letzter Aufruf am 26. Februar 2020.

11 https://pure.mpg.de/rest/items/item_3039765/component/file_3039766/content, zuletzt abgerufen am 20. Dezember 2019. Es wurden nur Personen ab 16 Jahren befragt, die in einem Privathaushalt leben (also nicht im Gefängnis, Jugendheim u. a.).

12 Andrissek 2017, S. 147; vgl. auch Walter 2011, S. 644: »Das Vergeltungsbedürfnis gleicht einem Trieb, dessen Befriedigung nicht innere Erfüllung verheißt, sondern einen schalen Nachgeschmack«.

13 Sjöström / Braun / Gollwitzer 2016, S. 55 / 56.

14 Gollwitzer / Wenzel 2013, S. 168.

15 Gollwitzer / Wenzel 2013, S. 160.

16 Böhm / Kaplan 2012, S. 70.

17 Andrissek 2017, S. 24.

18 https://www.deutschlandfunk.de/verhaltensforschung-strafen-fuer-unfaires-verhalten-werden.676.de.html?dram:article_id=407303, letzter Aufruf am 13. Februar 2020; veröffentlicht ist die Studie in *Nature Human Behaviour*, 2018, Volume 2, S. 45–51.

19 Andrissek 2017, S. 14 ff.

20 Jodlbauer / Streicher 2013, S. 193.

21 Schlee / Turner 2008, S. 53.

22 Maelicke 2019, S. 55.

23 Krause 1999, S. 38.

24 Foucault 2019, S. 17.

25 Roggenthin 2018, S. 21.

26 https://www.destatis.de/DE/Themen/Staat/Justiz-Rechtspflege/Tabellen/strafgefangene.html?nn=212536, letzter Aufruf am 14. Februar 2020.

27 https://bag-s.de/fileadmin/user_upload/BAG-S_Stellungnahme_Ersatzfreiheitsstrafe_JuMiKo_final.pdf, letzter Aufruf am 18. Februar 2020.

28 Laubenthal 2018, S. 60 – 62.

29 Laubenthal 2018, S. 61.

30 Laubenthal 2018, S. 62.

31 In Deutschland schwankte die Gefangenenrate z. B. im Jahr 2015 zwischen 45 in Schleswig-Holstein und 116 pro 100 000 in Berlin (Dünkel / Geng / Harrendorf 2016, S. 179).

32 Dünkel / Geng / Harrendorf 2016, S. 180.

33 Arloth / Geiger 2018, S. 73.

34 https://www.sueddeutsche.de/politik/haftbedingungen-in-deutschland-haft-ist-nicht-gleich-haft-1.3117627-3, letzter Aufruf am 14. Februar 2020; http://www.schattenblick.de/infopool/medien/altern/licht224.html, letzter Aufruf am 14. Februar 2020.

35 https://bagaep.de/wp-content/uploads/2017/11/Dünkel_Vollzugsöffnende_Maßnahmen.pdf, letzter Aufruf am 14. Februar 2020.

36 Knauer 2017, S. 278 / 279.

37 Namen und Inhalt der Fallgeschichten in diesem Buch sind so verfremdet, dass eine Ähnlichkeit mit realen Personen Zufall wäre.

38 Nicht nur bezogen auf Rückfälle entlassener Gefangener, sondern auch auf Rückfälle von Straffälligen, die z. B. zu einer Geldstrafe verurteilt worden sind.

39 https://www.bmjv.de/SharedDocs/Downloads/DE/Service/Studien-UntersuchungenFachbuecher/Legalbewaehrung_nach_strafrechtlichen_Sanktionen_2010_2013.pdf?__blob=publicationFile&v=1 (S. 95 / 96), letzter Aufruf am 14. Februar 2020.

40 Laubenthal 2018, S. 63.

41 D. h. zu einer Freiheitsstrafe ohne Bewährung.

42 https://www.bmjv.de/SharedDocs/Downloads/DE/Service/Studien-UntersuchungenFachbuecher/Legalbewaehrung_nach_strafrecht-

lichen_Sanktionen_2010_2013.pdf?__blob=publicationFile&v=1, zuletzt aufgerufen am 20. Dezember 2019.

43 https://www.bmjv.de/SharedDocs/Downloads/DE/Service/Studien-UntersuchungenFachbuecher/Legalbewaehrung_nach_strafrechtlichen_Sanktionen_2010_2013.pdf?__blob=publicationFile&v=1, zuletzt aufgerufen am 20. Dezember 2019.

44 Laubenthal 2018, S. 64.

45 Hassemer 2009, S. 177 / 178.

46 https://www.neues-deutschland.de/artikel/1129847.menschenrechte-die-totale-institution.html?fbclid=IwAR1URVGr_vvhpu614dE0k-pQANp8L5BuMHZVTbBFcqhmGxXoT_hdpGYW1gNs, letzter Aufruf am 13. Februar 2020.

47 Zitiert nach Wolf 1981, S. 15.

48 Schlieter 2011, S. 191.

49 Es lässt sich nicht ermitteln, wie treffsicher Prognosen darüber sind, ob ein Gefangener während einer Lockerung flieht oder eine Straftat begeht. Man hat allerdings Untersuchungen zu der 2004 in Deutschland eingeführten nachträglichen Sicherungsverwahrung (die mittlerweile in der Form wieder abgeschafft ist) durchgeführt. Hier gab es nicht wenige Inhaftierte, die von den Gutachtern als gefährlich eingestuft wurden, aber aus juristischen Gründen dennoch entlassen werden mussten. Es hat sich herausgestellt, dass etwa zwei Drittel der Betroffenen fälschlicherweise als gefährlich eingestuft wurden (Kunz / Singelnstein 2016, S. 318). Bei Gutachten zu Lockerungen des Strafvollzuges dürfte es ähnlich sein: Die Mehrheit der Antragsteller, bei denen eine Gefahr des Missbrauchs von Lockerungen gesehen wird, würde tatsächlich keinen solchen Missbrauch begehen.

50 Lesting 2017, § 15, Rdn. 13.

51 Maelicke 2019, S. 198.

52 Urteil des BGH vom 26. November 2019 – 2 StR 557/18.

53 https://taz.de/Justizsenator-zu-Internet-im-Strafvollzug/!5547617/, zuletzt aufgerufen am 20. Dezember 2019.

54 Becker 2008, S. 78.

55 Zwar gibt es in den Anstalten mit der Gefangenenmitverantwortung ein Gremium, in das die Inhaftierten einige Vertreter

wählen können. Dieses Gremium hat jedoch faktisch kaum Einfluss- oder Mitentscheidungsmöglichkeiten.

56 Silva Sánchez 2003, S. 20/21, weist darauf hin, dass die Identifikation mit dem Opfer als erleidendem, passivem Subjekt bei »passiven« Gesellschaftsgruppen (Rentner, Arbeitslose, Verbraucher) dazu führen könne, das Strafrecht als Schwert der Gesellschaft gegen die Mächtigen zu begreifen. Letztlich könnte eine derartige Identifikation auch zu der falschen kollektiven Annahme beitragen, dass die meisten Straftaten aus einem Gefühl der Stärke und Überlegenheit heraus passieren, wogegen tatsächlich eher das Gegenteil der Fall ist; vgl. auch Bauer 1960, S. 145.

57 Andere Bundesländer sind hier schon weiter, doch wird dieser unüberwachte Langzeitbesuch (»Intimbesuch«), bei dem der Inhaftierte, seine Besucherin (oder sein Besucher) und ggf. Kinder z. B. 24 Stunden in einem winzigen Appartement verbringen dürfen, insgesamt nur äußerst zurückhaltend ermöglicht. Die wenigsten Gefangenen und ihre Angehörigen kommen in den Genuss dieser Möglichkeit.

58 Hosser 2008, S. 175.

59 Hosser 2008, S. 175/176.

60 Da die Arbeit in Haft insgesamt wirtschaftlich nicht sehr ergiebig ist, stellt die Gefangenenarbeit bezogen auf die Gesamtwirtschaft jedoch keinen bedeutsamen Wirtschaftsfaktor dar (Dübgen/Mattutat 2017, S. 87).

61 Feest/Galli, Vor § 55 LandesR, Rdn. 11.

62 Preusker 2013.

63 https://www.stuttgarter-zeitung.de/inhalt.ein-gefaengnisdirektor-und-eine-psychologin-streiten-machen-gefaengnisse-unsere-welt-besser.4c5dd73e-d965-43b3-bb3a-1bb7a8f628f1.html; letzter Aufruf am 13. Februar 2020.

64 Preusker 2013, S. 148.

65 https://kfn.de/wp-content/uploads/Forschungsberichte/FB_119.pdf; letzter Aufruf am 20. Dezember 2019.

66 Schumann 2018, S. 239.

67 Vgl. Weipert, 2003, S. 56: »Das Leben hier drin ist nicht gut, du wirst entweder noch gemeiner oder halt aggressiv«.

68 https://www.dhs.de/fileadmin/user_upload/pdf/Veranstaltungen/Fachkonferenz_2017/Beitrag_Thane.pdf; letzter Aufruf am 20. Dezember 2019.

69 https://www.morgenpost.de/berlin/article227944695/Drogen-und-Hunderte-Handys-in-Gefaengnissen-gefunden.html, zuletzt aufgerufen am 20. Dezember 2019.

70 In der Justizvollzugsanstalt Zeithain haben wir angesichts der massiven Problematik mit Crystal in sächsischen Gefängnissen eine Suchttherapie für Strafgefangene gegründet (vgl. https://www.medienservice.sachsen.de/medien/news/192587 – letzter Aufruf am 20. Dezember).

71 Zunehmend bekommen z. B. heroinsüchtige Inhaftierte jedoch eine Substitutionsbehandlung.

72 Drenkhahn 2007, S. 56/57.

73 Lösel/Schmucker 2008, S. 161.

74 Maelicke 2019, S. 219; Laubenthal 2018, S. 498.

75 Ein »Gefängnis im Gefängnis« wurde ganz allgemein häufig in der Heimerziehung zur Disziplinierung, Strafe und Abschreckung eingesetzt. So berichtet die Insassin eines Umerziehungsheimes von der »Klabause«, einer winzigen Zelle mit Glasbausteinen anstelle von Fenstern. Die Ausstattung bestand nur aus einer Holzpritsche, einer groben Decke und einem Blecheimer mit Deckel als Toilette. Die Ernährung bestand während der Tage in dieser Zelle nur aus Wasser und Brot. Die Berichterstatterin wurde dort hineingesteckt, weil sie einen Elvis-Song gehört hatte (Wensierski 2006, S. 26).

76 2014 wurde die Gefangenen-Gewerkschaft/Bundesweite Organisation (GG/BO) von mehreren Inhaftierten der JVA Tegel in Berlin gegründet. Diese Organisation setzt sich für Arbeitnehmerrechte von Gefangenen ein (u. a. Mindestlohn und volle Sozialversicherung): https://ggbo.de/ – letzter Aufruf am 20. Dezember 2019.

77 Schlieter 2011, S. 162, schildert die Restriktionen, denen ein Gefangener, bei dem man einen gewaltsamen Ausbruch fürchtete, über Jahre unterworfen war:

1. Unterbringung
   a) Sicherheitsstation
2. Entzug/Vorenthaltung von Gegenständen
   a) nur notwendigste Ausstattung ohne gefährliche Gegenstände
   b) nur Plastikgeschirr
3. Kontrollen/Beschränkungen
   a) tägliche Haftraumkontrollen
   b) monatliche Haftraumrevision
   c) Zellenrevision durch den Revisionsdienst in unregelmäßigen Zeitabständen
   d) überwachte Telefonate nach vorheriger Genehmigung
   e) Überwachung des Schriftwechsels; Textkontrolle
   f) Einzelbesuch mit dem Verbot des Körperkontakts, Besuchsüberwachung: optisch und akustisch
   g) Besuche nur im Trennscheibenraum
   h) Öffnen des Haftraumes mit zwei Bediensteten
   i) Begleitpflicht auf allen Wegen durch zwei Bedienstete
   j) kein Aus-/Umschluss, der Haftraum ist ständig unter Verschluss zu halten
   k) Einzelfreistunde
   l) Einzelduschen
   m) Ausschluss vom Gottesdienst (Einzelseelsorge)
   n) keine Teilnahme an gemeinschaftlichen Veranstaltungen und Sport
   o) körperliche Durchsuchung vor und nach Nutzung von Arbeitsraum, Besuchsraum, Freistundenhof
   p) Tragen von Anstaltskleidung
   q) Bastelverbot
   r) kein gemeinschaftlicher Arbeitseinsatz mit Gefangenen des Normalvollzuges
4. Aus-/Vorführungen
   a) Begleitung durch drei Beamte, Anlegen von Hand- und Fußfesseln, Mitführen von Schusswaffen und Anlegen von Schutzwesten, Amtshilfe der Polizei bei Aus- und Vorführungen.

78 Zu Beginn einer Haft wird ein Vollzugsplan aufgestellt, der dann regelmäßig fortgeschrieben wird. Hier wird u. a. festgelegt, welche Maßnahmen (z. B. einen Schulabschluss) ein Gefangener in Haft absolvieren soll.

79 Diese Verdrängung oder auch Externalisierung gibt es in verschiedenen Bereichen. Viele von uns essen z. B. Fleisch, wollen aber wenig damit zu tun haben, wie Tiere gehalten und geschlachtet werden. Die kollektive Verdrängung schadet uns umso mehr, als es bei den Gefängnissen und dem Strafvollzug um uns selbst geht. Um den Menschen.

80 Feest 2019, S. 304.

81 https://www.hna.de/lokales/schwalmstadt/ziegenhain-ort315560/jva-schwalmstadt-hochsicherheitsgefaengnis-in-wasserfestung-10018176.html, zuletzt aufgerufen am 20. Dezember 2019.

82 Zu den Folgen dieses »Super-GAUs« für Justiz und Politik siehe Maelicke 2019, S. 171 ff.

83 Laubenthal 2018, S. 475.

84 Das Problem, dass Maßnahmen, die eigentlich der Bekämpfung der Kriminalität dienen, sie zum Teil auch erhöhen, ist nicht neu, vgl. Radbruch / Gwinner 1991, S. 20.

85 Vgl. die Dissertation »Die Abschreckungswirkung der Todesstrafe – Eine qualitative Metaanalyse« von Christian Folter an der Universität Heidelberg. Zusammenfassung online abrufbar unter http://archiv.ub.uni-heidelberg.de/volltextserver/16641/1/Folter_Christian.pdf, letzter Aufruf am 20. Dezember 2019.

86 Kunz / Singelnstein 2016, S. 288.

87 Kunz / Singelnstein 2016, S. 288.

88 Kunz / Singelnstein 2016, S. 289.

89 https://www.bundestag.de/resource/blob/511122/8ae51b807ef2d0ebd58e4f4747c4bee7/wd-5-024-17-pdf-data.pdf, zuletzt aufgerufen am 20. Dezember 2019.

90 https://www.bundestag.de/resource/blob/511122/8ae51b807ef2d0ebd58e4f4747c4bee7/wd-5-024-17-pdf-data.pdf, zuletzt aufgerufen am 20. Dezember 2019.

91 Jonson / Manchak 2019, S. 314.

92 Kunz / Singelnstein 2016, S. 289 / 290.

93 Kunz/Singelnstein 2016, S. 290/291.

94 Kunz/Singelnstein 2016, S. 290.

95 Popitz 1968.

96 Bock 2013, S. 301.

97 Wirth 2017, S. 42.

98 Sehr zu Recht fragt Scheiber 2019, S. 231, für Österreich, wobei in Deutschland nichts anderes gilt: »Ist es gerecht und effizient, Leergutdiebe zu verfolgen, die Untersuchung der Finanzkriminalität aber zu vernachlässigen? Wollen wir weiterhin Angestellte von Supermärkten belangen, wenn ein verdorbener Krapfen verkauft wurde, aber Konzernverantwortliche ungeschoren lassen, die systematisch verbotene Lebensmittelzusätze in die Nahrungskette bringen?«

99 Fischer 2018, S. 259.

100 Kohler/Zupke 2020, S. 15, mit Hinweis auf die gemeinnützige Organisation The Forgiveness Project.

101 Ausgabe 40/2017.

102 Abraham 2018, S. 261.

103 https://www.statistik-bw.de/Service/Veroeff/Monatshefte/PDF/Beitrag17_04_01.pdf, letzter Aufruf am 11. Februar 2020.

104 https://statistik.thueringen.de/presse/2020/pr_022_20.pdf, letzter Aufruf am 11. Februar 2020.

105 Eine Studie mit Inhaftierten hat beispielsweise ergeben, dass sich 68 Prozent als schuldig fühlten (Breitkopf 2017, S. 16).

106 Auch Czerner 2019 hat solche Fälle beschrieben.

107 Bei kleineren Delikten und kurzen Strafen kann eine Schadenswiedergutmachung (indem z. B. ein Betrüger seinem Opfer den Vermögensschaden ersetzt) zu einer zumindest spürbaren Strafmilderung führen (z. B. dann 6 Monate Freiheitsstrafe statt 8). Bei einem sexuellen Missbrauch macht es sich nur marginal bemerkbar, wenn der Täter dem Opfer freiwillig ein Schmerzensgeld zahlt (dann z. B. statt 4 Jahren Freiheitsstrafe 3 Jahre 10 Monate).

108 Nach Angaben der WHO aus dem Jahr 2007 waren Suizidversuchsraten von Männern in Haft 6- bis 7,5-mal höher als bei nicht inhaftierten Männern (Lohner/Pecher 2017, S. 386). An diesen auch für Deutschland gültigen Zahlen hat sich nichts wesentlich

verändert; vgl. auch Bennefeld-Kersten 2009, S. 88/89, die allerdings einen Vergleich mit Suizidraten der Allgemeinbevölkerung für fragwürdig hält.

109 https://www.deutschlandfunk.de/strafvollzug-erhoehtes-suizidrisiko-bei-inhaftierten.724.de.html?dram:article_id=462144, letzter Aufruf am 11. Februar 2020.

110 https://www.spiegel.de/panorama/justiz/suizide-in-gefaengnissen-von-1998-bis-2017-fast-1400-faelle-a-1291318.html, letzter Aufruf am 11. Februar 2020.

111 Sandmann/Knapp 2018, S. 179.

112 Etwa 90 Mutter-Kind-Haftplätze gibt es in Deutschland. Meist dürfen die Kinder bis zum Alter von drei Jahren bei ihrer Mutter bleiben.

113 Urteil vom 15. Februar 2006, 1 BvR 357/05.

114 Vgl. BVerfGE 33, 303 [334].

115 BVerfGE 30, 1 [20].

116 BVerfGE 6, 389 [439].

117 BVerfGE 1, 332 [348]; 6, 389 [439].

118 Leutheusser-Schnarrenberger 2019, S. 36.

119 BVerfGE 28, 389 [391].

120 Urteil vom 21. Juni 1977, 1 BvL 14/76.

121 Beschl. BVerfG vom 18. März 2015, 2 BvR 1111/13.

122 Ganz zu schweigen davon, dass Studien einen signifikanten Rückgang gewalttätigen Verhaltens von Teilnehmern gezeigt haben, die im Rahmen von Langzeitbesuchen die Möglichkeit hatten, auch partnerschaftlich intime Kontakte auszuleben (Barth 2016, S. 20).

123 Feest 2019, S. 262.

124 Roswitha Müller-Piepenkötter 2012, S. 7.

125 Vgl. https://netzwerkb.de/2016/08/22/gefaengnisse-abschaffen-2/, letzter Aufruf am 14. Februar 2020.

126 Bergmann 2012, S. 42.

127 https://weisser-ring.de, letzter Aufruf am 12. Februar 2019.

128 Manche Vereine bieten auch sowohl für Täter als auch für Opfer Beratung und Unterstützung an (vgl. z. B. https://www.resohilfe-luebeck.de/, letzter Aufruf am 12. Februar 2020).

129 Hagenmeier 2016, S. 121; unter dem Schlagwort der opferbezogenen Vollzugsgestaltung sind in den Justizvollzugsgesetzen zumindest die Auskunftsrechte der Opfer gerade von schwereren Straftaten erweitert worden. Diese können z. B. den Zeitpunkt der Entlassung des Täters in Erfahrung bringen.

130 Vgl. zu vorbildlichen Ansätzen in Niedersachsen Jesse/Jacob/Prätor 2018, S. 169.

131 Jesse/Jacob/Prätor 2018, S. 164.

132 Kilchling 1995, S. 165 ff.

133 Kaiser 1992, S. 183.

134 Bergmann 2012, S. 42.

135 Bergmann 2012, S. 42.

136 Sautner 2014, S. 43.

137 Schädler 1994, S. 119. Das bedeutet nicht unbedingt, dass der Wunsch nach Bestrafung völlig zurückgedrängt wird. Nach einer Studie haben beispielsweise auch gut 20 Prozent der Opfer von Vermögensdelikten eine Bestrafung des Täters gefordert, bei Gewaltdelikten waren es über 40 Prozent (Voss 1991, S. 78).

138 Wobei es die Möglichkeit gibt, diese im Adhäsionsverfahren unmittelbar im Strafprozess gegen den Täter geltend zu machen.

139 Sautner 2014, S. 46.

140 https://taz.de/Opferangehoerige-bei-NSU-Prozess/!5465631/?fbclid=IwAR0TvpWGw4u9m9axUdHlf6GYNHiSRg8JqCD0bs5, zuletzt aufgerufen am 20. Dezember 2019.

141 https://taz.de/Opferangehoerige-bei-NSU-Prozess/!5465631/?fbclid=IwAR0TvpWGw4u9m9axUdHlf6GYNHiSRg8JqCD0bs5, zuletzt aufgerufen am 20. Dezember 2019.

142 https://www.spiegel.de/panorama/justiz/nsu-prozess-urteil-rechtskraeftig-carsten-s-in-haft-a-1269552.html, zuletzt aufgerufen am 12. Februar 2020.

143 Baurmann/Schädler 1991, S. 11.

144 Baurmann/Schädler 1991, S. 25.

145 Cornel 2016, S. 29.

146 Wirth 2009, S. 76.

147 https://www.destatis.de/DE/Presse/Pressemitteilungen/2019/11/PD19_425_243.html, letzter Aufruf am 19. Februar 2020.

148 KNAS [ ] Initiative 2019, S. 71.

149 Vgl. Bremische Bürgerschaft Drucksache 19/2134 vom 10. April 2019, S. 8: 1,8 %.

150 Deutscher Bundestag Drucksache 19/803, Antwort der Bundesregierung auf eine Kleine Anfrage – Drucksache 19/601.

151 Wilde 2017, S. 111/112.

152 Albrecht 2011, S. 113.

153 Albrecht 2011, S. 113.

154 Welche Handlungen als »kriminell« deklariert werden, ist immer auch eine gesamtgesellschaftliche Entscheidung und nie ausschließlich vom Individuum und seinen Genen oder Erfahrungen abhängig. In dem hier diskutierten Zusammenhang geht es daher um Kriminalität im Sinne von Gewalttaten und grob antisozialem Verhalten.

155 Torgersen 2017, S. 71.

156 Torgersen 2017, S. 80–83.

157 Torgersen 2017, S. 83.

158 Werth/Seibt/Mayer 2020, S. 332. Bemerkenswerterweise kann insbesondere auch die soziale Zurückweisung aggressives Verhalten verstärken oder hervorrufen – auch gegenüber unbeteiligten dritten Personen (Werth/Seibt/Mayer 2020, S. 336/337). Einen Menschen wegzusperren ist auch Ausdruck einer massiven sozialen Zurückweisung.

159 https://www.spiegel.de/politik/ausland/berlusconi-tritt-sozialdienst-im-altenheim-bei-mailand-an-a-968460.html: »er werde mit Situationen zu tun bekommen, die ihn bereichern können«, letzter Aufruf am 20. Dezember 2019.

160 Hassemer 2009, S. 228/229.

161 Zur Dämonisierung insbesondere von Sexualstraftätern Asprion 2012, S. 32.

162 Durkheim 1984, S. 279.

163 Fonagy 2019, S. 531.

164 Der Umgang mit Straffälligen wirkt sich oft auch auf den Umgang mit Regelbrechern in anderen Bereichen aus. So zeigt Simon 2007, S. 223, am Beispiel der USA, wie in Schulen entsprechend der staatlichen Inhaftierung von Gesetzesbrechern

zunehmend störende Schüler in besonderen Räumen (»Punishing Rooms«) isoliert wurden.

165 https://www.bmfsfj.de/blob/121226/0509c2c7fc392aa88766bdfaeaf9d39b/gutachten-zur-entwicklung-der-gewalt-in-deutschland-data.pdf, zuletzt aufgerufen am 20. Dezember 2019.

166 Rüping/Jerouschek 2011, S. 14.

167 Maelicke 2019, S. 53.

168 Maelicke 2019, S. 53.

169 https://www.bibleserver.com/EU/Jesaja53.

170 Abraham 2018, S. 171/172.

171 2016 gab es 220549 Neuinhaftierungen (https://www.prison-insider.com/files/27fb6dd4/190527_deutschland_countryprofile_de.pdf, letzter Aufruf am 23. Februar 2020.)

172 https://www.justiz.nrw.de/Gerichte_Behoerden/zahlen_fakten/statistiken/justizvollzug/personal/index.php, letzter Aufruf am 20. Februar 2020.

173 So wurden beispielsweise Blutfehden australischer Stämme in der Regel nur dann bis zum Tod eines »Verbrechers« ausgefochten, wenn es sich um das Mitglied eines fremden Stammes handelte. Auch umfasste die Fehde dann nicht nur das beschuldigte Individuum, sondern die ganze Gruppe, deren Mitglied es war (Steinmetz 1894, S. 5).

174 Vgl. Schwind 2016, S. 310: »(...) dass das Bild in unseren Köpfen über Kriminalität von den Massenmedien bestimmt wird.«

175 Vgl. Schöneburg 2018: »Es gibt kaum ein gesellschaftliches Problem, auf das die Politik in den letzten 20 Jahren nicht mit dem Ruf nach dem Strafrecht reagiert hat.«

176 Dübgen/Mattutat 2017, S. 91.

177 D.h. ein Sexualdelikt wie etwa eine Vergewaltigung.

178 https://www.destatis.de/DE/Themen/Staat/Justiz-Rechtspflege/Publikationen/Downloads-Strafverfolgung-Strafvollzug/strafverfolgung-2100300177004.pdf?__blob=publicationFile, (S. 66), letzter Aufruf am 20. Februar 2020.

179 https://www.bka.de/SharedDocs/Downloads/DE/Publikationen/JahresberichteUndLagebilder/Rauschgiftkriminalitaet/2017

RauschgiftBundeslagebildZ.html;jsessionid=D8EF3DC00C11B0AE4EEA7133C5A77288.live0602?nn=27972.

180 https://de.statista.com/statistik/daten/studie/403/umfrage/todesfaelle-durch-den-konsum-illegaler-drogen/, letzter Aufruf am 21. Februar 2020.

181 https://www.bundesgesundheitsministerium.de/themen/praevention/gesundheitsgefahren/sucht-und-drogen.html, letzter Aufruf am 21. Februar 2020.

182 https://afd-fraktion-sachsen.de/presse/pressemitteilungen/keine-abschaffung-von-gefaengnissen-opferschutz-statt-taeterschutz.html, letzter Aufruf am 20. Dezember 2019.

183 https://www.csu-landtag.de/lokal_1_4_1263_Petra-Guttenberger-und-Dr-Florian-Herrmann-Opferschutz-muss-vor-Taeter-schutz-stehen--Veranstaltung-der-Landtagsgruenen-ist-Schlag-ins-Gesicht-fuer-Op.html, letzter Aufruf am 20. Dezember 2019; vgl. dazu auch https://tp-presseagentur.de/ex-jva-leiter-und-buchautor-thomas-galli-las-im-bayerischen-landtag-aus-seinen-buechern/, zuletzt aufgerufen am 20. Dezember 2019.

184 https://www.swr.de/swr1/radioreport-recht-20191203-2205-radioreport-recht-strafen-wir-falsch-100.html.

185 Z. B. https://www.zeit.de/gesellschaft/zeitgeschehen/2016-08/resozialisierung-gefaengnis-rueckfall-haftstrafe-rueckfallquote, letzter Aufruf am 21. Februar 2020.

186 https://www.deutschlandfunkkultur.de/wochenkommentar-wozu-brauchen-wir-gefaengnisse.2162.de.html?dram:article_id=352943, letzter Aufruf am 21. Februar 2020.

187 Scheerer 2001.

188 Scheerer 2019, S. 438.

189 Veröffentlicht unter https://gefaengnisseelsorge.net/manifest sowie unter https://strafvollzugsarchiv.de/abolitionismus/manifest, letzter Aufruf am 20. Dezember 2019: »Strafanstalten sind abzuschaffen«.

Als wichtigste Begründungen für diese Forderung werden genannt:

- der Aufenthalt in Strafanstalten verletzt elementare

Menschenrechte der Gefangenen (Zwangsarbeit, Zwangsenthaltsamkeit, Zwangsarmut etc.);

- darüber hinaus sind Strafanstalten kontraproduktiv, indem sie zur Abstempelung der darin untergebrachten Menschen (als gefährlich, unbrauchbar, nicht vertrauenswürdig etc.) beitragen;
- sie haben unerwünschte Nebenfolgen (Mitbestrafung von Dritten, insbesondere Kindern und Partnern/Partnerinnen, gesundheitliche Beeinträchtigungen etc.);
- der Vollzug verschärft die Lebenslagen, in die die Gefangenen entlassen werden (Arbeitsplatzverlust; Wohnungsnot; soziale Deklassierung etc.);
- Strafanstalten fördern die Illusion, dass durch die Einsperrung Einzelner Kriminalität reduziert oder gar die Lösung gesellschaftlicher Probleme befördert werden könne.

190 Eine treffende Übersetzung ins Deutsche (»wiedergutmachende Gerechtigkeit« oder »ausgleichsorientierte Justiz«) ist schwer, weswegen sich weitgehend der englische Originalbegriff durchgesetzt hat.

191 Domenig 2013, S. 10.

192 Domenig 2013, S. 10.

193 Malzahn 2019, S. 194.

194 Brazzell 2019, S. 18.

195 Brazzell 2019, S. 18.

196 Domenig 2013, S. 23.

197 https://www.lto.de/recht/justiz/j/aufhebung-bagatellgrenze-diebstahl-baden-wuerttemberg-vertrauen-rechtsstaat/, letzter Aufruf am 21. Februar 2020.

198 https://www.gruene-fraktion-sachsen.de/fileadmin/user_upload/Publikationen/2018-04_Strafvollzug_Flyer.pdf, letzter Aufruf am 20. Dezember 2019; besonders bemerkenswert war die Justizvollzugsanstalt Zwickau mit durchschnittlich 55,1 (!) Krankheitstagen pro Bedienstetem (vgl. https://www.bild.de/regional/chemnitz/vollzugsanstalten/der-knast-der-kranken-waerter-51993608.bild.html, zuletzt aufgerufen am 20. Dezember 2019).

199 https://www.spiegel.de/karriere/so-haeufig-sind-beschaeftigte-in-

deutschland-krank-a-1257573.html, zuletzt aufgerufen am 20. Dezember 2019.

200 https://www.faz.net/aktuell/gesellschaft/jugend-schreibt/jugend-schreibt/justizvollzugsbeamter-leicht-abgestumpft-zu-sein-erleichtert-die-arbeit-11108885.html, letzter Aufruf am 21. Februar 2020.

201 https://www.focus.de/politik/gerichte-in-deutschland/gewalt-in-haftanstalten-nimmt-zu-gefaengnisbeamte-sind-fussabtreter-fuer-kriminelle-und-verlierer-des-rechtsstaats_id_10763685.html, letzter Aufruf am 21. Februar 2020.

202 https://www.zeit.de/politik/deutschland/2017-01/jaber-al-bakr-abschlussbericht-expertenkommission-sachsen-suizid-jva-leipzig, letzter Aufruf am 23. Februar 2020.

203 Middelhoff 2017, S. 182 ff.

204 Dabrowski 2015, S. 141/142.

205 Fischer 2018, S. 354.

206 Vgl. den lange Jahre im sächsischen Justizministerium für den Strafvollzug zuständigen Abteilungsleiter Willi Schmid unter https://www.saechsische.de/strafe-ist-kein-selbstzweck-2806333.html, zuletzt aufgerufen am 20. Dezember 2019.

207 http://kunstimgefaengnis.de/, letzter Aufruf am 22. Februar 2020.

208 https://www.focus.de/perspektiven/mutmacher/bernward-jopen-jopen-macht-gefaengnisinsassen-zu-unternehmern_id_10157659.html, letzter Aufruf am 28. Februar 2020.

209 https://seehaus-ev.de/konzept/verein/, zuletzt aufgerufen am 20. Dezember 2019.

210 https://seehaus-ev.de/seehaus-leipzig/, zuletzt aufgerufen am 20. Dezember 2019.

211 Biendl 2005, S. 87.

212 Vgl. Mayer 2018, S. 448.

213 Weipert 2003, S. 44.

214 https://www.zeit.de/die-antwort/2019-03/offener-vollzug-jugend-gefaengnis-seehaus-leonberg-haftstrafe/seite-6, letzter Aufruf am 22. Februar 2020.

215 Der Spiegel, Nr. 8, 15. Februar 2020, S. 51.

216 https://reso-infoportal.de/projekte/8-bernd-maelicke-das-

modellprojekt-resozialisierung-und-soziale-integration-resi, letzter Aufruf am 22. Februar 2020.

217 Maelicke/Plewig 2016, S. 4.

218 Maelicke/Plewig 2016, S. 153.

219 https://www.revosax.sachsen.de/vorschrift/12801-Saechsisches-Strafvollzugsgesetz#p15, letzter Aufruf am 22. Februar 2020.

220 Vgl. zu Finnland Lappi-Seppälä/Lähteenmaki 2017, S. 328.

221 Laubenthal 2018, S. 8.

222 https://www.lto.de/recht/hintergruende/h/elektronische-fussfessel-eingesperrt-im-virtuellen-raum/, letzter Aufruf am 22. Februar 2020.

223 https://www.lto.de/recht/hintergruende/h/elektronische-fussfessel-eingesperrt-im-virtuellen-raum/, letzter Aufruf am 22. Februar 2020.

224 https://www.praeventionstag.de/dokumentation/download.cms?id=554&datei=Aufsatz-Fussfessel_F1049-554.pdf, letzter Aufruf am 22. Februar 2020.

225 https://www.lto.de/index.php?id=49&L=1&tx_ltoartikel_artikel%5Bartikel%5D=4425, letzter Aufruf am 24. Februar 2020.

226 https://www.stern.de/panorama/stern-crime/hessen-zieht-positive-bilanz-elektronische-fussfessel-statt-knast-3283336.html, letzter Aufruf am 22. Februar 2020; bis zum 31. März 2015 waren es insgesamt 854, vgl. https://www.justiz.bayern.de/presse-und-medien/pressemitteilungen/archiv/2015/59.php, letzter Aufruf am 22. Februar 2020.

227 https://www.praeventionstag.de/html/GetDokumentation.cms?XID=554, letzter Aufruf am 29. Februar 2020.

228 https://www.bundestag.de/resource/blob/493684/d5e1a22dbb-b465256a7ad577bc1adc88/die-elektronische-fussfessel-data.pdf, letzter Aufruf am 22. Februar 2020.

229 https://www.op-online.de/hessen/viele-menschen-hessen-leben-elektronischer-fussfessel-10915667.html, letzter Aufruf am 22. Februar 2020.

230 Graebsch/Burkhardt 2015, S. 70.

231 https://de.statista.com/statistik/daten/studie/75829/umfrage/strafgefangene-nach-vollzugsdauer-in-deutschland/

232 Kunz/Singelnstein 2016, S. 289.

233 Graebsch/Burkhardt 2015, S. 92.

234 Graebsch/Burkhardt 2015, S. 65/66.

235 https://kfn.de/wp-content/uploads/2019/11/Stellungnahme%20 Ersatzfreiheitsstrafen.pdf, letzter Aufruf am 20. Februar 2020.

236 https://kfn.de/wp-content/uploads/2019/11/Stellungnahme%20 Ersatzfreiheitsstrafen.pdf,l letzter Aufruf am 20. Februar 2020.

237 https://kfn.de/wp-content/uploads/2019/11/Stellungnahme%20 Ersatzfreiheitsstrafen.pdf, letzter Aufruf am 20. Februar 2020.

238 Feest 2019, S. 323 ff.

239 https://kfn.de/wp-content/uploads/2019/11/Stellungnahme%20 Ersatzfreiheitsstrafen.pdf, letzter Aufruf am 22. Februar 2020.

240 Scheerer 2019.

241 Laubenthal 2018, S. 483.

242 http://schildower-kreis.de/wp-content/uploads/EinladungPKProhibition081119.pdf, letzter Aufruf am 20. Februar 2020.

243 Scheerer 2019, S. 135/136.

244 https://www.sueddeutsche.de/panorama/schwarzfahrer-ohne-ticket-ins-gefaengnis-1.3870338, letzter Aufruf am 20. Februar 2020.

245 https://taz.de/Haftstrafen-fuer-Schwarzfahren/!5529577/, letzter Aufruf am 20. Februar 2020.

246 https://www.deutschlandfunk.de/leere-haftanstalten-in-den-niederlanden-frueher-gefaengnis.795.de.html?dram:article_id=460284, letzter Aufruf am 22. Februar 2020.

247 https://www.uni-muenster.de/NiederlandeNet/aktuelles/archiv/2017/maerz/0302Kriminalitaet.html, letzter Aufruf am 22. Februar 2020.

248 https://www.spiegel.de/panorama/gesellschaft/majestaetsbeleidigung-paragraf-103-strafgesetzbuch-gestrichen-a-1185787.html, letzter Aufruf am 22. Februar 2020.

249 https://www.bundestag.de/dokumente/textarchiv/2017/kw22-de-majestaetsbeleidigung-508476, letzter Aufruf am 22. Februar 2020.

250 Graebsch/Burkhardt 2015, S. 86.

251 Graebsch/Burkhardt 2015, S. 89.

252 Feest 1992, S. 136/137, zur lebenslangen Freiheitsstrafe.

253 Studien deuten darauf hin, dass eine Mehrheit der Bevölkerung es bei leichten bis mittelschweren Delikten bei einer Ausgleichsleistung belassen würde (Weigand 1994, S. 58).

254 Muhl/Willms 2019, S. 155.

255 Wie zum Beispiel des Schwarzen Kreuzes in Celle (https://naechstenliebe-befreit.de/), der Rechtsfürsorge e.V. Lübeck (https://www.resohilfe-luebeck.de) oder Set-Free in Bayern (https://www.set-free-ev.de/).

256 Eine sehr progressiv-konstruktive Kraft ist die Bundesarbeitsgemeinschaft für Straffälligenhilfe (https://www.bag-s.de/), letzter Aufruf am 20. Dezember 2019.

257 https://www.set-free-ev.de/projekt-apac/, letzter Aufruf am 24. Februar 2020.

258 Westphal 2019, S. 11.

259 Vgl. dazu Malzahn 2019.

260 Breitkopf 2017, S. 95.

261 Andris 2015, S. 10.

262 Andris 2015, S. 143, für Baden-Württemberg: 1600 von 100 000 Verurteilungen.

263 Breitkopf 2017, S. 96.

264 Breitkopf 2017, S. 96.

265 Andris 2015, S. 98 ff.

266 Andris 2015, S. 80.

267 Breitkopf 2017, S. 12.

268 Hagenmaier 2016, S. 83 ff.: Die Frage nach dem »Warum« treibt viele Opfer an.

269 Özsöz 2009, S. 217.

270 Özsöz 2009, S. 217.

271 Özsöz 2009, S. 60.

272 Özsöz 2009, S. 53.

273 Özsöz 2009, S. 53.

274 Özsöz 2009, S. 53.

275 Angeknüpft werden kann hier u. a. an das Deutsche Forum für Kriminalprävention, das Nationale Zentrum für Kriminalprävention und den Deutschen Präventionstag

(https://www.praeventionstag.de, letzter Aufruf am 20. Dezember 2019).

276 Wolff 2017, S. 32.

277 Raine 2013, S. 225/226.

278 Studie im Auftrag der Bertelsmann Stiftung, veröffentlicht unter: https://www.bertelsmann-stiftung.de/fileadmin/files/BSt/Publikationen/GrauePublikationen/GP_Unzureichende_Bildung.pdf, zuletzt aufgerufen am 20. Dezember 2019.

279 https://www.bka.de/SharedDocs/Downloads/DE/Publikationen/JahresberichteUndLagebilder/Partnerschaftsgewalt/Partnerschaftsgewalt_2018.html.

280 Arendt 2017, S. 17, über die Gräuel der Nazizeit. Der Gedanke gilt jedoch auch bei besonders schlimmen individuellen Verbrechen.

281 Kiefl/Lamnek 1986, S. 282.

282 Diese Sprache wiederum ist meist nicht die, die der Täter versteht (vgl. Muhl/Willms 2019, S. 147: Strafrechtliche Sanktionen für die Tatverantwortlichen treffen selten den richtigen Ton, um von ihnen verstanden zu werden und/oder Einsicht sowie eine kritische Auseinandersetzung mit dem Geschehenen und der Wiedergutmachung der Tatfolgen zu fördern).

283 Vgl. dazu Mushoff 2008, S. 67–71.

284 https://www.faz.net/aktuell/gesellschaft/strafvollzug-longstay-heisst-nicht-immer-lebenslang-140421.html, letzter Aufruf am 22. Februar 2020.

285 https://www.zeit.de/2009/13/Die-Insel-13/seite-4, letzter Aufruf am 22. Februar 2020.

286 https://www.zeit.de/2009/13/Die-Insel-13/seite-2, letzter Aufruf am 22. Februar 2020.

287 https://www.spiegel.de/spiegel/print/d-76764206.html, letzter Aufruf am 22. Februar 2020.

288 https://www.glunis.com/DE/Chemnitz/379748845441759/Seniorenkolleg-an-der-TU-Chemnitz, letzter Aufruf am 26. Februar 2020.

289 https://fsrpsy-leipzig.de/hinterdenmauern_VII, letzter Aufruf am 26. Februar 2020.

290 Fassin 2018, S. 9.

291 Foucault 2019, S. 296.

Foto: Ronald Hansch

Thomas Galli

studierte Rechtswissenschaften, Kriminologie und Psychologie. Ab 2001 war er im Strafvollzug tätig, 2013 wurde er Leiter der JVA Zeithain, 2015 für mehr als sechs Monate zusätzlich Leiter der JVA Torgau. Galli war Mitglied des Kriminalpräventiven Rats der Stadt Dresden sowie Vertreter Sachsens bei der Bundesvereinigung der Anstaltsleiter. Außerdem publizierte er zu Fragen der Kriminologie und des Strafvollzugs sowie Sachbücher über den Gefängnisalltag. Seit Oktober 2016 ist der promovierte Jurist als Rechtsanwalt mit eigener Sozietät in Augsburg tätig.